Joni Eareckson Tada

Sehnsucht nach Heilung

Warum lässt Gott Leid zu?

Über die Autorin

Joni Eareckson Tada wurde durch ihre Autobiografie und den darauf basierenden Film berühmt. Sie malt mit dem Mund wunderschöne Bilder, schreibt gehaltvolle Bücher und bereist die ganze Welt als Botschafterin für einen unverkrampften Umgang mit Behinderten. Mit ihrem tiefen Vertrauen in Gott hat sie unzähligen Menschen neuen Lebensmut gegeben. Joni lebt mit ihrem Mann Ken Tada in Kalifornien.

Joni Eareckson Tada

Sehnsucht nach Heilung

Warum lässt Gott Leid zu?

Aus dem Amerikanischen übersetzt
von Bettina Hahne

Gerth Medien

MIX
Papier aus verantwortungsvollen Quellen
FSC® C014496

Verlagsgruppe Random House FSC-DEU-0100
Das für dieses Buch verwendete FSC®-zertifizierte Papier
Munken Premium Cream liefert Arctic Paper Munkedals AB, Schweden.

Das amerikanische Original erschien im Verlag
David C. Cook, 4050 Lee Vance View, Colorado Springs, Colorado 80918 USA

1. Auflage 2012
Bestell-Nr. 816 630
ISBN 978-3-86591-630-3

Umschlaggestaltung: Michael Wenserit
Umschlagfoto: Romilly Lockyer, Getty Images
Satz: Marcellini Media GmbH, Wetzlar
Druck und Verarbeitung: GGP Media GmbH, Pößneck
Printed in Germany

Gracie Rosenberger
und
Barbara Coleman

Zwei meiner besonderen „Leidensgenossen".
Jeden Tag führen diese Frauen ein Leben, wie wir es uns in unseren schlimmsten Träumen nicht vorstellen mögen.
Doch sie tun es im vollsten Vertrauen auf Gott und voller Güte gegenüber ihrer Familie und ihren Freunden.
Danke, Gracie und Barbara, dass ihr mich dazu inspiriert habt, das Gleiche zu tun.

Inhalt

Danksagung

Heilung und Hilfe. Diese beiden Worte passen so gut zusammen. Wenn jemand von Schmerzen gepeinigt wird, schätzt er es sehr, wenn ihm jemand hilft. Ich bilde da keine Ausnahme. Besonders nicht, als ich an dem Buch „Sehnsucht nach Heilung“ gearbeitet habe. Es gab Tage, an denen ich so starke Schmerzen hatte, dass es schon ein echter Kampf war, eine einzige Seite zu schreiben. Aber Gott hat mir in seiner Güte unglaublich hilfsbereite Menschen gesandt.

Wie Larry Libby. Ich habe mit diesem zuverlässigen Lektorenfreund schon bei früheren Büchern zusammengearbeitet, aber ich war nie so stark auf ihn angewiesen wie bei „Sehnsucht nach Heilung“. Larry schaffte es, ein „Stethoskop“ an meine Seele zu halten und das Gemurmel in meinem Herzen in Worte zu fassen – dafür bin ich ihm ewig dankbar. Wenn irgendwer nach dem Lesen dieses Buches das Gefühl hat, näher bei Gott und seinem Wort zu sein, dann haben wir das dir zu verdanken, Larry.

Außerdem verlasse ich mich immer auf die Hilfe von *Wolgemuth & Associates*. Robert und Bobbie Wolgemuth sind langjährige Freunde, mit denen ich viele Choräle gesungen habe, nicht zu vergessen unsere Zusammenarbeit bei früheren Büchern. Sie sind auch eng vertraut mit dem Weg der Schmerzen, den ich diese vielen Jahre gehen musste. Ich danke euch für eure Gebete, Robert und Bobbie. Ich stehe in der Schuld eures stetig wachsenden Teams, besonders von Erik und Andrew – Gott segne euch beide dafür, dass ihr mir Türen geöffnet habt, damit ich hindurchrollen konnte.

Die tollen Mitarbeiter von *David C. Cook* haben mir geholfen, dem Buch zu einem guten Verkaufsstart zu verhelfen. Von Dan Rich bis zu Don Pape: Danke, dass ihr die *Cook*-Webseite für mich erweitert habt, sodass ich meine Geschichte mit einer neuen Generation von Lesern teilen kann. Ich bin Erin Prater und Susan Tjaden besonders dankbar, die mich immer wieder angefeuert und durch Sorgfalt und gründliches Nachdenken jede Seite und jeden Abschnitt verbessert haben.

Es kam bei *Joni and Friends*[1] häufig vor, dass ich mich vom Computer zurückziehen und hinlegen musste, um meinem Körper eine Pause zu gönnen. Es bedarf eines Teams von Menschen, die mir nicht nur beim Recherchieren und Tippen helfen, sondern auch dabei, mich bequem in meinen Rollstuhl zu setzen und mich vorwärtszubewegen. Meine Mitarbeiter Judy Butler, Francie Lorey, Rainey Floreen, Amy Donahue und Jaime Chambers verdienen einen kleinen Applaus für die unzähligen Male, die sie mir geholfen haben.

Und schließlich ganz besonderen Dank an meinen lieben Ehemann Ken, der all die Jahre treu an der Seite meines Rollstuhls war und mit mir jeden Schmerz und jede Freude durchgestanden hat. Ken und ich beten, dass die Einsichten, die ich in „Sehnsucht nach Heilung" weitergebe, die Leser auf eine neue Ebene des Vertrauens und der Zuversicht in unseren wunderbaren Gott bringen werden. Er hilft uns jetzt in der Gegenwart, bei allem, was wir benötigen; er ist der Ort, an dem wir wirklich Heilung finden.

Vorwort

Von Ed Dobson

Ich hatte vor Joni Eareckson Tada immer tiefsten Respekt, auch wenn ich sie nie persönlich getroffen habe. Ich hörte sie als Rednerin, lauschte ihr im Radio, kaufte Kunst von ihr – beziehungsweise meine Frau kaufte sie – und las ihre Bücher. Sie lebt seit über 40 Jahren mit einer Behinderung und hat dabei Glauben und Hoffnung nicht verloren. Sie ist eine bemerkenswerte Person!

Seit zehn Jahren bin ich jedoch nicht länger ein ferner Bewunderer, sondern ein Weggefährte von ihr. Denn vor zehn Jahren wurde bei mir ALS diagnostiziert, auch als Lou-Gehrig-Syndrom bekannt. Es ist eine furchtbare, unheilbare Krankheit. Die Ärzte gaben mir noch zwei bis fünf Jahre; die meisten davon würde ich wohl in gelähmtem Zustand verbringen. Die Krankheit beeinträchtigt die Funktionsfähigkeit der Nerven, sodass die Muskeln ihren Dienst einstellen. Und in der Zukunft erwarten mich Rollstühle, Magensonden und Beatmungsgeräte. Wie Joni habe ich die Vorhersagen der Ärzte überdauert. Deshalb war ich ganz gespannt darauf, „Sehnsucht nach Heilung" zu lesen.

Und ich konnte das Buch nicht mehr weglegen. Während ich die Fragen las, die Joni stellt, und von den Kämpfen erfuhr, an denen sie uns teilhaben lässt, kam es mir so vor, als könnte sie meine Gedanken lesen. Ich habe die gleichen Fragen und ringe mit den gleichen Dingen. Ich habe beim Lesen geweint und gelegentlich habe ich gelacht. Es war, als hätte sie für mich geschrieben. Es gefiel mir, dass Joni ihr Buch schrieb, während sie noch furchtbare Schmerzen litt. Ich habe nämlich normalerweise so meine Probleme mit Menschen, die nie durch das „Tal der Todesschatten“ geschritten sind. Ich höre lieber Leuten zu, die dieses Tal momentan durchqueren. Sie können mich besser ermutigen und mir mehr Hoffnung geben. Und dieses Buch ist gefüllt mit Ermutigung und Hoffnung.

Joni schildert ihre Schmerzen sehr ehrlich. Auch wenn meine Erkrankung nicht mit Schmerzen einhergeht, kam es mir beim Lesen so vor, als spräche sie zu mir – von Herz zu Herz, von Seele zu Seele.

Sie ist auch sehr ehrlich, wenn sie über das Thema „Heilung“ schreibt. Ich kenne niemanden, der von ALS geheilt wurde. Ich weiß, dass Gott dazu in der Lage wäre – so wie er auch in der Lage wäre, Joni zu heilen. Aber sie ist vor allem ehrlich, wie es darum geht, wie man mit Schmerzen, Kämpfen und Leiden fertig wird. Sie erzählt Geschichten aus ihrem eigenen Leben und dem Leben anderer und füllt ihr Buch mit Bibelversen (das ist der beste Teil des Buches).

Das Buch ist ein Muss für jeden, für den jeder Tag ein Kampf ist, und auch für diejenigen, die leidenden Menschen helfen und für sie sorgen. Ich kann das Buch in einem Wort zusammenfassen: *brillant*. Oder vielleicht *ermutigend*. Oder *biblisch*. Oder vielleicht auch *ehrlich*. Na gut, man kann es nicht mit einem Wort beschreiben. Es ist die Geschichte eines Menschen, der mit Schmerzen und Kämpfen konfrontiert ist und der uns anderen, die wir ebenfalls damit ringen, Hoffnung anbietet.

Ed Dobson
Autor von *The Year of Living like Jesus* und
Prayers and Promises. When Facing Life-Threatening Illness

Einführung

Dass es Leid gibt, stellt heute und seit Generationen zweifelsohne die größte Herausforderung für den christlichen Glauben dar.

John Stott

Es war ein wunderschöner Sonntagmorgen. Der Gottesdienst war vorüber, und ich rollte über den Parkplatz zu meinem Van, als mich ein gutaussehender junger Mann ansprach, der sich mir als David vorstellte.

„Sind Sie Joni?", fragte er mich.

Ich lächelte und nickte.

„Großartig!", sagte David. „Ich bin hier zu Besuch, und ich hatte gehofft, dass ich Sie heute treffe. Ich habe für Sie gebetet."

Ich blickte ihn groß an. „Wirklich? Wofür?"

„Ihre Heilung. Ich habe dafür gebetet, dass Sie aus Ihrem Rollstuhl rauskommen." In diesem Moment zögerte ich innerlich. David war ein Besucher. Er war in der Hoffnung zur Kirche gekommen, mich zu treffen, und er wollte mich geheilt sehen. Ich kann Ihnen nicht sagen, wie viele Menschen ich über die Jahre getroffen habe, die genau dasselbe wollten. In Gemeinden, an Straßenecken, in Versammlungsgebäuden und in lebhaften Einkaufszentren. Einige dieser Begegnungen waren etwas überwältigend, fast furchterregend.

Aber nicht an diesem Tag, mit diesem jungen Mann.

Dennoch musste ich ein paar unangenehme Gefühle unterdrücken, die in mir hochkamen. Vor ein paar Jahren tauchten mehrmals

Männer an unserer Haustür auf, die alle „durch den Heiligen Geist dorthin geführt wurden", um mich entweder zu heilen ... oder zu heiraten! Jetzt können Sie vielleicht meine Zurückhaltung verstehen.

„Nun, ich bin einem Gebet um Heilung nie abgeneigt", versicherte ich David.

Er verschwendete keine Zeit und kam mit etwas heraus, das wie eine vorbereitete Rede klang. „Haben Sie je darüber nachgedacht, dass vielleicht unbekannte Sünde Ihrer Heilung im Weg stehen könnte? Dass Sie irgendwie ungehorsam waren?" Bevor ich antworten konnte, schlug David seine Bibel auf – wir standen immer noch mitten auf dem Parkplatz – und las eine Stelle aus dem Lukasevangelium vor: „Da brachten einige Männer einen Gelähmten auf einer Trage. Sie versuchten, sich durch die Menge zu drängen und den Kranken zu Jesus zu bringen. Aber sie kamen an den vielen Menschen nicht vorbei. Kurz entschlossen stiegen sie auf das Dach, deckten die Ziegel ab und ließen den Mann auf seiner Trage durch die Öffnung zu Jesus hinunter."[2]

Er schlug seine Bibel zu und erinnerte mich daran, dass der gelähmte Mann in der Geschichte geheilt wurde. Und ich könne auch geheilt werden, wenn ich nur meine Sünden bekannte und auf Gott vertraute. Er fügte hinzu: „Joni, da *muss* irgendeine Sünde in Ihrem Leben sein, mit der Sie sich noch nicht befasst haben."

Ich sagte ihm, dass mein Gewissen rein sei (er sah mich etwas skeptisch an), und wiederholte, dass ich Gebete um Heilung immer begrüßte. Ich dankte ihm für seine Besorgnis, erklärte jedoch, dass ich nicht denke, diese Angelegenheit hänge irgendwie mit meinem (mangelnden) Glauben zusammen.

Für David ergab das keinen Sinn. Nach allem, was er gelernt hatte, verhielt es sich nämlich so: Wenn ich Christ war und es keine Schuld in meinem Leben gab, die ich noch nicht bekannt hatte, und wenn ich fest daran glaubte, dass Gott mich heilen könnte, nun ... *dann würde ich auch geheilt werden*. Wollte Gott etwa nicht jeden heilen? Wollte Jesus nicht, dass jeder gesund ist? Natürlich wollte er das. Das war so offensichtlich!

„Joni, Ihr Glaube muss nicht stark genug sein. Ich meine, schauen Sie sich an. Sie sitzen immer noch im Rollstuhl!"

Ich dachte einen Moment über die biblische Geschichte nach, die er mir gerade vorgelesen hatte, und bat ihn, in seiner Bibel erneut denselben Abschnitt im Lukasevangelium, Kapitel 5 aufzuschlagen.

„Na gut", sagte ich, „Sie haben in einem Punkt recht, David: Nachdem sie den gelähmten Mann durch das Dach auf den Boden vor Jesus gelassen hatten, war er geheilt. Aber schauen Sie sich Vers 20 an. Es heißt dort, als Jesus ‚ihren festen Glauben sah', war er geheilt."

„Und?"

„Verstehen Sie denn nicht? Jesus hat nichts von dem gelähmten Mann gefordert. Das, nach dem er Ausschau hielt, war der Glaube dieser Männer, die ihn durch das Dach hinabgelassen hatten. Gott braucht nicht unbedingt *meinen* Glauben für die Heilung. Aber er könnte *Ihren* wollen. Der Druck liegt nicht auf mir, David. Wenn es Teil von Gottes Plan ist, mich aus meinem Rollstuhl zu heben, könnte er auch *Ihren* Glauben gebrauchen! Also glauben Sie weiter, mein Freund. Vielleicht hängt es *von Ihnen* ab!"

David gefiel dieser Blickwinkel nicht sehr. Das passte nicht zu dem, was er glaubte. Es war nicht das, was ihm beigebracht worden war. Gemäß seiner Lehrer verhielt es sich folgendermaßen: Wenn jemand nicht geheilt wurde, war die Schuld bei *dem Betreffenden* zu suchen, bei *seinem* Glauben.

Doch in diesem Abschnitt geht es nicht unbedingt zentral um den Glauben.

Es geht immer um Jesus Christus und um seinen Willen für diejenigen, die leiden.

Einen großen Glauben zu haben heißt, an einen großen Retter zu glauben, und in der Bibel wird der Glauben von *jedermann* positiv hervorgehoben, der daran glaubt, dass Jesus heilen kann und will. Und in den Tagen, die kommen mögen, wäre es gut möglich, dass dieser „jedermann“ David ist.

Muss man es überhaupt noch sagen?

Gott heilt auch heute noch, daran besteht kein Zweifel. Würde man etwas anderes behaupten, würde man Gottes Wort und die Erfahrungen von unzähligen Menschen ignorieren, die genau das erlebt haben.

Aber wenn ich über mein Parkplatz-Erlebnis mit David nachsinne, erfordert die Aussage „Gott heilt heute“ vielleicht doch eine nähere Untersuchung.

Heilt er *immer?* Heilt er *jeden*, der voller Vertrauen zu ihm kommt? Greift er auf wundersame Weise in das Leben *aller* ein, die darum bitten, dass er sie von Migräne, multipler Sklerose, Prostatakrebs, einer schlimmen Grippe oder, wie in meinem Fall, chronischen Schmerzen befreit?

Und wenn nicht: Warum nicht? Oder warum heilt er einige und andere nicht?

Es ist Ihnen wahrscheinlich aufgefallen, dass ich in diesem Zusammenhang noch nicht einmal Tetraplegie[3] mit Rückenmarksverletzung aufgelistet habe. Die Tage, an denen ich Gott in längst vergangenen Zeiten angefleht habe, mich auf meine Füße zu stellen und aus meinem Rollstuhl zu heben, liegen hinter mir. Ja, ich sitze immer noch im Rollstuhl. Aber ich bin glücklich. Und auf *dieser* Ebene bin ich geheilt. Das ist wunderbar.

Momentan sind meine Schmerzen mein großes Problem. Ja, ich weiß, Sie fragen sich vielleicht, wie eine völlig gelähmte Person überhaupt Schmerzen *fühlen* kann. Sie können mir glauben, in meinem Alter geht das. Offen gesagt, wenn diese Schmerzen nicht so hartnäckig und manchmal so nervenaufreibend wären, würde ich mich nicht weiter darum kümmern. Aber ich bete jetzt wieder genau das, was ich vor Jahren, als meine Verletzung ihren Anfang nahm, immer wieder zu Gott sagte: *Herr, ich kann nicht für den Rest meines Lebens so leben!*

Zumindest glaube ich nicht, dass ich es kann. Man muss es abwarten.

Verstehen Sie mich jetzt nicht falsch. Ich nehme nichts von dem zurück, was ich in Artikeln und 1978 sogar in meinem Buch „Der nächste Schritt" über wundersame Heilungen geschrieben habe. (Ist das wirklich schon über 30 Jahre her?) Aber diese anhaltende prekäre Lage zwingt mich dazu, bekannte Bibelstellen nachzuschlagen und ihnen erneut meine Aufmerksamkeit zu schenken, sie unter einem neuen Gesichtspunkt und aus einer anderen Perspektive heraus näher zu betrachten.

Das ist Neuland für mich.

Wie Josua einmal zu den Kindern Israels gesagt hat: „Ihr seid diesen Weg noch nie zuvor gegangen." So ist es auch bei mir. Ich habe mich noch nie zuvor im Leben in so einer Lage befunden. Aber genauso, wie die Israeliten Gott auf beiden Seiten des Jordans fanden (und in seiner Mitte), finde ich überall in diesem merkwürdigen, unbekannten Land des Leidens seine Gegenwart, seinen Trost und seine Treue.

Dieses Buch soll keine detaillierte, erschöpfende Besprechung jedes Bibelverses sein, der das Thema „Heilung" berührt. Viel von dem, warum Gott tut, was er tut – und heilt, wenn er heilt –, bleibt als göttliches Mysterium im Dunkeln, und ich bin sicher nicht diejenige, die diese Dinge auf den wenigen Seiten eines Buches aufklärt. Stattdessen möchte ich Sie einladen, mich auf meiner sehr persönlichen Reise zu begleiten, auf der ich auf einige grundlegende Fragen über das Leben und Heilung, über Leiden und Durchhaltevermögen, Kummer und Hoffnung zu sprechen komme.

Ich möchte uns auch dazu ermutigen, von den täglichen Kämpfen einmal aufzusehen und auf die Zeit zu blicken, wenn uns alle die endgültige Heilung erwartet. Die Zeit, wenn die Blinden ihr Augenlicht wiederbekommen, die Tauben hören, die Stummen aus voller Kehle singen und Gelähmte springen wie ein Hirsch.[4] Oh, was für ein herrlicher Tag das sein wird!

Diejenigen von uns, die derzeit in ihrem irdischen Leben *kein* Wunder erleben und körperlich *nicht* geheilt werden: Schaffen wir es durchzuhalten? Können wir an unserer Hoffnung festhalten? Und mehr noch als durchhalten: Lernen wir während unserer „Zeit der Gefangenschaft", was wir lernen *sollten?* Denn wie eine Gefangenschaft kommen mir die Tage vor, an denen mich die Schmerzen fast verrückt machen.

Bete ich dafür, dass Gott mich auf wundersame Weise von meinen chronischen Schmerzen befreit? *Oh ja, das können Sie glauben.*

Erwarte ich es auch? *Wenn es Gottes Wille ist, ja.*

„Was immer dein Wille ist, Herr", bete ich. „Wenn es dir mehr Ehre gibt und deine Frohe Botschaft schneller verbreitet, dann bin ich voll dafür." Ich möchte mich dem Vater immer, wirklich immer unterwerfen und den Worten Jesu gehorsam sein, denn ich weiß sehr wohl: Wenn ich alles andere im Leben hätte und mir *das eine* fehlte, dann hätte ich nichts.

Denn ist das nicht das Entscheidende? Dass wir den Menschen davon erzählen, wer Jesus ist und was er für uns getan hat? Ob ich nun schmerzfrei aus meinem Rollstuhl springe und den Leuten erzähle, dass meine Heilung ein echter Beweis für Gottes unglaubliche Macht ist … oder ob ich weiterhin mit einem Lächeln in meinem Rollstuhl sitze, nicht *trotz* meiner Schmerzen, sondern *wegen* ihnen. Weil ich weiß, dass ich noch viel zu lernen habe: Ich muss zulassen, dass er meinen Charakter formt, muss lernen, mich in andere verletzte Menschen hineinzuversetzen, eine verlorene Welt mit Gottes Guter Nachricht erreichen und erkennen, dass mein Retter selbst Leid erlebt hat und sich wünscht, dass unsere Beziehung immer enger wird. Alles davon ist ein echter Hinweis auf Gottes Liebe und Güte.

Das Buch, das Sie in den Händen halten, ist eine Chronik dessen, was ich gerade durchmache. Seit fünf Jahren ringe ich mit einem Feind, der mit jedem Monat größer, unmenschlicher und auf entsetzliche Weise aggressiver zu werden scheint. Ich spreche von meinem fortwährenden Kampf gegen Schmerzen – manchmal schleichend und aufreibend, manchmal flammend heiß und scheinbar unerträglich. Während ich diese Zeilen schreibe, suche ich gerade wieder einen neuen Spezialisten auf. Er soll herausfinden, ob irgendetwas – überhaupt irgendetwas – gegen diese pochenden Qualen getan werden kann, die ich gern voller Freude und Dankbarkeit hinter mir lassen würde.

Ich wollte *diesen* Aspekt meines Lebens ebenfalls in diese Zeilen einfließen lassen. Nicht der Sensation wegen, sondern einfach, weil das genau der Punkt ist, an dem ich zurzeit stehe. Die Erfahrungen mit den chronischen Schmerzen sind einfach Bestandteil meines Lebens. Sie werden sehen, dass es dem Thema eine gewisse Dringlichkeit verleiht, wenn man aus dem intensiven Leiden heraus ein Buch darüber schreibt, dass Gott heilt. Außerdem bewahrt es davor, abgehoben und theoretisch zu klingen.

Heilung – oder auch nur eine kleine Verschnaufpause von diesem Krieg mit den Schmerzen – ist sicherlich momentan der alles beherrschende Gedanke.

Nein, lassen Sie mich berichtigen: Natürlich möchte ich vor allem dem Namen meines Retters und Königs Ehre bringen, ob er mir nun hier Erleichterung gewährt oder erst im Jenseits, wenn ich im Haus seines Vaters bin. Auf jeden Fall wird er mir helfen, mich retten und, ja, mir Freude schenken.

So wie er es immer getan hat.

EINS

Ein Bericht von der Front

Wenn Gott uns auf steinige Wege schickt,
gibt er uns auch die richtigen Schuhe.

Corrie ten Boom

Dies ist nicht die richtige Zeit, um ein Buch zu schreiben. Aber ich muss es versuchen.

Es wird nicht leicht sein. Es mag nicht weise sein. Dennoch: Wenn Sie diese Worte lesen, dann ist es vollbracht und das Buch veröffentlicht.

Dennoch habe ich mir eine Aufgabe vorgenommen, an der sich sogar geübte Autoren nicht versuchen würden, und ich richte mich darauf ein, einen Auftrag zu vollenden, den sich Militär-Historiker nicht im Traum vornehmen würden. Ich schreibe direkt vor dem Hintergrund meiner Erfahrungen, obwohl das Gefecht noch tobt, die Umstände noch prekär sind und ich mich in der festen Umklammerung von erbarmungslosen Schmerzen befinde. Ich berichte von Beobachtungen, die ich während des Kampfes gemacht habe, und das, während die Feuer noch rauchen, die Granaten noch fallen, die Waffen noch nicht schweigen und bevor Gras und Wildblumen über die Narben des Krieges gewachsen sind.

Und ich schreibe mit großer Dringlichkeit. Mein Leben ändert sich, und ich möchte, solange ich es noch kann, etwas zu diesem

Thema sagen und, ja, auch zu Gottes unleugbarer Fähigkeit, Menschen zu heilen.

Wie diejenigen, die ebenfalls in seine Klauen geraten sind, bestätigen werden, erschweren chronische Schmerzen es den Betroffenen, klar zu denken, zu arbeiten, zu erzählen, zu planen, zu schreiben und – wie ich kürzlich herausfand – in der Öffentlichkeit zu sprechen.

Vor Kurzem wurde ich eingeladen, in einem Kurs an der *Biola University* hier in Los Angeles zu sprechen. Man bat mich, in Dr. Kathy McReynolds' Kurs über das Thema „Eine Theologie des Leidens und der Behinderung" zu sprechen, der von *Biola* und unserem *Christian Institute on Disabilities* hier am *Joni and Friends International Disability Center* konzipiert worden war. Professor McReynolds hatte mich gebeten, ihren 65 Studenten beizubringen, wie Gott vom Leiden befreit. Und sie sagte mir, dass einige dieser Studenten tiefergehende Fragen hätten.

Die Gruppe traf sich in einem der Seminarräume des älteren Campus-Bereiches, der keine Fenster hat – und herzlich wenig Luftzufuhr. Die Professorin hatte einen Ventilator in der Nähe einer der Türen aufgestellt, was ich begrüßte. Dennoch, ohne Fenster war dieser Raum an einem warmen Tag in Südkalifornien sofort heiß und stickig.

Noch bevor man mich vorgestellt hatte, überkam mich das vertraute Gefühl, dass die Wände um mich herum immer dichter zusammenrücken.

Platzangst, meine alte Nemesis.

Es war das gleiche Gefühl, das aufkommt, wenn ich um 2 Uhr morgens aufwache, nachdem die Schmerzmittel nachgelassen haben und Ken fest schläft. In diesen dunklen Momenten während der Nacht bin ich körperlich nicht in der Lage, mich von einer zu warmen Decke zu befreien. Die Steifheit vom stundenlangen Liegen in derselben Position kommt mit einem Anfall von Schmerzen über mich, der das Wiedereinschlafen zu einer echten Herausforderung macht.

Professor McReynold stellte mich ihren Kursteilnehmern vor, und ich blickte mich im Raum um, bevor ich begann. Einige junge Studenten lehnten sich auf ihre Ellbogen gestützt nach vorne und erwarteten, wie ich vermutete, dass jetzt etwas Kluges und Inspirierendes käme. Andere saßen lässig da und spielten mit ihren Bleistiften. Diese waren vermutlich die mit den „tiefergehenden Fragen". *Nun, willkommen im Klub.*

Ich begann, wie ich schon Tausende Male zuvor begonnen hatte: mit meinem persönlichen Zeugnis. Dem heißen Sommermorgen an der Chesapeake Bay. Das Floß, der Kopfsprung, der Aufprall, die Verletzung, der Metallrahmen des Krankenbettes in dem Krankenhaus in Baltimore ... die langen Jahre mit Behandlungen und Therapie und der Beginn eines unvorstellbaren Missionsdienstes. An diesem Punkt schlug ich die Brücke zu der Frage nach Gottes Willen. *Wie konnte Gott zulassen, dass all dies in meinem Leben geschah?* Obwohl ich versuche, es jedes Mal mit neuen Worten zu erzählen, muss ich zugeben, dass es Zeiten gibt, in denen es alles zu routiniert klingt und in meinen Ohren ein bisschen zu oberflächlich.

Doch diesmal war es nicht so.

Eine neue Dringlichkeit

An diesem Punkt meines Lebens hat diese Frage für mich wieder eine neue Dringlichkeit, genauso wie in jenem Moment in dem Seminarraum. Obwohl ich kurz vor dem Auftritt versucht hatte, mein Korsett zu richten, und obwohl ich getragen, vorsichtig abgesetzt und wiederholt neu positioniert wurde, hatte ich Schmerzen.

Ich meine *wirkliche* Schmerzen.

Nachdem ich 15 Minuten gesprochen hatte, wand ich mich in meinem Rollstuhl und biss mir auf die Lippe, während ich mich verzweifelt bemühte, mir doch so vertraute Gedanken und Ansichten in Worte zu fassen. Und dieser Raum war *so* warm. Es kostete eine extra Anstrengung, überhaupt Luft zu bekommen.

Irgendwie wurstelte ich mich durch die geplanten 45 Minuten. Aber mein Vortrag kam mir irgendwie so chaotisch vor. Hatten die Studenten irgendetwas mitnehmen können? Ihre Gesichter verrieten mir zumindest, dass einige von ihnen bewegt waren – vielleicht sogar tief bewegt. Auf jeden Fall lümmelte oder kritzelte keiner mehr. Hatte Gott irgendetwas Geheimnisvolles mit meiner mühevollen Präsentation gemacht – etwas, das über das hinausging, was ich vernünftigerweise hätte erwarten können? (Wie viele Male hatte er das schon zuvor getan!)

Nach einer kurzen Pause kam der Teil, in dem die Studenten die Möglichkeit hatten, mir Fragen zu stellen. Die meisten Fragen waren ziemlich vorhersehbar, aber eine dieser allgemeinen, zu erwartenden Fragen traf – aus welchem Grund auch immer – einen Nerv, von dem ich gar nicht gewusst hatte, dass er wund war.

„Sie haben erwähnt, dass Sie eine Zeit der Schmerzen durchmachen", begann der Student. „Ich vermute, dass Sie das doch furchtbar von Ihrer eigentlichen Berufung ablenkt. Warum, was denken Sie, hat Gott das zugelassen?"

Ja, warum hat er das?

Warum hat Gott das zugelassen? Ich bin fast 60 Jahre alt! Warum solche Schmerzen und Ablenkungen an diesem Punkt in meinem Leben, nach all diesen Jahren des Erduldens, Durchhaltens und dem Bemühen, ihm zu dienen?

Die einfache Frage ereilte mich wie eine frische Welle des Schmerzes, wie Treibgut in der starken Brandung. Es war ja nicht so, als hätte ich mich nicht schon eine Million Mal mit diesem Thema beschäftigt. Ich habe die Frage „Warum lässt Gott Leid zu?"

im Laufe meines Lebens bei unzähligen Gelegenheiten in zahllosen Umgebungen, in den unterschiedlichsten Sprachen behandelt, aber aus irgendeinem Grund fiel es mir in diesem Moment schwer, eine Antwort darauf zu finden. *Weil ich müde war? Schlafmangel kann so etwas auslösen. Weil der Raum stickig war und der Ventilator nicht funktionierte? Weil ich im Stillen aufgehört hatte, Gott um Gnade anzuflehen?*

Meine Kehle schnürte sich zu und meine Augen füllten sich mit Tränen. Ich setzte zu einer Antwort an. Die Worte lagen mir auf der Zunge. Aber ich musste abbrechen. Ich atmete mehrfach kurz ein, um meine Fassung zurückzugewinnen, aber meine Nase fing an zu laufen, und Tränen begannen, mir über die Wange zu laufen.

Ja, ich hatte verloren und die Studenten wussten es.

Was nun?

Ich wollte keine Szene machen. Wollte nicht, dass die ganze Sache unglaubwürdig wurde. Aber was blieb mir anderes übrig, als mich irgendwie hindurchzukämpfen und meine Antwort fast herauszuschluchzen?

„Ich – ich habe viele Male über diese Frage nachgedacht … und … ich habe das nie öffentlich gesagt, aber … seit Kurzem überlege ich … Nun, es sieht so aus: Jahrzehntelang habe ich nicht gelitten. Nicht *wirklich*. Ja, ich bin querschnittsgelähmt, und das ist hart. Aber das liegt größtenteils hinter mir. Ich bin daran gewöhnt. Ich habe fast vergessen, wie es sich anfühlt, wenn man etwas mit den Händen macht. Aber durch diese Schmerzen ist es … ist es irgendwie so, als würde Gott mich erneut mit dem Leid bekannt machen, als wäre alles … brandneu für mich und als hätte ich das noch nie zuvor erlebt.

Warum? Ich weiß es nicht. Vielleicht … vielleicht hat er das zugelassen, damit das, was ihr gerade gehört habt, also die vergangenen 45 Minuten, nicht als abgedroschen oder wie einstudiert rüberkommt oder plattitüdenhaft klingt. Jakobus hat geschrieben: ‚Es sollten sich nicht so viele in der Gemeinde danach drängen, andere im Glauben zu unterweisen. Denn ihr wisst ja: Wer andere lehrt, wird von Gott nach besonders strengen Maßstäben beurteilt.' Vielleicht ist das der Grund."

Im Seminarraum war es totenstill geworden. Leise erhob sich Ken von seinem Platz in der ersten Reihe und kam mit einem Taschentuch zu mir. Und es war mir sogar egal, dass die Studenten zusahen, wie ich meine feuchte Nase schnäuzte. Ich glaube ohnehin nicht, dass es ihnen etwas ausmachte.

Man kann über das Thema „Leid" nicht mithilfe eines Lehrbuches lehren. Man kann sich vor eine Klasse stellen, eine Lehrstunde halten und sogar eine schicke Powerpoint-Präsentation erstellen, aber wie kommuniziert man die Wahrheiten des Lebens so, dass sie einen bleibenden Eindruck hinterlassen? Wenn man anderen Einblick in das eigene Leiden gibt, ist das wie eine Bluttransfusion ... man lässt die kraftvollen, lebensverändernden Wahrheiten in die geistlichen Adern des anderen strömen. Und das kann man nicht allein mit Worten machen. Oder sollte es zumindest nicht. Wie kann man etwas über das Leiden lernen, wenn man den Schmerz nicht selbst fühlt? Ich bin dankbar dafür, dass keiner von den 65 Studenten sich an diesem Tag selbst das Genick brach oder irrsinnige Schmerzen ertragen musste. Sie mussten nur glauben, dass meine Tränen echt waren ... was zeigt, dass der, der unsere Krankheit trug, wirklich vom Leiden befreien kann.

Mich und sie.

Der Kampf meines Lebens

Hier stehe ich nun, sammle meine Gedanken, schreibe sie nieder, arbeite mit einem Lektor zusammen und beginne ein Buch zu einem Zeitpunkt, den manche für völlig falsch halten. „Warte noch ein bisschen, Joni", sagen sie. „Warte, bis du das Ganze aus einem anderen Blickwinkel betrachten kannst. Teil dir deine Kräfte ein. Konzentrier dich lieber darauf, gesund zu werden."

Wenn berühmte Militärchefs ihre Memoiren schreiben, dann sind sie gewöhnlich im Ruhestand. Aber ich kämpfe immer noch. Berühmte Generäle wie Grant, Lee, Pershing, Eisenhower, Montgomery und Churchill haben nach Jahren der Reflexion geschrieben. (Wenn ich so darüber nachdenke, sehe ich immer das Bild von einem Schaukelstuhl vor mir, der auf einer Veranda steht. Eine leichte Frühlingsbrise weht den Duft von Flieder heran und streift die Seiten eines Notizblockes.) Ich hingegen schreibe diese Worte während der Kampfhandlungen, als der Staub und der Rauch des Krieges noch über dem Schlachtfeld wabern.

Tatsächlich befinde ich mich im Kampf meines Lebens. Ich bin mitten im Getümmel und habe ehrlich gesagt keine Ahnung, wie lange der Kampf dauern oder wie und wann er eingestellt wird.

Wie ich schon sagte: Es ist nicht gerade eine günstige Zeit, um ein Buch über Heilung zu schreiben.

Bis zu diesem Augenblick ist mein großer Gegner nicht die große Bandbreite der Schmerzen, die mit der Querschnittslähmung einhergehen. Nein, es ist etwas Neues, Übles in mein Leben getreten. Es hat sich zunächst als stechender Schmerz in meinen Nacken gebohrt. Und während ich mich mit diesem Schlachtfeld „auszusöhnen" begann, kam es an einer anderen Front zu einem neuen Angriff: an meinem unteren Rücken. Die Schmerzattacken, die ich während der vergangenen zwei Jahre erlebt habe, gehen über alles hinaus, was ich mir je hätte vorstellen können.

Ich finde keine Worte dafür.

Nachdem man mich tagelang im Krankenhaus jedem nur möglichen Test unterzogen hatte, entdeckten die Ärzte endlich den Schuldigen – oder zumindest einen der Schuldigen. Einen Bruch an meinem Kreuzbein, diesem letzten dreieckigen Knochen am Ende der Wirbelsäule. Kein Wunder, dass es mir so schlecht ging! Kein Wunder, dass die feurigen Schmerzfinger bis in meinen Bauchraum ausstrahlen. Tatsache ist, dass ich jedes Mal, wenn ich mich aufsetzte, genau auf der Verletzung saß.

Da es mir nicht mehr möglich ist, länger aufrecht in meinem Rollstuhl zu sitzen, habe ich von einem kleinen Bett in meinem Büro aus gearbeitet. An einigen Tagen versuche ich, so lange wie möglich aufrecht zu sitzen und so viel Arbeit wie möglich zu schaffen, bevor die Schmerzen mich zurück ins Bett treiben.

Wie Sie sich vorstellen können, hat sich alles, was ich tue, um den Faktor zehn verkompliziert. Hier nur ein kleines Beispiel.

Vor kurzer Zeit saß ich in meinem Sendestudio und versuchte, das wöchentliche Radioprogramm von *Joni and Friends* aufzunehmen, eine Aufgabe, die ich seit Jahrzehnten gern mache. Diesmal stand ich jedoch vor einer quälenden Entscheidung: Ich konnte mein Korsett extra fest ziehen, um sicherzustellen, dass ich gut atmen (und damit auch gut vortragen) konnte, was jedoch gleichzeitig meine Schmerzen verstärkte. Oder ich konnte das Korsett lockern, sodass die Schmerzen nachließen, was die Aufnahme jedoch mühsam machte. Also tat ich beides: Ich las ein oder zwei Seiten, hielt inne und ließ das Korsett enger schnallen, dann las ich weiter, und schließlich ließ ich es wieder lockern. Ich schaffte es irgendwie, aber es schien alles so langsam – und es dauerte so lange.

Die Wahrheit ist: In diesem letzten Jahr habe ich die schwierigsten Tage und Wochen meines Lebens durchgestanden – die den Tagen nach meinem Unfall im Krankenhaus von Baltimore in nichts nachstehen.

Läuft mein Leben langsam aus dem Ruder? Habe ich die Grenze dessen erreicht, was ich ertragen kann? Haben meine Freunde, meine Mitarbeiter und – Gott bewahre – mein Ehemann die Grenze dessen erreicht, was *sie* um meinetwillen ertragen können? Wie viel länger kann ich – können *sie* – so weitermachen? Diese Fragen quälen mich.

Nach all den Jahren sind die Menschen, die sich um mich kümmern, wirklich langsam erschöpft. Sie – es sind etwa acht oder so – sind diejenigen, die mir jeden Morgen freundlich beim Aufstehen helfen oder mir, wie im Fall von Judy und meinem Mann Ken, nachts helfen. Früher half mir abends nur mein Mann dabei, mich umzudrehen, und oft brauchte ich seine Hilfe während der Nacht nicht mehr. Er legte mich auf die Seite, klopfte meine Kissen zurecht, und dann schlief ich bequem bis zum Morgen durch.

Doch das klappt nicht mehr.

Auch nicht mithilfe von Entspannungspillen. Oder mithilfe leichter Schmerz- und Schlafmittel. Oder sogar starker Schmerzmittel wie Vicodin[5] oder – es tut mir leid, das sagen zu müssen – mit härteren Medikamenten als diesen.

Ich hasse es, Medikamente zu nehmen. Ich stamme von widerstandsfähigen Vorfahren ab und habe ein wenig deutsches Blut in mir sowie ein kleines bisschen schottisch-irisches sowie einen Schuss schwedisches. Die Menschen in meiner Familie haben eigentlich eine gute Konstitution. All die Jahre – und das habe ich von meinen Eltern gelernt – war ich stolz darauf, dass ich bei Schmerzen mit ein oder zwei Aspirin auskam. Das hatte ich meinen Vorfahren zu verdanken.

Die Medikamente wirken eh nie lange und die Nebenwirkungen können manchmal schlimmer sein als das ursprüngliche Leiden. Es ist ein wenig wie bei der Fernsehwerbung, die verspricht, dass die Haut mit einer bestimmten Substanz seidenweich wird. Aber was ist mit dem Risiko von Nierenentzündung, Leberversagen, trockenem Mund, Übelkeit und Suizidgedanken! Wer würde noch weiche Haut wollen, nachdem er *das* gehört hat?

Wirklich, nichts scheint mir heute zu helfen. Man kann die Uhr nach mir stellen: Ich wache jede Nacht um zwei Uhr morgens mit stechenden Schmerzen im unteren Rückenbereich auf – besonders im *Quadratus lumborum* und *Iliopsoas*. Ich kenne die Muskelgruppen mittlerweile ziemlich gut. Für den Laien übersetzt heißt das: der linke untere Rücken über meiner Hüfte, zusammen mit dem linken Unterleib und dem Inneren des Oberschenkels. Es sagt Ihnen wahrscheinlich nicht viel, aber diese Teile meines Körpers erwachen in den ersten Morgenstunden mit pulsierenden Schmerzen zum Leben. Auch wenn ich, gelähmt wie ich bin, in meinen übrigen Gliedern kein Gefühl habe.

Manchmal kann ich wieder einschlafen. Meistens versuche ich jedoch, die Zähne zusammenzubeißen, bis Ken, der jetzt leider in einem anderen Schlafzimmer schlafen muss, schließlich mein Wimmern hört. Er schlurft dann mit verquollenen Augen herein und versucht, nicht allzu sehr aufzuwachen, sodass er wieder einschlafen kann. Dann dreht er mich im Halbschlaf herum. Früher auf die andere Seite. Aber das halte ich nicht mehr aus. Jetzt liege ich für ein paar Stunden auf dem Rücken. Dann, um 4 Uhr, wache ich wieder auf, und so kann ich hoffentlich durchhalten, bis meine Freundinnen um 7:30 Uhr morgens kommen.

So war es nie. Ehrlich.

Es hat früher nie einen solchen nächtlichen Ablaufplan gegeben. Ich habe nie gewimmert. Ich bin nie aufgewacht und habe überlegt, ob ich wohl heute in der Lage sein werde aufzustehen. Vor allem kann ich mich nicht daran erinnern, dass ich mir früher so viele Sorgen gemacht hätte oder ängstlich gewesen wäre. Einiges davon ist verständlich, aber ich vermute, das meiste davon sind die Nebenwirkungen der Medikamente.

Deshalb fürchte ich auch, meine Freunde seien endgültig erschöpft. Und mein Ehemann ebenfalls. Wenn meine Freundinnen jetzt morgens die täglichen Übungen mit mir machen, verbringen sie mindestens eine Extrastunde damit, meine Muskeln zu strecken und zu dehnen. „Oh, könntet ihr bitte an meinem Rückenmuskel ziehen? Ihr müsst die Hand Richtung Kopfbrett winkeln und ... ja, genau ... und jetzt, als würdet ihr mit euren Fingern durch meinen Rücken harken ... oh Mann, ich spüre gar nichts ... Könntet ihr es fester machen?"

Sie werfen mir dann merkwürdige Blicke zu. Früher hat es mal Spaß gemacht, mich morgens fertig zu machen. Wir haben gesungen. Und wir sagten zueinander: „Wir können heute für Jesus arbeiten!" Aber in diesen Tagen tun wir nur das, was wir können.

Aber eine Sache ist besser.

Wir alle sind viel mehr auf Gottes Hilfe angewiesen.

Und auf einen gesunden Verstand.

Denn nie war mir stärker bewusst, dass ich das Angriffsziel des Teufels bin.

Ein Angriffsziel

Der Widersacher weiß sehr gut, was mein Vorbild in Sachen Zuversicht und Vertrauen auf Gott – von 1976, als ich mein erstes Buch *Joni* veröffentlicht habe, bis in die Gegenwart – für Christen über die Jahre bedeutet hat. Hat Satan meine Bücher gelesen? Ich zweifle ernsthaft daran – auf den Seiten der Bücher steht für seinen Geschmack bestimmt viel zu viel über Jesus. Dennoch weiß er um meine Liebe für den Retter und deshalb hasst er mich.

Mein Feind hat höchstwahrscheinlich einen echten Fachmann

aus seiner Höllenbürokratie damit beauftragt, mich zu quälen. Mein Gegner weiß, dass ich mich zumindest an die Querschnittslähmung gewöhnt habe. Er hat erkannt, dass die völlige und andauernde Lähmung mich nicht mehr so stark belastet wie früher. Er ist sich bewusst, dass meine schwere Behinderung mir dabei zu der Erkenntnis verholfen hat, dass ich Gott verzweifelt brauche.

Und offen gesagt verabscheut er das.

Er hasst es zu wissen, dass mein Vertrauen auf Gott die Herrlichkeit des Vaters widerspiegelt. Er verabscheut es, daran zu denken, dass ich später im Himmel als Belohnung für mein Durchhaltevermögen während dieser über 40 Jahre im Rollstuhl Gott noch mehr loben und noch mehr Freude erleben werde. Er kann es nicht ausstehen, dass das Licht von Jesus den Menschen noch heller leuchtet, weil ich ihnen aus eigener Erfahrung davon erzählen kann, dass er ihr Leid kennt. Er findet es abscheulich, dass ich in den vergangenen Jahren das getan habe, wozu uns der Verfasser des Hebräerbriefes in seinem 12. Kapitel auffordert: Ich habe versucht, meinen Blick in jeder Lebenslage auf Jesus zu richten und an meinem Vertrauen auf ihn festzuhalten.[6] Und er hat nur Spott übrig, wenn er sieht, dass sich meine Beziehung zu Jesus Christus durch die Erfahrung meines Leidens noch vertieft hat.

Es wird ihm dabei richtig schlecht.

Deshalb sein schonungsloser Angriff auf meinen Körper, meinen Geist, meine Seele und auf meine Freunde, die mich lieben und mir helfen. Es herrscht Krieg – und wie jeder Krieg ist er nicht gerade schön.

Aber es gibt noch etwas in meinem Verhalten angesichts meines Leidens, das Satan verrückt macht. Ich glaube, er betrachtet Behinderungen als letztes Bollwerk gegen Gott. Das menschliche Leiden ist der letzte Punkt, dessen er sich bedient, um Gottes Vertrauenswürdigkeit in Zweifel zu ziehen. Der Teufel genießt es, Menschen zu der Klage anzustacheln: „Wie konnte ein guter Gott zulassen, dass mein Kind mit dieser furchtbaren Behinderung auf die Welt kam?“ Er bringt sie dazu, sich zu fragen: „Wie kann ich einem Gott vertrauen, der zugelassen hat, dass mein Mann an Krebs stirbt? Wir sind doch erst seit sechs Monaten verheiratet!“ Oder zu überlegen: „Warum sollte ich an einen Gott glauben, dessen Plan für die Menschheit Alzheimer und Autismus mit einschließt?“

Mein Gegner weiß, dass Gott mein persönliches Zeugnis in vielen Ländern dieser Erde gebraucht hat, um solche düsteren Gedanken zurückzudrängen. Er ist sich der Tatsache sicher bewusst, dass der Dienst von *Joni and Friends* von Gott gebraucht wurde, um in einigen der dunkelsten Ecken unserer Welt seine Gnade und Güte zu verkünden. Er weiß, ich bin mir bewusst, dass wir nicht gegen „Fleisch und Blut“ kämpfen, sondern „gegen Mächte und Gewalten“, die vor Freude schreien, wenn sie die Hoffnungen von behinderten Menschen zerstören und sie immer tiefer in Verzweiflung und Entmutigung treiben (Epheser 6,12).

Kein Wunder, dass mein *Quadratus lumborum* so ein großes Angriffsziel ist.

Schlachtfeld Jesus

Hat dieses Kapitel Sie etwas verwundert? Haben Sie einen Blick auf den Buchumschlag geworfen, um nachzuschauen, ob es sich auch um die richtige Autorin handelt?

Haben Sie Einwände, vielleicht gegen die Schlachtfeld-Bilder, die ich benutzt habe, um mein derzeitiges Leben zu beschreiben? Haben Sie vielleicht Ihren Weg mit Jesus nie auf diese Weise gesehen?

Hier bei uns lehnen wir es ab, das Bild vom sanften Jesus zu entwerfen, ein Bild, das die Gefühle anspricht und zu Herzen geht. Das liegt daran, dass wir mit so vielen Menschen zu tun haben, die leiden. Wenn Sie starke Schmerzen haben, ist ein honigsüßes Bild von Jesus wenig hilfreich und auch nicht gerade inspirierend – Sie erinnern sich vielleicht noch an diese zuckersüßen, sentimentalen Bilder aus den Fünfzigerjahren, mit denen viele von uns aufgewachsen sind. Wissen Sie, welche ich meine? Jesus mit ordentlich gescheitelter Frisur, umgeben von engelsgleichen Kindern und Schäfchen.

Kommen Sie schon. Geben Sie es zu: Wenn jemand auf Ihrem Herz herumtrampelt oder wenn es Ihnen so vorkommt, als würde jemand Salz auf Ihre verwundete Seele streuen, dann wollen Sie keinen mageren, blassen, gefühlsduseligen Jesus, der im Kreise von Lämmern, Vögeln und Babys steht.

Sie wollen einen Krieger-Jesus.

Sie wollen einen Schlachtfeld-Jesus. Sie wünschen sich eine Gute Botschaft, die Ihre Entschlossenheit stärkt und Sie widerstandsfähig macht und Ihnen hilft, Ihre Emotionen wieder in den Griff zu bekommen.

Um ehrlich zu sein, tragen viele der sentimentalen Choräle und Worshipsongs unserer Zeit nicht viel zur Entstehung dieses Bildes bei. Eines der Lieblingswörter der Choralschreiber vergangener Tage war „süß“. Wenn Sie sich an einem finsteren Ort befinden, wenn Sie von Löwen umringt sind, wenn Sie tatkräftige Unterstützung brauchen, dann wollen Sie nicht „süß“. Sie wollen keine verblassten Pastellfarben und honigsüße Weichheit.

Sie wollen „mächtig“. Sie wollen den starken Arm und den unerschütterlichen Griff Gottes, der Sie nicht fallen lässt – was auch immer geschieht.

Ich liebe zum Beispiel dieses wunderschöne alte Kirchenlied – ein Lieblingslied meiner Eltern: „I Come to the Garden Alone“ („Ich komme allein zum Garten“). Es gibt da eine Strophe, in der es heißt: „Er spricht, und der Klang seiner Stimme ist so süß, dass die Vögel verstummen.“ Das ist eine schöne Empfindung, und ich bin mir bewusst, dass ein solcher Gedanke durchaus Trost spenden kann. Aber in Wahrheit ist das nur die Verstärkung eines romantisierten Bildes aus dem 19. Jahrhundert. Wir haben den wirklichen Jesus mit so viel „Tau auf den Rosen“ überzogen, dass viele Menschen die Verbindung zu ihm verloren oder sich schlicht von ihm abgewandt haben.

Warum werden manche Menschen von einem sentimentalen Bild angezogen? Nun, denken Sie einmal darüber nach: Ein Zuckerguss-Jesus fordert nichts von uns – weder das Eingestehen unserer Schuld noch eine Lebensveränderung. Warum? Weil diesem Bild Wahrheit und Kraft fehlt.

Wir müssen versuchen, dieses Bild zu ändern.

Und das geht nur, wenn wir über die Auferstehung nachdenken.

Sicher, Romantiker versuchen, die Auferstehung mit Lilien und Singvögeln zu verzieren, aber packen Sie die Emotionen mal für einen Moment beiseite, und denken Sie nach: Ein Mann, vollkommen tot – wahrhaft eine Leiche aus grauem, kaltem Fleisch –, erhebt sich von einer Steinplatte und verlässt sein Grab.

Diese Vorstellung ist schon fast furchterregend. Sie hat nichts mehr mit Zuckerguss zu tun. Und das Gewaltige daran: Sie beschreibt treffsicher, was Jesus tat. Diese Wirklichkeit hat Kraft. Diese Wahrheit ergreift einen. Einige Menschen glauben wirklich, dass Jesus auf diese Erde kam, um schöne, angenehme Dinge zu tun, wie böse Menschen in nette zu verwandeln. Das stimmt aber nicht. Wie jemand einmal treffend sagte, kam unser Herr und Retter, um toten Menschen Leben einzuhauchen – und daran ist nichts Sentimentales.

Es gab durchaus Zeiten in meinem Leben, in denen auch mir die alten Bilder von Jesus gefielen, dem Jesus, der süße Lämmer wiegt oder mit Fönfrisur in einem weißen, wie frisch aus der Reinigung aussehenden Gewand herumläuft. Aber heute, an den Tagen, wo ich wirklich zu kämpfen habe, bringen mir diese alten Bilder nichts.

Ich brauche einen kämpferischen Jesus an meiner Seite, wenn ich in den gefährlichen, oft chaotischen Schützengräben des täglichen Lebens stehe. Ich brauche Jesus, den Retter, der bereit ist, durch Schmerz, Tod und die Hölle selbst zu wandern, um mich zu finden, meine Hand zu ergreifen und mich sicher ans Ziel zu bringen.

Natürlich hoffe ich, dass auch bald wieder eine Zeit kommen wird, wenn ich den gemütlichen Spaziergang durch den Garten mit ihm genießen kann und die Tautropfen auf den Rosen bewundere. Aber wenn ich jetzt „als ein guter Kämpfer" leide (2. Timotheus 2,3), dann brauche ich einen Waffenbruder, einen starken Feldherrn, der die Kontrolle über meinen persönlichen Krieg übernimmt.

Und genau das ist er, genau das hat er auch schon getan.

Kriegsgebiet

Im Jakobusbrief heißt es: „Wenn jemand von euch krank ist, soll er die Gemeindeleiter zu sich rufen, damit sie für ihn beten und ihn im Namen des Herrn mit Öl salben."[7]

Natürlich habe ich diese Passage schon unzählige Male gelesen, und auch wenn ich nicht direkt „krank" war, wollte ich alles und jedes tun, das in diesem heftigen Kampf von mir erwartet wurde. Und vor nicht allzu langer Zeit – es war an einem strahlend sonnigen Nachmittag nach dem Sonntagsgottesdienst, als ich noch mit Schmerzen im Bett lag – betrat Pastor Bob mit unserer kleinen Gruppe von Ältesten mein Schlafzimmer. Sie wirkten so groß und fehl am Platz! Und wie wenig waren sie sich bewusst, dass sie einen Kriegsschauplatz betreten hatten. (Das ist jedes Mal so, wenn man der Bibel gehorchen will.)

Als sie ihre Bibel öffneten, fühlte ich die dunklen Mächte zurückweichen – Mächte der Entmutigung und des Zweifels, die mich in den vergangenen Tagen verfolgt und belästigt hatten. Aber bei diesen christlichen Männern – mein Mann Ken war auch darunter – fühlte ich mich zum ersten Mal sicher. Sie lasen aus der Bibel vor, beteten und zogen dann ein kleines Gefäß mit Öl heraus.

Als Pastor Bob sich mir näherte, fragte ich ihn, ob er mich am Ende seines Heilungsgebets mit dem Zeichen des Kreuzes auf meiner Stirn segnen würde. Da ich in einer reformierten Episkopalkirche aufgewachsen bin, kannte ich das als äußeres körperliches Symbol, nun, eine Art Siegel, ein Amen. *So soll es sein. Es soll sein, wie der Herr es will.*

Bob betete: „Herr, unser Gott, du kannst mit einem Gedanken die Schmerzen von Joni wegnehmen, und so beten wir im Namen des Vaters, des Sohnes und des Heiligen Geistes, dass du Joni von diesen langen und ermüdenden Beschwerden heilst." Er berührte meine Stirn mit Öl und besiegelte das Gebet.

Das ist richtig. Es wäre nur ein Gedanke von dir nötig, Herr. Nur ein Gedanke von dir.

Die Vorstellung, dass es für Gott ein Leichtes war, mich zu berühren und von meinen Schmerzen zu befreien, tröstete mich. Ein neuer Friede legte sich über das Schlafzimmer – ein Friede, den ich seit Tagen nicht verspürt hatte. Meine Enttäuschung über Gott verschwand und meine Zuversicht in ihn wurde erneuert.

Inzwischen kniete Dave, einer der Ältesten, an meinem Bett und begann, ein Lied zu singen, das eines der Ängste ansprach, mit denen ich in den vergangenen Tagen gerungen hatte:

Er, der das gute Werk in dir begonnen hat,
der das gute Werk in dir begonnen hat,
wird es treu zu Ende bringen,
er wird es treu zu Ende bringen.
Er, der das Werk begonnen hat,
wird es treu in dir zu Ende bringen.[8]

Ich stimmte mit ein und wir sangen den Refrain aus voller Kehle.

Denn wer kann ohne einen Sinn im Leben weitermachen? Wer kann überleben, ohne einen Grund zu leben? Wenn Sie zu Gott gehören, dann wurde Ihnen eine Aufgabe gegeben. Viele Aufgaben. Und wenn er Sie bittet, etwas zu tun – und das hat er –, dann wurde Ihnen gerade ein Grund zum Leben gegeben, an jedem Morgen, an dem Sie erwachen. Gott, der ein gutes Werk in mir begonnen hat, *wird es vollenden!* Pastor Bob schlug Psalm 57 auf und las die Verse 3 und 4 wie einen Segensspruch: „Zu Gott, dem Höchsten, schreie ich, zu ihm, der meine Not wendet und alles zu einem guten Ende führt. Vom Himmel her wird er mir seine Hilfe schicken und mich retten vor denen, die mir nachstellen und mich gehässig verleumden."

Ich war lange genug heftig von diesen dunklen Mächten verfolgt worden. Und als mein Pastor und die Ältesten uns verließen, waren Ken und ich entschlossen, darauf zu vertrauen, dass Gott mir in meinem Schmerz begegnen würde. Denn Schmerz ist in gewisser Weise ein „angeschlagener" Segen, aber er ist trotzdem eine Form von Segen. Er ist ein dunkler Begleiter, aber dennoch ein Begleiter – wenn auch nur, weil er aus Gottes Händen zu uns kam. Er ist ein unwillkommener Gast, aber immer noch ein Gast. Ich weiß, dass er mich in eine vertrautere, innigere Gemeinschaft mit Jesus führt, und so nehme ich die Schmerzen an, als würde ich die linke Hand Gottes ergreifen. Besser die linke Hand als gar keine.

Vielleicht ist einfach diese Erkenntnis schon Heilung genug.

Ich weiß nicht, wann diese Periode der Schmerzen vorüber sein wird. Vielleicht wird Gott in seiner Güte und Weisheit sagen: „Genug!", und die Schmerzen werden innerhalb einer Stunde verschwinden. Oder vielleicht sagt er: „Genug!", und erlaubt mir, diese verfallende Behausung zu verlassen – und meinen „neuen Leib [zu beziehen], eine Behausung, die nicht von Menschen errichtet ist".[9]

In der Zwischenzeit ist mein Zustand – *diese vielfältigen Schmerzen* – der Hintergrund, vor dem ich Gott verherrlichen soll. Er ist außerdem etwas, das ich als „gut und vollkommen“ ansehen muss, als etwas, „was ihm gefällt“ (nachzulesen in Römer 12). Gott möchte, dass ich nicht nur versuche, es zu akzeptieren, sondern es mit Freuden *annehme*, in dem Wissen, dass irgendwo tief darin – an einem geheimen Ort, den ich noch finden muss – das höchste Gut für mich liegt.

Ja, ich bete dafür, dass er mir meine Schmerzen nimmt, dass sie aufhören, aber mehr noch bete ich für die Kraft, sie zu ertragen, für die Gnade, von ihnen zu profitieren, und für die Hingabe, sie Gott als Lobpreisopfer darzubringen. Ich muss gestehen, dass mir an manchen Tagen die Kraft für das Beten oft fehlt. Ich darf daher die Konzentration, die ich zusammenkratzen kann, nicht damit vergeuden, für das Körperliche zu beten. Stattdessen sollte ich einen guten Teil darauf verwenden, mich geistlich weiterzuentwickeln und dafür zu beten, dass Gottes Königreich sich in dieser dunklen Welt weiter ausbreitet. Solche Gebete helfen mir dabei, die Beziehung zu Gott zu vertiefen und ihn immer tiefer, höher, reicher, weiter und vollständiger zu kennen – *viel* vollständiger, als es mir möglich gewesen wäre, wenn ich bequem im Rollstuhl durch mein Leben gezogen wäre.

Als ich dieses Kapitel schrieb, hatte er noch nicht beschlossen, mich zu heilen, aber er hält mich in seinen Armen.

Je intensiver die Schmerzen, desto inniger die Umarmung.

Das ist eine der Wahrheiten, die ich auf den folgenden Seiten ansprechen möchte: wie Gott mir hilft.

ZWEI

Gott und Heilung: Wie lautet die wahre Frage?

Ein Krieg ist im Gange. Das ganze Gerede vom Recht eines Christen, als „Königskind" im Luxus zu leben, klingt vor diesem Hintergrund hohl – besonders, da der König sich selbst kampfbereit gemacht hat.

John Piper

Im ersten und zweiten Jahrzehnt meiner Lähmung gab es Zeiten, in denen die Sehnsucht nach vollständiger Heilung und Rückkehr zum früheren Leben mein Herz beherrschte. Es ist nicht so, dass ich mich jetzt, in meinem fünften Jahrzehnt im Rollstuhl, nicht länger danach sehne. Aber meine Sichtweise des Ganzen hat sich verändert.

Zum einen ist jede Vorstellung von „normal" etwas, das so lange her und weit weg ist, dass es mir mehr wie ein ferner Traum erscheint. Ein angenehmer Traum, ja, aber einer, der durch die Jahre langsam und allmählich verblasst ist, wie ein geliebter Schnappschuss in einem alten Fotoalbum. Nach über vierzig Jahren mit Querschnittslähmung ist es schwer zu sagen, wie für mich ein normales Leben aussähe.

Zum anderen befinde ich mich, wie erwähnt, in einer ganz neuen

Phase des Kampfes. Es sind nicht so sehr die wehmütigen Enttäuschungen oder die gelegentliche Frustration, mit denen ich zurechtkommen muss – es sind die scheinbar endlosen Schmerzattacken in meinem unteren Rücken und meiner Hüfte.

Wenn ich jetzt an „Heilung" denke, dann eher in der Hinsicht, dass ich Gott darum bitte, die chronischen Schmerzen zu lindern. Es geht mir nicht länger um die Fähigkeit, eine Blume zu pflücken, ein Pferd zu reiten oder über eine grüne Wiese zu tanzen.

Die Befreiung von den chronischen Schmerzen – auch wenn ich gelähmt bliebe – wäre segensreich und beglückend „normal" für mich ... und alles, worum ich bitten kann. Ich erinnere mich nicht, wo ich dieses Zitat von Mary Jane Iron gelesen habe, aber es kommt meiner Sichtweise von „normal" ziemlich nahe:

Du ganz gewöhnlicher Tag, lass mir bewusst werden, welch ein Schatz du bist ... Lass mich nicht an dir vorübergehen, weil ich Ausschau halte nach einem jener seltenen und vollkommenen Morgen. Eines Tages werde ich meine Nägel in die Erde pressen oder mein Gesicht in meinem Kissen vergraben oder mich angespannt strecken oder meine Hände zum Himmel erheben und mehr als alles andere in dieser Welt deine Rückkehr ersehnen.

Das verstehe ich unter „normal".

Wenn ich so darüber nachdenke, dann bin ich nicht einmal eine „normale" Querschnittsgelähmte. Ich habe das zu erwartende Lebensalter von jemandem mit meinem Grad der Lähmung überschritten. Die nüchterne Tatsache ist: Viele Leute, die sich in meiner Lage befinden, leben einfach nicht so lange wie ich. Deshalb denke ich nicht unbedingt darüber nach, mein altes Leben auf meinen beiden Beinen, das ich 1967 hinter mir ließ, wieder aufzunehmen, sondern vielmehr daran, in das neue Leben und den neuen Körper einzutreten, der mich erwartet.

Habe ich noch Sehnsüchte? Ja, mein Herz ist gefüllt mit Sehnsüchten wie damals, als ich in meinen Zwanzigern war und mich danach sehnte, dass mein Körper das tun könnte, was er eben tut, wenn er „ganz normal" funktioniert. Aber jetzt bin ich dem neuen Körper der zukünftigen Joni viel näher als dem gesunden jungen Frauenkörper der ehemaligen Joni, die bei einem Badeunfall verletzt wurde.

Oh ... und das, was *sein wird*, ist weitaus besser als das, *was war.*

Meine Sehnsüchte richten sich jetzt auf den Himmel und die unmittelbare Gegenwart von Jesus. Warum auch nicht? In der Bibel heißt es, dass ich bereits ein Bürger des Himmels bin. Ich brauche dafür meinen Pass nicht zu verlängern, irgendwelche Formulare auszufüllen oder meine Visitenkarten zu ändern. In der Bibel heißt es weiter, dass ich bereits mit Christus erhöht bin und bei ihm im Himmel sitze. Ich muss meinen Platz nicht erst finden, wenn ich dorthin komme, denn mein Platz ist bereits reserviert. Es ist „ein ewiges, von keiner Sünde beschmutztes und unzerstörbares Erbe, das Gott für uns im Himmel bereithält". Ein Hurra auf den 1. Petrusbrief, Kapitel 1, Vers 4!

Jesus hat ebenfalls gesagt, dass er im Haus seines Vaters eine Wohnung für mich bereitet hat, in der ich ihn jeden Tag sehen kann. Ich brauche kein Navi, um ein einsames himmlisches Anwesen am Ende einer kleinen Gasse eines entfernten Planeten zu finden.

Wie die Männer und Frauen, von denen im Hebräerbrief berichtet wird und die versuchten, mit der Verfolgung und dem Verlust so vieler kostbarer irdischer Dinge zurechtzukommen, sehne ich mich „nach einer besseren Heimat, nach der Heimat im Himmel" (Hebräer 11,16). Und ich bin der festen Überzeugung (Sie ahnen nicht, wie fest und sicher), dass Gott für mich „eine Stadt gebaut hat".

Und was für eine Stadt das sein wird! Wenn Sie die Beschreibung des Neuen Jerusalem im Buch der Offenbarung eher wörtlich als symbolisch nehmen (ich tu das jedenfalls, halten Sie es, wie Sie wollen), wird es wie ein riesiger, strahlender, lichtdurchlässiger, unglaublich schöner Kubus sein, der über die Neue Erde gleitet, der 2.400 Kilometer in jede Richtung misst und wie ein großer Edelstein in einem Meer von Licht leuchtet. Und ich kann mit voller Zuversicht sagen, dass es in der ganzen Stadt keine Rollstuhlrampe oder Anweisungen in Braille-Schrift oder Behindertenparkplätze geben wird! Falls es dort eine 2.400 Kilometer lange Wendeltreppe von oben nach unten gibt, dann renne ich sie jeden Morgen rauf und wieder runter – noch vor dem Frühstück! Können Sie sich das vorstellen? Immer rundherum und nie müde werden, mit den Engeln rennen, in Farben jenseits des Lichtspektrums baden und von einer Herrlichkeit zur anderen klettern!

Wenn ich also an körperliche Heilung denke, dann nicht auf die gleiche Weise wie früher.

Dennoch habe ich tagtäglich mit diesen Fragen zu tun. Bei *Joni and Friends* beantworten wir unzählige Anrufe, Briefe und E-Mails und verbringen viele Stunden mit der seelsorgerlichen Beratung von Menschen, für die körperliche Heilung sehr wohl höchste Priorität hat.

Auf den paar Seiten dieses kurzen Kapitels möchte ich gern zu dem übergehen, was ich als die zentrale Frage bei Wunderheilungen betrachte: „*Kann* Gott heilen?"

Natürlich kann er das.

Jeder, der an Gott glaubt, wird dem zustimmen. Er ist der Allmächtige, der gewaltige Schöpfer und Erhalter des Universums, dessen Arm nicht zu schwach ist, um zu helfen, dessen Ohr nicht zu taub ist, um zu hören (Jesaja 59,1). Und Jesus Christus, der uns versprochen hat, uns nie zu verlassen oder zu vergessen, hat nichts von seiner Liebe, seinem Mitgefühl oder seiner Heilungskraft eingebüßt, als er die Erde verließ, um zu seinem Vater zu gehen. Ja, unser großer und wunderbarer Gott kann jeden überall heilen, zu jeder Zeit, von jedem Leiden.

Punkt.

Satzende.

Die Frage lautet auch nicht: „Heilt Gott heute im 21. Jahrhundert?" Natürlich tut er das. Jedes Mal, wenn Sie eine Grippe hatten und wieder auf die Beine kommen oder nach einer Operation das Bett verlassen können, sehen wir Psalm 103, Vers 3 in Aktion. Egal, von welchem Leiden, welcher Krankheit wir uns erheben, es ist *seine* Kraft, die das bewirkt.

Es wäre irgendwie absurd, würde man sagen, dass er sich nach der letzten Seite der Apostelgeschichte aus dem ganzen Wundergeschäft zurückgezogen hat. Wer kann die ganzen Berichte von Wunderheilungen in jedem Winkel des Globus abstreiten? Und mehr noch: Wer sollte das *wollen*? Ich glaube an einen Gott, der noch heute in allerlei unmögliche Situationen eingreift und Dinge tut, die nur er tun kann, um seine Absichten zu verwirklichen. Es gibt zu viele direkt in unserer Mitte, die solche wundersamen Heilungen erfahren haben, als dass wir das einfach von der Hand weisen könnten. Viele dieser Zeugnisse kommen von Menschen, die erfahrene Christen sind – und viele arbeiten selbst im medizinischen Bereich.

Nein, Wunder sind nach dem Zeitalter der Apostel nicht einfach verschwunden. Wir sollten jedoch nicht vergessen, dass Wunder auch eine Methode waren, mit der Gott dem Dienst der echten Apostel während der frühen Tage der Kirche einen „Authentizitätsstempel" aufgedrückt hat. Zur damaligen Zeit waren wirklich furchtbar viele falsche Propheten unterwegs! Der Apostel Paulus behauptete, dass die Kirche in der Lage sei zu wissen, dass er wirklich im Auftrag Gottes handelte – wegen seines Lebensstils und der „Zeichen, Wunder und anderen machtvollen Taten"[10], die einen echten Apostel ausmachen. Also muss ich meine Auffassung, dass Wunder heute noch genauso geschehen, etwas zurechtrücken.

Wunderheilungen waren Gottes Art und Weise, diejenigen besonders herauszustellen, denen er den Auftrag gegeben hatte, die Kirche aufzubauen und zu führen. Und diese Männer heilten unglaublich viele Kranke.

Die eigentliche Frage

Aber das war damals. Heutzutage lautet die *eigentliche* Frage natürlich nicht, ob Gott heilen kann oder ob er grundsätzlich heilt. Sie lautet: Ist Gott *gewillt*, all diejenigen zu heilen, die im Vertrauen zu ihm kommen? Mit anderen Worten: Kann man voraussetzen, dass er zu unseren Bitten um Heilung Ja sagt? Ist es eine klare Sache, ist es todsicher, dass eine wundersame Heilung immer seine erste und beste Antwort ist?

Einige behaupten genau das und weisen darauf hin, dass man nicht genug glaubt oder dass es versteckte Sünde im Leben des Betreffenden gibt, wenn er diese Heilung nicht erfährt. Andere dagegen behaupten, dass Wunderheilungen in ein anderes Zeitalter gehören und wir solch eine göttliche Intervention weder erwarten noch anstreben sollten.

Lassen Sie mich in nur 17 Worten meine Antwort auf diese Frage formulieren – auf die eigentliche Frage. Ich habe es mir mit dieser Schlussfolgerung nicht leicht gemacht. Ich bin nach Jahrzehnten in der Arbeit mit Behinderten und leidenden Menschen in der ganzen Welt zu dieser Ansicht gekommen: *Gott behält sich das Recht vor zu heilen oder eben nicht … wie er es für angebracht hält.* Es gibt Zeiten, in denen ich fast sicher bin, dass ich weiß, was in der gegebenen Situation am besten wäre. *Herr, rühre den Körper dieser Frau an und richte sie auf! Herr, heile dieses Kind! Herr, erlöse diesen Mann von seinen Schmerzen! Herr, kehre die Folgen dieser furchtbaren Krankheit um!*

Aber Tatsache ist, dass mein Wissen und mein Verständnis begrenzt sind. Ich erfasse nur so und so viel von dem, was ich sehe. Manchmal muss ich mit Paulus ausrufen: „Wie groß ist doch Gott! Wie unendlich sein Reichtum, seine Weisheit, wie tief seine Gedanken! Wie unbegreiflich für uns seine Entscheidungen und seine Pläne!" (Römer 11,33).

Vor nicht langer Zeit kamen mir die Worte dieses alten Chorals in den Sinn:

Ich bin nicht befähigt zu verstehen,
was Gott vorhat, was Gott geplant hat;
ich weiß nur: Zu seiner Rechten
steht einer, der mein Retter ist! [11]

Ach, es gibt viele Dinge, die Gott uns offenbart hat – Dinge, die ich durchaus weiß und verstehe. Aber es gibt viel mehr Dinge, bei denen er es vorzieht, sie nicht zu offenbaren, diesseits des Himmels möglicherweise überhaupt nicht. Und eines dieser Dinge ist, warum er sich manchmal dafür entscheidet, einzugreifen und die eine Person auf übernatürliche Weise zu heilen und die andere nicht.

Aber natürlich gibt es Christen, die wirklich glauben, sie seien „befähigt zu verstehen, was Gott vorhat und was Gott geplant hat", wenn es um Krankheit und Leid geht. Sie werden Ihnen erzählen, dass es immer Gottes Wunsch und Wille ist zu heilen, und wenn man diese Heilung nicht erfahre, dann stimme mit *Ihnen* und Ihrem Glauben etwas nicht.

In diesem Kontext fällt mir ein Fernsehinterview ein, das vor ein paar Jahren mit mir geführt wurde. Es kommt nicht oft vor, dass ich mich dabei unwohlfühle, vor laufenden Kameras live an einem Gespräch teilzunehmen. Aber das war eine Erfahrung, die ich nie vergessen werde.

Ich muss gar nicht den Namen dieses beliebten christlichen TV-Moderators nennen; es reicht zu sagen, dass unser vom Fernsehen übertragenes Gespräch nicht sehr gut lief. Von dem Moment an, an dem die Regieassistenz die letzten Sekunden runterzählte und das Licht der Kamera auf leuchtend rot wechselte, fühlte ich mich unwohl.

Die Fragen wurden spitz und kurz angebunden gestellt – teilweise auch unhöflich.

Wenn ich so zurückblicke, erscheint mir die ganze Szene surreal und gar nicht wie ein Interview. Es fühlte sich eher so an, als würde ein Zeuge von einem ausgekochten Anwalt verhört. Es war völlig offensichtlich, was er mich sagen hören wollte. Er versuchte, mich dazu zu bringen, einzugestehen, dass ich schlicht deshalb schon seit Jahrzehnten querschnittsgelähmt war, weil ich nicht genügend Glauben besaß. Mit anderen Worten: Gott hätte mich die ganze Zeit heilen wollen, und ich hätte geheilt werden können, wenn ich nur „daran geglaubt hätte".

Aber das wollte ich nicht sagen, denn es wäre nicht wahr.

Also beharrte ich auf dem 1. Kapitel des Epheserbriefes und anderen Schriftstellen, die bestätigen, dass Gott alles nach seinen Plänen ausführt. Und dieser Plan schließt Leid oder Querschnittlähmung mit ein, auch wenn wir die Gründe dafür (jetzt) nicht verstehen können.

Der TV-Moderator schien von dieser Argumentation nicht weiter beeindruckt zu sein. Er war der festen Überzeugung, dass er es besser wusste, dass es immer Gottes Wille sei zu heilen und dass das Problem bei mir läge. So hörte er meist kommentarlos mit versteinerter Miene zu, während ich sprach – bis das Interview zu Ende war. Dann wandte er sich dem kleinen Studio-Publikum und der Kamera zu, ein Fenster zu wer weiß wie vielen Menschen, die in diesem Moment vor den Bildschirmen saßen.

Und er erklärte den Zuschauern: Obwohl es offensichtlich sei, dass

Joni nicht von ihren Gebrechen geheilt wurde, *sie*, die Zuschauer, könnten dennoch Heilung erfahren. Durch Sündenbekenntnis und wenn sie nur fest genug glaubten, könnten sie erleben, was Joni traurigerweise nicht erlebt hatte. Die Fernsehzuschauer, die den korrekten Anweisungen folgten, könnten – würden – geheilt werden.

Bevor ich dazwischenfunken oder ein Wort zu meiner Verteidigung sagen konnte, wurde die Kamera auf einen anderen Teil der Bühne gerichtet, und das rote Licht an der Kamera ging blinkend aus. Das Interview war vorüber.

Ich konnte nicht glauben, was mir da gerade passiert war! Hatte dieses christliche TV-Idol denn nicht die Bibelstellen gelesen, in denen Gott seine Nachfolgern ausdrücklich darauf hinweist – sogar die Nachfolger mit großem Glauben –, dass sie mit Bedrängnis *rechnen müssen?* Oder dass wir viel leiden müssen, weil wir zu Christus gehören und ihm dienen? Hatte er nie im 14. Kapitel der Apostelgeschichte gelesen, dass der Weg in Gottes neue Welt durch viel Leid führt? Und all das kratzt nur an der Oberfläche der Lehren des Neuen Testaments.

Der Mann mag einen erfolgreichen Dienst aufgebaut haben und Millionen von Zuschauer haben, aber er lag schlicht *falsch*. Gott ist Gott, und er allein entscheidet, wer geheilt wird und wer nicht. Ja, Glaube ist alles entscheidend, und „ohne Glauben ist es unmöglich, ihm zu gefallen“. Aber der Fokus des Glaubens muss immer auf Jesus Christus liegen – und niemand kommt Christus nah, der nicht zuerst mit ihm sein Leid teilt. Halten Sie einen Moment inne und betrachten Sie die Worte des Apostels Petrus, der schrieb: „Dazu hat euch Gott berufen. Denn auch Christus hat für euch gelitten, und er hat euch ein Beispiel gegeben, dem ihr folgen sollt.“[12] Jesus Christus und seine Herangehensweise an das Leid soll für uns zentral sein, *besonders*, wenn die Last unseres Kreuzes überwältigend scheint. Es braucht wahren Glauben, um dem Beispiel unseres leidenden Retters zu folgen!

Außerdem geht es am Ende nicht darum, wer den größten Glauben hat, sondern was Gott in seiner Weisheit, Liebe und Souveränität zu tun entscheidet.

Ein Brief von Linda

Glauben Sie mir, ich weiß, dass das Ganze nicht bloß eine akademische Diskussion oder lockere Plauderstunde in einer Uni-Cafeteria ist. Jeden Tag bringen zahllose leidende Menschen mit zerbrochenen Herzen ihre Bitten, Hoffnungen und Sehnsüchte diese Fragen betreffend vor Gott.

Ich erhalte hier bei *Joni and Friends* so viele Briefe von Menschen, die mit Blindheit, mit fortschreitenden Erkrankungen, Behinderungen durch Verletzungen ringen oder auch Kinder haben, die mit einem schweren Gebrechen auf die Welt kamen. Mein Herz schmerzt bei jedem dieser Briefe oder E-Mails.

Eine Frau namens Linda schrieb kürzlich, dass sie ihren kleinen Jungen, der an der sogenannten Glasknochenkrankheit leidet, in einen Heilungsgottesdienst gebracht habe. Und obwohl sie und ihr Mann beteten, passierte bei dieser Veranstaltung nichts. Das Ganze war schon eine ganze Weile her und ihr Kind litt immer noch unter dieser schmerzvollen Erkrankung. In ihrem Brief an mich beichtete Linda, dass sie durch den Vorfall mit dem „Heiler“ fast ihren Glauben verloren hätte.

Wie ich schon an anderer Stelle gesagt habe: Wenn er will, dann greift Gott ein und heilt. Aber es ist genauso wahr, dass viele Augen blind bleiben, obwohl Massen von hingegebenen Christen vertrauensvoll beten. Viele Babys sterben bei der Geburt. Viele Krebsarten werden erst dann besiegt, wenn wir im neuen Körper in der Gegenwart von Jesus leben. Und viele Gelähmte werden hier nie wieder ihre nicht funktionierenden Beine, Arme oder Hände bewegen können.

Die Bibel lehrt einfach nicht, dass Gott immer diejenigen heilen wird, die im Glauben zu ihm kommen. Er behält sich souverän das Recht vor, zu heilen oder eben nicht zu heilen. Auch als Jesus auf der Erde war, wurde nur eine kleine Zahl von Menschen geheilt – diejenigen, die zufällig in seiner unmittelbaren Umgebung waren. Ja, er hat bei einer Gelegenheit viertausend Menschen satt bekommen und fünftausend bei einer anderen. Aber viele Menschen, die damals ebenfalls in Israel lebten, waren immer noch hungrig. Er trieb Dämonen aus, wohin auch immer er kam, aber viele Dämonen blieben dort, wo sie waren. Er erweckte einige Menschen von den Toten auf, aber es waren wirklich nur ein paar, und auch die sind später gestorben.

Ich ermutigte Linda, sich das 1. Kapitel des Markusevangeliums anzusehen. Nachdem sich die Nachricht in Kapernaum verbreitet hatte, dass Jesus Simons Schwiegermutter geheilt hatte, brachte die ganze Stadt ihre Kranken und Lahmen vor Simons Haus. Lange nach Sonnenuntergang predigte Jesus immer noch das Evangelium und bekräftigte seine Worte, indem er Menschen von Krankheiten und Leiden heilte. Und dann wird davon berichtet, dass diese Menschen am nächsten Tag sehr früh am Morgen zurückkamen und noch mehr Freunde und Verwandte brachten, die Heilung benötigten.

Jesus war jedoch verschwunden.

Simon und seine Gefährten suchten ihn, und als sie ihn gefunden hatten – wahrscheinlich betend auf dem Hügel oberhalb von Kapernaum –, sagten sie zu ihm: „Jesus, alle Leute fragen nach dir." Mit anderen Worten: *„Da sind noch eine Menge mehr Leute, die Heilung brauchen. Manche sind tatsächlich in erbärmlichem Zustand. Du hast bisher nur die Oberfläche angekratzt!"*

Und Jesus sprang auf die Füße, raffte sein Gewand zusammen und eilte den Hügel hinab zu all den bedürftigen Menschen, die auf ihn warteten und fest darauf vertrauten, dass er sie heilen würde!

Nein, das tat er nicht. Wenn man Markus 1, Vers 38 liest, kann man sich fast bildlich vorstellen, wie er sich langsam erhebt, den Staub von seinem Gewand klopft und dann nach einem kurzen Moment des Nachdenkens sagt: „Wir müssen auch noch in die anderen Dörfer gehen, um dort die rettende Botschaft zu verkünden. Das ist meine Aufgabe."

Nachdem etwas Zeit seit dem Heilungsgottesdienst vergangen war, begann Linda zu erkennen, dass Gott viel höher, größer, heiliger und souveräner ist, als ihr je bewusst war. Sie lernt, dass Gott alles unter Kontrolle hat, nicht nur zum Wohle eines kleinen Jungen, der immer noch die Glasknochenkrankheit hat, sondern auch zu ihrem eigenen Wohl.

Wird sie deshalb aufgeben? Wird sie aufhören, für die Heilung ihres Jungen zu beten? Natürlich nicht. Das 18. Kapitel des Lukasevangeliums erinnert uns daran, immer zu beten und nicht aufzugeben.[13]

Jesus selbst drängt uns, immer weiter zu bitten, weiter zu suchen und weiter anzuklopfen. Gott könnte sich in seiner Gnade und in seinem Mitgefühl doch noch dazu entschließen, den Jungen zu heilen. *Aber es wird zu seiner Zeit und im Einklang mit seinen Absichten sein.* Für Linda muss das ausreichen, auch wenn ihr das zutiefst wehtut.

In einem aufschlussreichen vor über 80 Jahren verfassten Büchlein (ich gehe im nächsten Kapitel noch näher darauf ein) schrieb ein Missionar namens Henry Frost über einige seiner Freunde, die um Heilung gebeten hatten. Sie gaben sich aber damit zufrieden, Gott zu überlassen, was er tun würde. Und tatsächlich: Einige von ihnen wurden geheilt und andere nicht. Haben diese leidenden Menschen alle im Vertrauen gebetet? Ja, schreibt Frost, aber es war nicht so sehr ein Vertrauen darauf, dass ihre konkreten Gebete erhört würden. *Es war mehr ein Vertrauen auf die Kraft, Liebe und Weisheit Gottes.*

Er schreibt: „Die allgemeine Haltung der Betenden und deshalb im Glauben Handelnden war diese: Sie glaubten, dass Gott heilen konnte, dass er heilen würde, wenn es zu seiner Verherrlichung und zum Wohl der kranken Person war; und dass man letztendlich vorbehaltlos darauf vertrauen konnte, dass er das Richtige und Beste tat."

Frost schreibt weiter: „Die Betenden überließen ihr Gebetsanliegen im kindlichen Vertrauen dem himmlischen Vater und wiederholten ihr Gebet um Heilung, bis sie wussten, was sein Wille war. Wenn sie die Antwort erhielten, akzeptierten sie diese gehorsam, vertrauensvoll und dankbar – wie auch immer diese Antwort ausgefallen war."[14]

Gottes Wünsche und meine Wünsche

Vor einiger Zeit traf ich bei einer *Joni and Friends*-Veranstaltung einen Mann namens Lloyd, der ebenfalls im Rollstuhl sitzt. Er hatte sieben Jahre zuvor einen Autounfall gehabt und war seither querschnittsgelähmt, sodass er seine Beine nicht gebrauchen konnte. Im Laufe des Abends konnte ich an Lloyds Gesichtsausdruck ablesen, dass ihn etwas tief bewegte. Es schien ihm zu helfen, Umgang mit Menschen zu haben, deren Behinderung schlimmer war als seine.

Als die Veranstaltung vorüber war, ergriff ich die Gelegenheit, mit ihm zu sprechen.

„Nun", sagte er mir, „ich war bei drei Heilungsveranstaltungen, aber *das hier* ist viel besser. Ich sollte mich mehr mit solchen Dingen befassen."

Lloyd und ich hatten die Chance, darüber zu sprechen, was bei Heilungsveranstaltungen passiert. Ich verriet ihm, dass ich vor Jahren auch einmal verzweifelt geheilt werden wollte. Meine Schwester Jay und ich hatten gehört, dass Kathryn Kuhlman, eine berühmte christliche Heilerin, nach Washington, D.C., kommen wollte. Wir hatten Geschichten von krebskranken Menschen gehört, die in Philadelphia auf einer ihrer Veranstaltungen geheilt worden waren. Und ich fragte mich, ob ich nicht auch einmal zu der Heilungsveranstaltung in Washington gehen sollte.

Eines Morgens – Jay machte gerade die täglichen Bewegungsübungen mit meinen Beinen – war Ernest Angley im Fernsehen zu sehen. Angley ist ein etwas seltsamer Typ, er trägt ein schlechtes Toupet und schlecht sitzende Anzüge, und Jay und ich machten uns etwas über seine „Show" lustig. Meine Schwester und ich hielten inne, um genau hinzusehen, als die Leute ihre Krücken fallen ließen oder aus ihren Rollstühlen aufstanden; viele erhoben ihre Hände und erklärten, ihre Schmerzen seien verschwunden.

„Glaubst du, Gott könnte dich heilen?", fragte Jay und starrte auf den Bildschirm.

„Vielleicht *ist* es Zeit, etwas zu tun", antwortete ich. Während wir uns fragten, ob das vielleicht die Antwort auf die Gebete vieler war, machten wir uns auf den Weg zu dem Heilungsgottesdienst in Washington, der in einem großen Festsaal des Hilton-Hotels stattfand, in dem die Leute bereits dicht gedrängt standen.

Ich erinnere mich noch gut an diesen Abend. Kathryn Kuhlman schwebte im Scheinwerferlicht in ihrem weißen Gewand auf die Bühne, und mein Herz raste, als ich betete.

Herr, die Bibel sagt, du heilst alle unsere Krankheiten. Ich bin dafür bereit, dass du mich aus diesem Rollstuhl befreist. Bitte, bitte, tust du es? Aber der Scheinwerfer schien immer auf einen anderen Teil des Festsaals gerichtet, wo offensichtliche Heilungen stattfanden. Nie richteten sie das Licht in die Rollstuhlecke, wo all die „harten Fälle" saßen: Querschnittsgelähmte wie ich, Überlebende von Schlaganfällen, Kinder mit Muskelschwund und Männer und Frauen, die steif und regungslos mit multipler Sklerose dasaßen.

Gott antwortete. Und wieder war seine Antwort Nein.

Nach der Veranstaltung war ich die fünfzehnte in einer Schlange von dreißig Rollstuhlfahrern, die auf den Aufzug warteten, um das Gebäude zu verlassen. Wir alle versuchten, einen schnellen Abgang zu machen und den Leuten mit den Krücken zuvorzukommen.

Ich erinnere mich noch, dass ich meinen Blick über all die enttäuschten und im Stillen verwirrten Menschen schweifen ließ und dachte: *Irgendetwas stimmt hier nicht. Ist das der einzige Weg, wie wir mit Leid umgehen* können*? Soll man wirklich verzweifelt versuchen, das Leid zu beseitigen? Es loszuwerden? Es zu heilen?*

„Wie hast du das Problem gelöst, Joni?", wollte Lloyd wissen.

Ich nahm einen tiefen Atemzug und saß einen Moment schweigend da.

„Lloyd", sagte ich dann langsam, „ich habe die Angelegenheit mit einem einzigen Bibelvers gelöst. In Psalm 37, Vers 4 steht: „Freue dich über den Herrn; er wird dir alles geben, was du dir von Herzen wünschst."

Lloyd warf mir einen kurzen Blick zu. Ich wusste, was er dachte. Es schien doch so, als ob *diese* Art Vers eine Garantie für Heilung sei!

„Ich ahne, was du denkst", sagte ich mit einem Lächeln. „Lass es mich erklären."

Und so erörterte ich, wie ich nach der Kathryn-Kuhlman-Kampagne versucht hatte, herauszufinden, wie ich meine Beziehung zu Gott vertiefen konnte, obwohl er mich gerade nicht heilte.

„Ich begann, mehr in der Bibel zu lesen, und bat Gott, sich mir zu zeigen", erklärte ich ihm. „Ich bat ihn, mir zu zeigen, was ihm am Herzen lag. Ich bat ihn, mir seine Leidenschaft für die Verlorenen zu schenken, mich von Versuchungen fernzuhalten und mir zu helfen, ein besseres Zeugnis für ihn zu sein.

Und während all dieser Zeit sog ich Gott regelrecht in mich auf. Ich machte es zu meinem Ziel, mein ganzes Glück bei Gott zu finden. Und das ganz ohne den Hintergedanken, dass er mir dafür meine Wünsche doch erfüllen würde. Nein, ich konzentrierte mich nicht mehr darauf, was Gott für mich tun könnte. Nicht, wie er mich erfreuen könnte, sondern wie ich ihn erfreuen könnte. Ich hielt meine Bedürfnisse und Wünsche zurück und bemühte mich stattdessen darum, mich an ihm zu erfreuen, weil er mein Herr war. Und du errätst nicht, was passierte!"

Lloyd schüttelte den Kopf und versuchte gar nicht erst zu raten.

„Gott gab mir das, was ich mir wünschte!", sagte ich.

Llyod warf einen skeptischen Blick auf meinen Rollstuhl.

„Doch", sagte ich, „das tat er wirklich. Weil es mir nur noch darum ging, wie ich mich an ihm erfreuen konnte, ersetzte er wie durch ein Wunder meine eigene kleine Liste von Bedürfnissen und Wünschen durch seine eigene Liste. *Seine Wünsche wurden zu meinen.* Und was sind seine Wünsche? Dass die Gute Nachricht verbreitet wird, dass seine neue Welt sich ausbreitet, dass die Verlorenen gerettet werden, dass die Menschen erkennen, wer er ist.

Da traf es mich wie einen Schlag: Mein Rollstuhl war der Schlüssel dazu, dass all dies passierte – und dass ich erkennen konnte, dass Gottes Kraft sich immer dann am deutlichsten zeigt, wenn wir schwach sind. Ich bin in gewisser Weise froh, dass ich äußerlich nicht geheilt wurde – innerlich aber schon. Er hat mich geheilt von meinen eigenen selbstsüchtigen Wünschen und Bedürfnissen."

Nun war es Lloyd, der einen tiefen Atemzug machte, einen Moment schwieg, seinen eigenen Rollstuhl ansah und dann … lächelte.

Wie sorgt Gott für uns?

Wie ich in meiner Einleitung erwähnte, treffe ich immer noch hin und wieder Menschen, die für meine körperliche Heilung beten wollen. Und gewöhnlich weise ich auch niemanden ab, der das tun möchte.

Aber kürzlich traf ich eine Frau namens Karen, die sich erkundigte, ob sie für mich beten könne. Ich bat sie zunächst, für die Dinge in meinem Leben zu beten, die wirklich der Heilung bedurften: mein Hang zum Egoismus, meine Nachlässigkeit, wenn es darum geht, geistliche Übungen zu praktizieren, und Ähnliches.

Ich merkte, dass Karen eigentlich anderes im Sinn gehabt hatte. Sie wollte sehen, wie ich aufstand und *ging*. Genau jetzt. Nachdem wir gebetet hatten, machte sie weiterhin ihren Standpunkt klar und erzählte mir von Gottes Fürsorge und Mitgefühl für „Leute wie dich, die im Rollstuhl sitzen".

Sie verwies auf das 5. Kapitel des 1. Petrusbriefes, wo Gott uns auffordert, alle unsere Sorgen auf ihn zu werfen, denn er sorgt für uns.

„Joni", sagte sie, „Gott will dir nicht schaden, er will dir helfen. Das liegt in seiner Natur. Er würde alles Erdenkliche tun, um dich von den starken Schmerzen und deiner schweren Behinderung zu befreien."

In diesem Augenblick musste ich an Timotheus denken. In der Bibel können wir nachlesen, dass dieser junge Mann mit häufigem Kranksein zu kämpfen hatte; es wird aber nichts von einer Heilung berichtet. Stattdessen riet ihm der Apostel, ein wenig Wein als Medizin zu trinken, um seinen Magen zu beruhigen.[15]

Gott sorgte auch für Jakobus, aber Jakobus wurde aufgrund seines Einstehens für seinen Glauben enthauptet.[16] Gott sorgte für Johannes, aber er ließ zu, dass dieser ins Exil geschickt und auf einer einsamen Insel isoliert wurde.[17] Er sorgte für Stephanus, von den ersten Steinen an, die das ernste, unversehrte Gesicht des jungen Mannes trafen, bis zum letzten, der ihn aus seinem gebrochenen Körper erlöste.[18] Er sorgte sich um Paulus' Gefährten Trophimus, den der Apostel krank in Ephesus zurücklassen musste – obwohl er dringend für die Verbreitung der Guten Nachricht gebraucht wurde.[19]

Während ich nicht behaupten will, dass es Gott gefällt zu sehen, dass wir mit Schwierigkeiten konfrontiert werden, weist sein Wort auch deutlich darauf hin, dass er sie doch in gewisser Weise zulässt. Aber das bedeutet nicht, dass er aufgehört hat, sich um uns zu kümmern. Gott drückt seine Fürsorge auf andere Art aus. Wie viele von uns treffend gesagt haben: Manchmal befreit er uns *aus* dem Sturm und manchmal führt er uns *durch* den Sturm.

Und auch wenn der Sturm uns zufällig unser irdisches Leben nimmt, trägt Gott uns sicher zum besten und freudvollsten Ort, den wir uns in unseren schmerzlich-schönsten Träumen je hätten herbeisehnen können. Schauen Sie, was Paulus am Ende seines Lebens passierte: Während er in einem dunklen Gefängnis saß, schrieb er zuversichtlich an seinen Freund Timotheus (im letzten Brief, den er je schreiben würde): „Auch in Zukunft wird mich der Herr vor allen bösen Angriffen schützen und in seine neue Welt im Himmel aufnehmen."[20] Kurze Zeit später erhob ein römischer Soldat sein Schwert und tötete den alten Apostel mit einem kurzen Hieb. Das war ein böser Angriff, vor dem Gott den Apostel offensichtlich *nicht* bewahrte. Stattdessen wurde dieses römische Schwert der Schlüssel, der das Schloss des Himmelstores öffnete, um Paulus im Himmel willkommen zu heißen! Das ist ein weiteres Beispiel dafür, dass Gottes Plan für uns nicht immer Heilung und ein Leben frei von Leid vorsieht.

Als Paulus bei anderer Gelegenheit ebenfalls in einer Gefängniszelle saß, warf er ohne Zweifel seine ganzen Sorgen auf Gott und war zuversichtlich, dass dieser sich schon um ihn kümmern würde. Tatsächlich kam es auch vor, dass Gott persönlich Paulus erschien und sagte: „Sei unbesorgt! So wie du in Jerusalem mein Zeuge gewesen bist, sollst du auch in Rom mein Zeuge sein!"[21]

Gott kam zu Paulus, sprach zu Paulus, ermutigte Paulus. Zeigt das nicht eindeutig, dass er sich um ihn kümmerte? Dennoch blieb Paulus nach diesem ermutigenden Besuch *zwei weitere Jahre* in Gefangenschaft. Hatte Gott aufgehört, während dieser 24 Monate Gefangenschaft für Paulus zu sorgen? Natürlich nicht. Gott zeigte das, indem er Paulus die Art von Frieden gab, die es ihm ermöglichte, aus seiner Gefängniszelle zu schreiben: „Ob ich nun wenig oder viel habe, beides ist mir durchaus vertraut, und so kann ich mit beidem fertig werden.“[22]

Hätte Gott Paulus' Ketten lösen und die Gefängnistüren öffnen können? Wer wollte das anzweifeln? Er tat dies für Paulus und Silas in Philippi mithilfe eines schweren Erdbebens! Er tat es auch zweimal für den Apostel Petrus. *Aber war es in irgendeiner Form ein geringeres Wunder, dass er zu Paulus kam, als dieser im Verlies saß, und dass er ihm an diesem Ort eine übernatürliche Zufriedenheit schenkte? War das irgendwie etwas Schlechteres?*

Sie mögen nicht unbedingt im Gefängnis sitzen – oder vielleicht doch –, aber Sie liegen vielleicht in einem Krankenhausbett oder in Ihrem Schlafzimmer und kämpfen seit Wochen mit einer Erkrankung. Oder Sie hatten gerade eine Knie- oder Hüftoperation und ringen immer noch mit den Nachwirkungen. Oder Sie haben – vielleicht seit Jahren – Eheprobleme, die sich einfach nicht lösen lassen.

Dann nehmen Sie doch heute die Wahrheit von 1. Petrus 5 für sich in Anspruch und werfen Sie alle Ihre Sorgen auf den Herrn. Er wird vielleicht nicht Ihr Knie oder Ihre Hüfte auf wundersame Weise heilen, die Gefängnistüren aufschließen, Sie sofort von Ihrer Migräne befreien, Sie heute auf Ihrem Krankenbett aufrichten, Sie aus Ihrem Rollstuhl heben oder sofort das Herz Ihres Ehepartners ändern. Aber er *wird* Ihnen eine tiefe und grundlegende Zufriedenheit schenken – in jeder erdenklichen Lage.

Wenn mich jemand fragen würde, ob ich diese Zufriedenheit immer empfunden habe, müsste ich mit Nein antworten. Ich kann mich noch gut an das erste Weihnachtsfest erinnern, als ich aus dem Krankenhaus entlassen worden war. Es war mein erster Besuch zu

Hause. Ich erinnere mich auch noch daran, wie deprimiert ich war und wie viel Angst ich davor hatte, an Heiligabend in die Kirche zu gehen. Ein Weihnachtslied ist mir besonders im Gedächtnis geblieben. Damals liefen mir die Tränen übers Gesicht, als ich die folgenden Worte sang:

Gruß dem im Himmel geborenen Friedefürst!
Gruß dem Sohn der Rechtschaffenheit!
Er bringt allen Licht und Leben,
auferstanden mit Heilung in seinen Flügeln.[23]

Als wir zu dieser dritten Strophe von „Hark, the Herald Angels Sing“ kamen, dachte ich: *Ich bin sicher, dass ich noch in dieser Weihnachtszeit meinen Rollstuhl verlassen kann!*

Da wusste ich natürlich nicht – und ich weiß nicht, ob ich es verstanden hätte, selbst wenn man es mir erklärt hätte –, dass Gott mich zu gegebener Zeit heilen würde. Aber auf einer Ebene, von der ich nie geträumt hätte. Nur zwei Jahre später fand ich an einem anderen Weihnachtsfest genau den Frieden und die Zufriedenheit, die ich verloren hatte. Ich fand auch Freude, einfach nur dadurch, dass ich seinen Willen für mein Leben angenommen hatte.

Was sein Wille ist?

Dass Sie und ich uns genau in der Lage, an dem Ort und unter den Umständen befinden, unter denen wir Gott am meisten verherrlichen können.

Für mich ist dieser Ort zufällig der Rollstuhl.

Genau das ist mein Ort der Heilung.

Verpassen Sie nicht die Wunder, die in Ihrem Umfeld geschehen

Vielen Christen fällt es schwer zu erkennen, dass Gott auch in ihren täglichen Prüfungen zugegen ist. Wenn scheinbar keine ausgefallenen Wunder passieren, wenn die Fluten sich nicht zurückziehen oder der Krebs nicht verschwindet, denken sie, Gott wäre nicht am Werk. Das liegt daran, dass sie, wenn sie an Wunder denken, eher die Special-Effects in Filmen wie „Die Zehn Gebote" im Kopf haben: „Also, als er den Ägyptern diese zehn Plagen geschickt hat, da war Gott noch richtig kreativ!"

Nun, ja. Donner und Hagel, Flüsse voller Blut, Armeen von Heuschrecken und Frösche im Bett des Pharao (sehr unangenehm für den Schauspieler Yul Brynner) schufen in den Fünfzigerjahren einen großartigen Film. Ach, wenn wir doch nur den wirklichen Film darüber sehen könnten, wie Gott die Welt hinter den Kulissen lenkt!

Die unendliche Komplexität von allem! Wo wir gerade davon reden, wie Gott Wunder vollbringt: Denken Sie nur an die wundersame Weise, wie er aus Bösem noch Gutes macht. Gott ist hinter den Kulissen am Werk und verwertet auch Satans schlimmstes Eingreifen. Und denken Sie an den wunderbaren, göttlichen Balanceakt beim Wetter, der sicherstellt, dass der nächste Sommer kommt. Denken Sie an die Art und Weise, wie Gott sogar in den Stacheldraht der sowjetischen Vernichtungslager Gnade und Errettung mit eingeflochten hat. Und schauen Sie, auf welch wunderbare Weise Gott die weißen Blutkörperchen in exakter Anzahl zusammenruft und jedes auffordert, Ihre Krankheit zu bekämpfen.

Ich sage Ihnen, wenn wir nur sehen könnten, wie Gott hinter den Kulissen am Werk ist, hätten wir einen viel weiteren Blick für Wunder. Die erstklassig entworfenen, feinsinnig aufeinander abgestimmten unsichtbaren Werke unseres großen Gottes – das ist die wahre Geschichte.

Und während er all das tut, möchte er einfach, dass wir ihm vertrauen.

So wie Jesus dem zweifelnden Thomas direkt nach der Auferstehung sagte: „Du glaubst, weil du mich gesehen hast. Wie glücklich können erst die sein, die mich nicht sehen und trotzdem glauben!" (Johannes 20,29).

Also, warum zweifeln wir noch? Wir wissen, dass Gott stets schaltet und waltet und die Dinge hinter den Kulissen vorantreibt und geschehen lässt. Warum zerbrechen wir uns dann den Kopf? Warum können wir ihm nicht vertrauen? Warum können wir nicht in seinem guten und wohlgefälligen und vollkommenen Willen für unser Leben ruhen? Jeder von uns erlebt doch an jedem Tag seines Lebens tausend Wunder! Vielleicht finden wir in unseren Köpfen einfach nicht genug imaginäres Geschenkpapier, das groß genug ist, um jede dieser Wahrheiten darin einzupacken. Es braucht Glauben, um sich darüber klar zu sein, dass unser allmächtiger Gott auf wundersame Weise tatsächlich jeden Tag in unserem Leben handelt.

Dass wir nicht in der Lage sind, etwas zu verstehen, macht es nicht weniger wahr oder weniger wunderbar. Zählen Sie heute Gottes Wunder. Zählen Sie die vielen „Beinahes". Zählen Sie die lächelnden Gesichter, die ermutigenden Worte und Dankesbekundungen, die heute Ihren Weg kreuzen. Zählen Sie die Sicherheit und die Gesundheit Ihrer Kinder und Enkelkinder. Zählen Sie das Wunder, in der Lage zu sein, Gott in Ihrem Heimatland frei anzubeten. Zählen Sie das Wunder der Gnade, über das es im 1. Brief des Petrus, Kapitel 1, Vers 12 heißt, dass „selbst die Engel gern mehr davon erfahren würden". Und danken Sie ihm. Ehrlich, das wird Sie von Grund auf heilen.

Jesus sagte bei einer Gelegenheit zu seinen Jüngern: „Wer an mich glaubt, wird die gleichen Taten vollbringen wie ich – ja, sogar noch größere; denn ich gehe zum Vater" (Johannes 14,12).

Ich habe herausgefunden, dass etwas Interessantes passiert, wenn Sie Ihren Glauben ganz auf Jesus setzen: Sie beginnen, für die Dinge zu beten und bitten, die er vollbracht haben möchte, statt sich auf Ihre eigene persönliche Gebetsliste zu beschränken. Sie beten dann dafür, dass die Gute Nachricht sich überall ausbreitet und dass Berge versetzt werden, damit sein Wort in alle Welt gesandt werden kann. Sie beten dafür, dass an zehntausend finsteren Orten dieser Erde Verzweiflung und Entmutigung Einhalt geboten wird. Sie beten, dass Menschen zur Ruhe kommen und dass Christen einen tiefen Frieden erfahren. Sie beten dafür, dass der Glaube der Menschen stärker und tiefer wird. Sie beten für Freude und Frieden in den Kirchen – ohne darum viel Aufhebens zu machen.

Dies gehört zu den größeren Wundern, innerhalb derer ich mich täglich bewege, und ich würde sie nicht gegen das kleinere Wunder eintauschen, von der Querschnittslähmung geheilt zu sein. Henry Frost hat etwas zu dieser Sichtweise beigetragen. In seiner Studie über die Menschen in seiner Umgebung, die vergeblich um Heilung beteten, fiel ihm Folgendes auf: „Den Personen, bei denen Gott die Erkrankung zuließ, wurden besondere geistliche Segnungen zuteil. Die meisten dieser Personen, wenn auch nicht alle, mussten schließlich zugeben, dass sie glaubten, die Krankheit habe sich im Nachhinein als etwas Besseres als Gesundheit herausgestellt.“[24]

Der altgediente Missionar und Freund von Hudson Taylor fügte dieser Anmerkung hinzu:

Wenn es erlaubt ist, in diesem Zusammenhang auf meine eigenen Erfahrungen zu verweisen, würde ich gern bezeugen, dass die tiefsten, kostbarsten und nachhaltigsten geistlichen Lektionen, die Gott mich gelehrt hat, das Ergebnis meiner verschiedenen Krankheitserfahrungen sind. Letzteres trifft besonders auf mein Gebetsleben, meine dankbare Haltung und meine Abhängigkeit von Gott zu und auf ein Leben, das nicht für das Sichtbare, sondern für das Unsichtbare, nicht für das Zeitliche, sondern für das Ewige leben möchte …

Ich denke, es wäre einer Katastrophe gleichgekommen, wenn ich das physische Leiden, das ich durchleben musste, versäumt hätte …

Ich bin zuversichtlich, dass ich manchmal gerade dann von Gott nicht geheilt wurde, wenn ich mit ihm in engster Gemeinschaft beisammen war.[25]

So war es auch in meinem Leben.

Gottes Nein hat Schuld aus meinem Leben getilgt, meine Hingabe an Gott gefestigt, mich gezwungen, mich von der Gnade abhängig zu machen, mich mit anderen Gläubigen verbunden, mein Urteilsvermögen geschärft, mein Einfühlungsvermögen gefördert, meine Gedanken diszipliniert, mir beigebracht, weise mit meiner Zeit umzugehen … und meine Welt auf eine Weise erweitert, wie ich es mir nie hätte träumen lassen, wenn ich 1967 nicht diesen Unfall gehabt hätte.

Meine Krankheit hat meine Hoffnung vergrößert, mich näher zu Christus geführt, mir geholfen, mich nach der Wahrheit auszustrecken; sie hat mich zur Erkenntnis meiner Schuld geführt, mich angetrieben, in Zeiten des Kummers zu danken, sie hat meinen Glauben vergrößert und meinen Charakter gefestigt. In diesem Rollstuhl zu sitzen bedeutet, *ihn* besser zu kennen und jeden Tag seine Freude zu spüren.

Wenn das Ihrer Meinung nach nicht als Wunder bezeichnet werden kann, dann – darf ich es in aller Höflichkeit sagen? – ziehe ich meine Meinung der Ihren vor.

DREI

Heiler und Herr

Christus starb in der Tat, um die Krankheit auszulöschen, und er wird es auch durchaus noch tun. Aber er sagt nicht, dass er es jetzt tun wird.

Henry Frost

Es gab Zeiten, da habe ich mir einen Heilungsgottesdienst im Fernsehen angesehen, während man mit mir Übungen machte, mich anzog und in meinen Rollstuhl hob.

Das war irgendwie … unwirklich.

Hier bin ich, liege im Bett, behindert und nicht in der Lage, für mich selbst zu sorgen, während ich der feurigen Botschaft zuhöre und sehe, wie Menschen mit Krücken auf die Bühne humpeln … um dann ohne sie wieder wegzugehen.

„Jesus will nicht, dass du krank und behindert bist", gaben diese Sprecher oft mit donnernder Stimme von sich. „Er will für *dich* das tun, was er heute für die, die du gesehen hast, getan hat. Auch du kannst diese heilende Kraft erfahren. Du musst nur fest genug daran glauben!"

Während ich dem Ganzen zusehe, denke ich oft über andere kranke und behinderte Menschen im Land nach, die dieselbe Übertragung sehen. Was denken sie wohl? Stellen sie sich die gleichen Fragen, die ich mir vor Jahren gestellt habe? Fragen wie: „Heilt Gott heutzutage Menschen immer noch durch Wunder? Wenn ja, will er dann alle heilen oder nur ein paar? Und was soll ich davon halten, wenn meine Gebete um Heilung – anders als die Gebete von denen, die ich im Fernsehen sehe – unbeantwortet bleiben?"

Wie ich im vorigen Kapitel erwähnte, war meine Entdeckung eines Buches einer der Meilensteine auf der Suche nach einer Antwort. Frost war ein kanadischer Missionar und sein Buch *Miraculous Healing* wurde erstmals 1931 veröffentlicht. Er war ein Zeitgenosse des großen Missionars Hudson Taylor. Frost diente als erster Heimatleiter der *China Inland Mission* (heute *Overseas Missionary Fellowship)* für Nordamerika.

Miraculous Healing ist also keineswegs ein neues Buch noch liest es sich wie die Tageszeitung. Die Sprache klingt für unsere Ohren jedenfalls etwas gestelzt und altmodisch. Aber ich bezweifle, dass Sie je eine vernünftigere und ausgewogenere Abhandlung zum Thema „Heilung" finden. Was zunächst mein Interesse weckte, war die offensichtliche Tatsache, dass Henry Frost augenscheinlich mit niemandem abrechnen wollte. Sein Buch war kein theologischer Gegenentwurf zu einem anderen Titel, sondern Frost ging behutsam, offen und forschend vor.

Er schrieb als Augenzeuge und untersucht Situationen, in denen Gott tatsächlich heilte, und stellte sich die Frage: „Was hatten oder haben denn jetzt all diese Menschen gemeinsam? Nach welchen Schlüsselmerkmalen müssen wir Ausschau halten, wenn wir auch geheilt werden wollen?" Seine Schlussfolgerungen sind nicht nur hilfreich und interessant, sondern auch fest in der Bibel verwurzelt. Dieses zweischneidige Schwert von Heiliger Schrift und persönlicher Erfahrung schlägt sich durch das Dickicht von Fehlaussagen und irrigen Meinungen und stellt eine der anschaulichsten Abhandlungen zum Thema „Wunderheilungen" dar, die mir je untergekommen sind.

Vielleicht haben Sie die Gelegenheit, das ganze Buch selbst zu lesen – ich hoffe es zumindest. Aber für diejenigen, die Schwierigkeiten mit der veralteten und manchmal fachspezifischen Sprache haben, erlaube ich mir, auf den nächsten Seiten einen kleinen Eindruck davon zu vermitteln – zusammen mit meinen eigenen Gedanken und Erfahrungen in vielen dieser entscheidenden Punkte.[26]

1. Jesus ist heute genauso um unsere Gesundheit und unsere Heilung besorgt, wie er es war, als er auf der Erde wandelte.

Wenn es darum geht, Gott um körperliche Heilung zu bitten – oder um die nötige Ausdauer, um Leiden zu ertragen, das er in unserem Leben zulässt –, dann muss ich an die Worte denken, die Petrus in einem bedeutenden Augenblick an Jesus richtete: „Herr, zu wem sollten wir denn gehen? Nur deine Worte schenken ewiges Leben. Wir glauben und haben erkannt, dass du von Gott kommst und zu Gott gehörst."[27]

Wir kommen zu Jesus, wenn wir Sorgen haben und Lasten mit uns herumschleppen, wenn wir Schmerzen haben oder verwirrt sind. Wohin sollten wir uns sonst wenden? Wohin sollten wir sonst gehen? Wenn wir mit dem Sohn Gottes unterwegs sind, dann dreht sich alles in unseren Leben um Jesus. Ja, wir suchen Hilfe bei irdischen Ärzten, Krankenhäusern, Medikamenten, Physiotherapeuten und Beratern. Das ist klar. Aber letztendlich schauen wir auf Jesus. Er ist unser Großer Arzt und die *Quelle aller Heilung und jeder Hilfe*.

Wenn nicht er, wer dann?

In einer deutschen Übersetzung von Hebräer 4, Vers 16 heißt es: „Lasst uns deshalb zuversichtlich vor den Thron unseres gnädigen Gottes treten. Dort werden wir Barmherzigkeit empfangen und Gnade finden, die uns helfen wird, wenn wir sie brauchen."[28] Mir gefällt diese Formulierung, dass wir vor den Thron Gottes kommen und dort bleiben dürfen, um das Erbarmen und die Gnade, die wir suchen, zu empfangen. Es gibt im gesamten Universum keinen besseren Ort, an dem man sein könnte.

Henry Frost schreibt:

Christus, der im Himmel ist, hat alle Gewalt auf Erden, und sein Interesse an den Gliedern seines Leibes ist so tief und mitfühlend, wie es damals war, als er unter den Menschen auf der Erde weilte … Wenn Jesus hier wäre und ich ihn für eine Heilung bräuchte, dann würde ich zu ihm gehen, genauso wie andere zu ihm gegangen sind. Da er nicht auf der Erde ist, kann ich nicht zu ihm als Person gehen; trotzdem kann ich ihn durch Glauben dort, wo er im Himmel ist, erreichen, und da sich sein Wesen nicht geändert hat, kann ich erwarten, dass er heilt, wo Bedarf ist, so wie er früher geheilt hat.[29]

… es ist derzeit meine tiefe Überzeugung, dass Christus stärkt und heilt und dass er häufiger bereit ist, das eine oder andere für diejenigen zu tun, die ihm vertrauen, als die meisten Christen erkennen.[30]

Wenn Sie auf die Zeit zurückblicken, als Jesus auf der Erde gewirkt hat, was, denken Sie, lag ihm am Herzen, als er die Gelähmten heilte? Als er den Blinden die Augen öffnete? Was fühlte er, als er den Vater des kleinen Jungen beriet, der von Anfällen heimgesucht wurde?

Es gibt Menschen, die diese Wunder als Zeichen von Jesu Herrschaftsgewalt deuten und sagen: „Jesus heilte diese Menschen als Zeugnis seiner Autorität als Sohn Gottes. Durch diese Macht bewies er, dass er der Messias war.“

Sie haben recht. Aber es ist nicht so, dass Jesus die Blinden nur deshalb heilte, um Aussagen über sich selbst zu machen. Nein, Gott gebraucht keine hilflosen Menschen, um seine eigenen Interessen voranzubringen. Er brauchte keine leidenden Männer und Frauen als Unterstützung oder audiovisuelle Hilfe, um eine wichtige Lektion über sich selbst zu lehren. Noch wandte er sich den Blinden, Tauben oder Lahmen in einem emotionalen Vakuum zu.

Woher ich das weiß? Die Bibel sagt es uns. Er empfand Mitgefühl, als er die leidenden Massen sah. Oh, ich bin so froh darüber! Ich könnte mir nicht vorstellen, dass Jesus jemanden heilte, wie ein mystischer Guru das tut, der distanziert und emotionslos „in Verbindung mit dem Universum" über und jenseits der Menschen steht. Nein, nein. Ich kann mir nicht vorstellen, dass er ungerührt handelt und sagt: „Ja, ich kann dich heilen. Hier, beuge dich zu meinen Füßen, und lass mich dir zeigen, was es heißt, der Messias zu sein."

So habe ich mir Jesus nie vorgestellt. Wenn ich die vielen Berichte darüber lese, wie Jesus die Kranken heilte und die Augen der Blinden öffnete, dann geht aus der Beschreibung hervor, dass er voller Mitgefühl war. Deshalb bin ich davon überzeugt, dass er Menschen nicht nur heilte, um zu beweisen, dass er der Messias war. Für ihn waren Frauen und Männer keine Versuchskaninchen, an denen er irgendetwas testen wollte. Er kümmerte sich um sie, weil sie zu ihm gehörten. Sie lagen ihm am Herzen. Er wollte, dass sein Wille für ihr Leben Wirklichkeit wurde, aber nicht nur, damit die Umstehenden irgendwelche Erkenntnisse hatten, sondern um ganz praktisch denjenigen etwas Gutes zu tun, die er heilte. Wenn er sie mit seiner Liebe berührte, dann meinte er es ernst.

Wie das? Am Beginn des Buches der Offenbarung sagt Gott: „Ich kenne deine Mühe." An anderer Stelle sagt er: „Ich habe deine Mühe gesehen." Und er sieht sie nicht nur oder weiß darum, die Tränen bewegen ihn auch. Erinnern Sie sich, er zählt jede Träne und sammelt sie in einem Gefäß.[31] Es gibt einen Grund, warum Gottes Wort es auf diese Weise beschreibt. In einem Gefäß verdunsten unsere Tränen nicht. Sie verschwinden nicht. Gottes Mitgefühl ist so stark, dass er sich immer an Ihre Not erinnert.

Darüber hinaus kann er in einem Gefäß Ihre Tränen *messen*. Sie zeigen an, wie *lange* Sie gelitten haben. Denken Sie an Zeiten, wenn der Kummer ewig anzuhalten scheint. Sie fragen sich, ob er je aufhört und wann endlich Erleichterung kommt. Als Hiob in seinem Leben das erste Mal einen Verlust erfuhr, sagte er: „Herr, du hast mir alles gegeben, du hast mir alles genommen, dich will ich preisen!“[32] Dann später, als das Leiden nicht nachließ, ja, sogar schlimmer wurde, sagte Hiob: „So wahr Gott, der Allmächtige, lebt, der mir mein Recht verweigert und mich bittere Stunden durchleiden lässt.“[33] Hier sieht man, wohin chronische Schmerzen und Leiden einen Menschen bringen! Aber Gott versteht uns. Und er weiß nicht nur davon. Es kümmert ihn. Er ist mitfühlend!

Solche Gedanken helfen mir und trösten mich, wenn ich die heilende Berührung von Jesus benötige, wenn ich sein mitfühlendes Herz brauche. Klagelieder, Kapitel 3, Verse 32 und 33 offenbart, wie es in Jesus aussieht: „Er lässt uns leiden, aber dann erbarmt er sich wieder, denn seine Gnade ist groß. Wenn er uns straft und Leid über uns bringt, so schmerzt es ihn selbst.“

Es *schmerzt* ihn selbst, das heißt, er bringt nicht in böser Absicht Kummer und Leid über uns. Leiden mag Teil von Gottes größerem und höchst geheimnisvollem Plan sein, aber Gott möchte den Menschen immer Mitgefühl und seine unfehlbare Liebe zeigen, die sie in ihrem tiefsten Inneren berührt.

So sieht es im Herzen des Heilers aus.

Henry Frost schrieb:

Christus ist der ewige Sohn Gottes, und Er ist in seinen göttlichen Attributen „derselbe gestern, heute und in Ewigkeit“ (Hebräer 13,8). Wenn Er also geliebt hat, als Er im Fleische zu uns kam, dann liebt Er auch jetzt; wenn Er sich damals kümmerte, dann kümmert Er sich auch heute; wenn Er damals geheilt hat, dann heilt Er auch heute. Es folgt daraus nicht unweigerlich, dass Er heute alles tut, was Er damals tat, oder dass Er das, was Er heute tut, auf dieselbe Weise macht wie damals. Denn Seine Absichten sind in der Gegenwart bei einigen Dingen anders als in der Vergangenheit. Dennoch ist das Wesen von Christus unwandelbar, und wir können sicher sein, dass Er grenzenlos an uns interessiert und um uns besorgt ist.[34]

Ist es nicht großartig, wenn man sich das in Zeiten bewusst machen kann, in denen alles auf uns eindringt und wir uns fürchten?

Meine Freundin Stephanie ist Mutter eines behinderten Kindes und leitet einen Behinderten-Hilfsdienst innerhalb unserer Glaubensgemeinschaft. Stephanie weiß seit einiger Zeit darüber Bescheid, dass ich mit chronischen Schmerzen ringe. Und vor Kurzem musste sie an mich denken, als sie im Buch der Richter von Gideon las.

Stephanie schrieb mir, um zu erzählen, wie sie besonders der folgende Teil der Geschichte traf:

> *All dies geschah oberhalb der Talebene, in der die Midianiter lagerten. In der Nacht sprach der Herr zu Gideon: „Greif die Midianiter an! Ich gebe ihr Lager in deine Gewalt! Wenn du aber Angst hast, dann geh vorher mit deinem Diener Pura hinunter und hör dir an, was sie dort reden. Das wird dir Mut geben, sie anzugreifen!"* (Richter 7,8–11).

Als sie das las, erkannte sie etwas: „Joni, ich glaube, was meine Aufmerksamkeit erregte, war der Satz ‚*Wenn* du Angst hast'." Gott rügte Gideon nicht, weil dieser Angst hatte. Er schimpfte nicht mit ihm. Stattdessen sah er voraus, dass er sich fürchten würde. Und Gott schien es Gideon zuzugestehen, dass er in seiner gefallenen menschlichen Schwachheit Angst haben würde. Aber anstatt Gideons Angst zu kritisieren, sorgte Gott für einen Ausweg. Einen Weg der Ermutigung.

Das sprach mich wirklich an! Ich bin so dankbar, dass Gott mit meiner Behinderung auch meine Vergänglichkeit kennt. Er weiß, dass ich aus Staub gemacht wurde.[35] Er weiß und sieht voraus, dass ich Angst haben werde. Er versteht, dass es Zeiten gibt, in denen ich mich davor fürchte, dass die Wirkung der Schmerztabletten nachlässt und ich für die nächsten fünf oder sechs Stunden nichts dagegen tun kann.

Ich erzählte Stephanie dies, und sie antwortete mit einer kleinen amüsanten Geschichte: „Ich habe als Teenager bei der ‚Helping Up Mission' in Baltimore gearbeitet und in der Vorschulklasse unterrichtet. Die Kinder mussten jeden Tag einen kleinen Bibelvers auswendig lernen und bekamen dafür einen Gutschein, den sie im Missionsladen einlösen konnten. Eines Tages stammte der Vers aus 1. Petrus 5, Vers 7: ‚Er sorgt für euch.' Ein kleines Mädchen, dessen Familiensituation ziemlich prekär war, kam zu mir nach vorne und sagte den Vers stolz auf: ‚Er ist *voll Sorge* für euch.'

Angesichts ihrer Situation war die Übersetzung korrekt. Jesus nahm ihre Ängste auf sich, sodass sie sich keine Sorgen machen musste. So zögerte ich nicht, ihr den Gutschein für das Lernen des Verses zu geben."

In der Weihnachtszeit feiern wir das großartige Geschenk, dass Gott zu uns kam. Immanuel ... Gott ist *mit* uns. Und er ist unser wunderbarer Berater, der uns und unsere Umstände zutiefst versteht. Er weiß schon im Voraus, dass wir uns fürchten werden, und bietet einen Ausweg an, indem er uns einlädt, alle Ängste bei Jesus abzuladen, denn keiner nimmt unsere Ängste so wichtig wie er.

Es gibt Zeiten, da fürchte ich mich vor dem Schmerz, der an der nächsten Ecke auf mich wartet. Und vielleicht kämpfen Sie ebenfalls gerade damit. Nun, „falls Sie Angst haben", seien Sie ermutigt. Gott sieht in seiner Gnade Ihre Angst voraus und wird für einen Ausweg sorgen. Und ich muss Stephanie, der Gideon-Erzählung und einem kleinen Mädchen aus den Elendsvierteln von Baltimore für die Erinnerung daran danken.

2. Ja, wir werden durch das, was er für uns getan hat, geheilt, aber nicht unbedingt sofort.

Alles Leben, alle Heilung und alle Versöhnung fließen aus der Quelle zu uns – aus Jesus Christus. Wo sonst sollten sie herkommen?

In Jesaja lesen wir folgende Worte: „Doch er wurde blutig geschlagen, weil wir Gott die Treue gebrochen hatten; wegen unserer Sünden wurde er durchbohrt. Er wurde für uns bestraft – und wir? Wir haben nun Frieden mit Gott! Durch seine Wunden sind wir geheilt."[36]

Ja, wir wissen, dass das Leiden und der Tod unseres Herrn uns von unserer Schuld befreit und uns Frieden mit Gott gebracht haben. Aber beinhaltet das auch eine bedingungslose Sofort-Garantie für augenblickliche körperliche Heilung?

Krankheiten sind das Ergebnis des Fluches, den Gott nach Adams Rebellion über uns aussprach. Und Jesus kam, um diesen Fluch aufzuheben. Folgt dann daraus, dass Christen sich nicht mit Krebs, Downsyndrom, Borreliose oder Alzheimer herumschlagen müssen? Wir denken gern, dass es für alles Heilung geben müsste, seit Jesus kam und unsere Krankheit auf sich nahm – von Migräne bis zu den Schweißausbrüchen in den Wechseljahren. Aber das wäre, als würde man sagen: „Es steckt in jeder Eichel eine Eiche, also nimm diese Eichel und schneide ein paar Holzplanken für Picknicktische heraus." Oder als würde man sagen: „Das Parlament hat gerade ein Gesetz für sauberes Wasser verabschiedet, also können die Einwohner von Manhattan morgen aus dem East River trinken." Es mag ein Jahrhundert vergehen, bevor diese Eiche für den Holzschlag taugt; und einen Fluss von industriellen Abwässern zu reinigen, wird Jahrzehnte dauern.

Ich denke, genauso verhält es sich auch mit der Aufhebung des Sündenfluchs und des damit einhergehenden Leidens. Was Jesus in Bezug auf Sünde und deren Folgen zu tun begonnen hat, wird erst mit seiner zweiten Wiederkunft vollendet sein. Die Erlösung hat er uns ja bereits ermöglicht, und das Resultat ist sicher (beachten Sie, dass der Inhalt von Jesaja 53,5 und 1. Petrus 2,24 sich auf die Erlösung von Sünde, nicht von Krankheit bezieht). Aber die *Anwendung* der Erlösung der Kinder Gottes ist noch längst nicht abgeschlossen.

Gott „*hat* uns gerettet", aber wir „werden" auch noch gerettet.[37] Wir sind noch auf der Erde. Das bedeutet, dass wir immer noch den Einfluss des alten Fluches spüren. Zumindest bis zum Himmel, wo wir, wie es heißt, „gerettet *sein werden*"![38]

Im 1. Brief an die Korinther wird Jesus als der „letzte Adam" bezeichnet, der kam, um den Fluch aufzuheben, der im Garten Eden seinen Anfang nahm (Kapitel 15, Vers 45). Aber trotzdem werden Sie im nächsten Sommer immer noch mit dem Unkraut in Ihrem Garten kämpfen, wie auch mit den Rückenschmerzen nach dem Ausrupfen. Erst im Paradies können wir sagen: „Nichts und niemand wird mehr unter dem Fluch Gottes stehen."[39]

Der Theologe Richard Mayhue schrieb: „Bei Jesaja 53 geht es um die geistliche Seite des Menschen. Das Augenmerk liegt auf der Sünde, nicht auf der Krankheit. Das Kapitel konzentriert sich auf die moralische Ursache von Krankheit, nämlich die Gefallenheit dieser Welt, und nicht auf die sofortige Entfernung einer der Folgen der Sündhaftigkeit, nämlich der Krankheit."[40]

Ich wurde durch das, was Jesus am Kreuz für uns getan hat, wirklich geheilt. Er mag vielleicht auch noch entscheiden, mir kurzzeitige Befreiung und Erleichterung von meinen chronischen Schmerzen zu verschaffen, wofür ich höchst dankbar wäre. Doch gleichgültig, ob er mir das nun zugesteht oder nicht – ich weiß, dass mich im Haus meines Vaters vollständige Heilung erwartet. Und wie könnte ich je gehofft haben, das Haus meines Vaters anders zu betreten als durch das Blut Jesu, das am Kreuz für meine ewige Erlösung vergossen wurde?

3. Jesus hat vielfältige Pläne für die Menschen, die zu ihm gehören.

Ohne Zweifel ist das für mich das stärkste Argument, Jesus zu vertrauen, obwohl ich leide.

Einige von uns werden ein langes Leben haben und vielleicht die meiste Zeit gesund und munter sein. Andere werden jung sterben, sind oft krank oder müssen Behinderungen, körperliche Beeinträchtigungen oder – wie ich zurzeit – chronische Schmerzen erdulden. David traf es richtig, als er schrieb: „Ich aber, Herr, vertraue dir. Du bist mein Gott, daran halte ich fest! Was die Zeit auch bringen mag, es liegt in deiner Hand.“[41]

Meine Zeit … in seiner Hand. Und genau da will ich auch sein. Ich kann es mir gar nicht anders vorstellen!

Gott hat einen Plan für mein Leben, eine Absicht, die er schon vor Anbeginn der Zeit im Sinne hatte – auf jeden Fall lange bevor mein leiblicher Vater auch nur die leiseste Ahnung hatte, dass ich unterwegs war.

In Paulus' Brief an die Römer, Kapitel 8, Vers 29 heißt es: „Wen Gott nämlich auserwählt hat, der ist nach seinem Willen auch dazu bestimmt, seinem Sohn ähnlich zu werden, damit dieser der Erste ist unter vielen Brüdern und Schwestern.“ Neben all den anderen Gründen für meine Existenz ist es Gottes höchstes Ziel, dass ich allmählich dem Bilde seines Sohnes entspreche, der in mir lebt. So arbeitet er Tag für Tag in mir und durch mich. Ich bin sein Werk, wie es im Epheserbrief heißt: „Wir sind sein Werk, durch Jesus Christus neu geschaffen, um Gutes zu tun. Damit erfüllen wir nur, was Gott schon im Voraus für uns vorbereitet hat.“[42]

Das im Griechischen an dieser Stelle verwendete Wort für „Werk“ ist *poiema*, von dem sich beispielsweise das englische Wort *poem* (Gedicht) ableitet.

Er hat einen Plan und eine Absicht für die Zeit, die ich auf der Erde verbringe. Er ist der Meister bzw. der Bildhauer, und er ist derjenige, der die Werkzeuge auswählt, die er benutzt, um sein Werk zu vervollkommnen. Wie steht es da mit dem Leiden? Was ist mit Krankheit? Was mit Behinderung? Soll ich ihm vielleicht sagen, welche Werkzeuge er während der lebenslangen Aufgabe, mich zu vervollkommnen und mich nach dem Bild Jesu zu gestalten, benutzen soll und welche nicht? Weiß ich es wirklich besser als er, sodass ich ohne Zweifel sagen kann, dass es immer sein Wille ist, mich von allen körperlichen Beschwerden zu heilen? Wenn ich sein Gedicht bin, habe ich dann das Recht zu sagen: „Nein, Herr. Du musst Zeile zwei kürzen und Zeile drei und fünf etwas ‚leichter' machen. Sie klingen etwas düster." Weiß ich als das Gedicht, das geschrieben wird, mehr als der Dichter, der es verfasst?

Wenn Sie sich ausführlicher mit diesem Blickwinkel beschäftigen möchten, müssen Sie nur auf „Google" gehen und „God wants you healed" („Gott möchte, dass du geheilt wirst") eingeben. Mit nur einem Klick werden Sie all die Predigtdienste und Webseiten sehen, die verkündigen, dass es Gottes genereller Wunsch ist, dass jeder, der ihn im Glauben anruft, gesund und heil gemacht wird und frei von Krankheit und Verletzungen ist.

Hier sind einige Aussagen von nur einer dieser Seiten – die erste, die ich zufällig öffnete:

Warum also erleben wir heute nicht häufiger, dass er seine Macht zeigt und Menschen heilt? Sind die Menschen heute etwa nicht mehr krank? Liebt Jesus die Menschen heute nicht mehr so wie zu der Zeit, als er auf der Erde weilte? Brauchen die Gläubigen heute denn keine Zeichen seiner Macht mehr?

DOCH! Wir brauchen heute nicht nur die heilende Kraft Gottes, sondern Gott will diese Kraft auch freisetzen. Halleluja! Heilung jedoch liegt nicht allein bei Gott. Nicht Gott entscheidet, wer geheilt wird und wer nicht. Das ist eine drastische Aussage, aber sie ist wahr. Und darin liegt eines der größten Hindernisse, wollen wir Gottes heilende Kraft empfangen.[43]

Es ist also „nicht Gott, der entscheidet, wer geheilt wird und wer nicht"?

Ich bin sicher, das wäre neu für Gott.

Mit anderen Worten: Laut dieses Autors ist es nicht Gott, der mich gestaltet, formt und mich tröstet. Er ist es nicht, der all die Werkzeuge, die in der Werkzeugkiste liegen, benutzt, um mich Jesus ähnlicher zu machen. Ich soll das selbst machen? Es liegt an mir?

Was für ein entsetzlicher Gedanke! Das wäre wirklich schlimm, wenn diese Verantwortung auf meinen eigenen Schultern läge. Ich würde diese Aufgabe keine zwei Minuten durchhalten!

Das ist wirklich dieselbe unsägliche alte Leier, die ich seit Jahrzehnten höre. Ich hatte damals noch mehr Geduld damit als heute. Ich bin sicher, Sie haben solche Botschaften auch schon gehört. Und ich habe sie ja bereits an anderer Stelle in meinem Buch erwähnt: Wenn Sie nicht gesund sind, wenn Sie irgendwie leiden, dann sind *Sie* derjenige, der den Fluss der heilenden Kraft Gottes blockiert, weil es unbekannte Schuld in *Ihrem* Leben gibt oder weil *Ihr* Glaube zu gering ist. Denn Gott möchte doch offensichtlich, dass alle gesund sind.

Glauben Sie mir, ich habe gesehen, was diese furchtbare Botschaft im Leben der Menschen anrichten kann.

Ja, Jesus wird immer der Ursprung, die Quelle, der nie versiegende Brunnen der Heilung, der Vergebung, der Erlösung und des Lebens sein.

Henry Frost, der sein Buch vor über 80 Jahren schrieb, meinte sogar, weil sich die Völker der Welt immer weiter von Gottes Wort entfernen werden (ist das ein Bild unserer heutigen Zeit?), wird sich

Christus vielleicht sogar durch größere Wunder und Heilungen offenbaren.

> *Es ist deshalb wahr, dass man in großen Teilen der Welt nach Heilungswundern als Beweis für einen lebendigen und allmächtigen Christus Ausschau hält; und man kann recht zuversichtlich vorhersehen, dass Christus seine Gottheit und Herrschaft in zunehmender Weise durch Wunder, darunter auch Heilungen, offenbart, während der gegenwärtige Abfall zunimmt.*[44]

Es mag so sein oder auch nicht. Manchmal heilt er in seiner Gnade und aufgrund seiner Pläne für einen Menschen sofort. Aber zu anderen Zeiten vollzieht sich die Heilung auf einer tieferen Ebene im Inneren unseres Wesens und kommt erst dann vollständig in unserem Körper zum Ausdruck, wenn wir bei der Ankunft im Hause des Vaters unseren neuen Körper erhalten. Ja, er hat uns errettet, aber er führt diesen Erlösungsprozess in unseren Leben weiter, bis wir unseren letzten Atemzug tun. Ja, wir sind durch seine Striemen und Wunden geheilt, aber wir sind noch „in Arbeit", und er ist mit uns noch nicht fertig!

Wie Henry Frost so treffend sagt:

> *Christus starb in der Tat, um die Krankheit auszulöschen, und er wird es auch noch tun. Aber er sagt nicht, dass er es jetzt tun wird, sondern eher zu einer späteren Zeit, wenn er mit großer Macht und Herrlichkeit kommt.*[45]

Tatsache ist, wenn es um die Gesundheit und Stärke unseres menschlichen Körpers geht, dann hat er nicht für jeden den gleichen Weg vorgesehen.

Als der auferstandene Christus Petrus mitteilte, wie er sterben würde, blickte dieser über seine Schulter zu Johannes und sagte:

„Herr, was wird denn aus ihm?“ Jesus antwortete geduldig: „Wenn ich will, dass er so lange lebt, bis ich wiederkomme, was geht es dich an? Folge du mir nach!“[46]

Mit anderen Worten: Jesus hat für jeden von uns eine andere Bestimmung. Und welche Situation er uns im Leben auch immer zumutet: Wir sollen unser Vertrauen auf ihn setzen und ihm nachfolgen.

Gott hat unterschiedliche Absichten für jeden von uns, und er erweist auf vielerlei Art in unserem Leben seine Macht und wird auf vielerlei Weise verherrlicht. Und wenn er Leiden in unserem Leben zulässt, dann tut er das aus sehr speziellen und wichtigen Gründen, und er tut es nicht leichtfertig!

Paulus schrieb an die Korinther:

> *Diesen kostbaren Schatz tragen wir in uns, obwohl wir nur zerbrechliche Gefäße sind. So wird jeder erkennen, dass die außerordentliche Kraft, die in uns wirkt, von Gott kommt und nicht von uns selbst. Die Schwierigkeiten bedrängen uns von allen Seiten, und doch werden wir nicht von ihnen überwältigt. Wir sind oft ratlos, aber nie verzweifelt. Von Menschen werden wir verfolgt, aber bei Gott finden wir Zuflucht. Wir werden zu Boden geschlagen, aber wir kommen dabei nicht um. Tagtäglich erfahren wir am eigenen Leib etwas vom Sterben, das Jesus durchlitten hat. So wird an uns auch etwas vom Leben des auferstandenen Jesus sichtbar* (2. Korinther 4,7–10).

Bedrängt? Ratlos? Verfolgt? Geschlagen? Ja, ja, und daneben an manchen Tagen noch anderes mehr! Aber wie zeigt sich in unserem Leben etwas von dem Sterben, das Jesus durchlitten hat? Durch den Tod selbst! Durch Schwierigkeiten! (Das muss Satan an manchen Tagen wirklich runterziehen, glauben Sie nicht?)

Paulus sagt, dass wir als Gläubige Tongefäße sind, gewöhnliche irdische Tongefäße, die dazu bestimmt sind, während ihres Lebens einen unbezahlbaren Schatz zu beinhalten. Dieser unglaublich wertvolle Schatz ist nicht weniger als „Gottes Herrlichkeit, die in Jesus Christus aufstrahlt“[47].

Jedes dieser Tongefäße wurde von Gott, unserem Schöpfer und dem Meister der Kunsthandwerker, handgemacht – und nicht in einer Massenproduktionsanlage in China ausgestampft. Und wie bei allen handgefertigten Produkten heißt das, dass wir einzigartig sind. Keine zwei Gefäße sind genau gleich. Und wenn unsere Lebensbestimmung darin besteht, den Schatz, den wir in uns tragen, nach außen sichtbar zu machen, dann funktioniert das oft am besten durch Fehler und Risse im Gefäß! Durch diese scheint die Herrlichkeit Jesu hindurch zu den staunenden Augen der Welt.

Der Autor Robert Jewitt dachte über denselben Bibelabschnitt nach und warf die Frage auf: „Was würden wir heutzutage sagen, wenn wir eine moderne Übertragung für das Tongefäß des ersten Jahrhunderts suchten?“ Die Antwort, die er fand: der Pappkarton! Unsere Körper sind – um die Korinther-Passage mit anderen Worten zu formulieren – wie der Karton, in dem Ihre neuen Schuhe waren. Wie ein Weihnachtsgeschenk im großen Versandpaket. Aber *innerhalb* dieses Kartons – bei Paulus in den Tongefäßen – tragen wir einen unbezahlbaren Schatz mit uns herum.

Vor Jahren starb meine Mutter Lindy Eareckson. Seit diesem Augenblick brauchte sie den Karton nicht mehr, der sie 87 Jahre umhüllt hatte. Er war leer, hatte abgewetzte Ecken, Beulen und Risse. Und dennoch war er das Gefäß gewesen, in dem der Schatz von Jesu Geist gewohnt hatte. Wir liebten diesen „Karton“, weil sie darin war und weil sie Jesus hindurchscheinen ließ. Und er hatte durch all die Kanten, Tränen und dünnen Stellen des Kartons nur umso heller gestrahlt, als dieser mit dem Alter langsam verfiel. Er leuchtete in ihr und strahlte voller Macht, während sie unserer Familie diente und während sie all die Jahre, in denen ich im Krankenhaus war, an meiner Seite war und während sie gab und gab und gab.

Aber jetzt ist der Schatz sicher zu Hause, der Karton ist ausrangiert und zurückgeblieben.

Der Punkt ist, dass Jesus sich durch meine Mutter auf ganz andere Art offenbarte, als er es durch mich zu tun wünscht oder durch Sie. Mein Karton ist nicht Ihr Karton. Meine Verpackung ist nicht Ihre Verpackung. Und ich bin fest davon überzeugt, dass Jesus manchmal durch das Leben derer, die geistige oder körperliche Beeinträchtigungen haben oder tapfer durchhalten, obwohl sie leiden, auf höchst eindrucksvolle Weise leuchten will.

Würden Sie Gott diese Entscheidung aus der Hand nehmen, wie es der sogenannte Glaubensheiler, den ich am Anfang des Kapitels zitierte, tat?

Würden Sie ihm die Kartonart vorschreiben, die er nehmen soll, um seinen Schatz darin aufzubewahren? Würden Sie sich beschweren, wenn der Karton ein paar Löcher hat, damit die Außenstehenden den umwerfenden Reichtum darin besser erkennen?

In meinem letzten Buch schrieb ich über Cindy, eine junge Frau mit Kinderlähmung, die zufällig als letzte Person an einem Talentabend im Rahmen einer der *Joni-and-Friends*-Familienfreizeiten teilnahm. Cindys Mutter schob ihre Tochter in ihrem Rollstuhl auf das Podium und erzählte uns, dass Cindy die ganze Woche hart gearbeitet hatte, um uns jetzt „Amazing Grace“ vorzusingen.

Wir sahen uns verwirrt an. Wie sollte das gehen? Wegen ihrer Behinderung konnte Cindy doch nicht sprechen.

Dann verließ ihre Mutter die Bühne und ließ Cindy allein. Die junge Frau streckte eifrig ihre krummen Finger aus und drückte einen Knopf auf ihrem Kommunikationsapparat, der an ihrem Rollstuhl befestigt war. Heraus kam die monotone, computergestützte Stimme: *Amazing grace, how sweet the sound, that saved a wretch like me …*

Während die roboterartige Stimme mit der Hymne fortfuhr, wandte Cindy ihren Kopf, um uns, das Publikum, anzusehen, und formte mit enormer Anstrengung die Wörter, so gut sie konnte. Was jedoch besonders hervorstach, war ihr Lächeln, das den ganzen Raum erhellte.

Es war eine Vorstellung, auf die jeder Opernstar oder Musiker neidisch gewesen wäre. Um ehrlich zu sein: Ich hatte nie etwas gesehen, das dem gleichkam – und daran hat sich bis heute nichts geändert. „Amazing Grace" ist kein neues Lied, aber an diesem Abend wurde es auf völlig neue Art gesungen. Obwohl Cindy nicht in der Lage war, die Worte mit ihren Stimmbändern zu singen, passierte etwas, während sie sich ganz auf Jesus verließ und diese Worte formte.

Ich kann nicht erklären, wie, aber irgendwie kam der Vortrag beim Publikum als wohlklingende Hymne zum Lobe Gottes an. Es schien uns, als würde Cindys Lied durch ein achtzigköpfiges Orchester unterstützt. Ich kann mir vorstellen, dass sogar die Engel voller Erstaunen über den Himmelsrand blickten, um jedes Wort mitzubekommen.

Genau das meine ich: Gott hat sich uns auf mächtige Weise offenbart und wurde vor dem Publikum durch Cindys Lied und durch die unsichtbare Himmelsschar verherrlicht. Niemand anders auf der Erde hätte es genauso machen können wie Cindy. Aufgrund ihrer Schwäche leuchtete Christus, der in ihr lebt, auf eine Art und Weise durch sie hindurch, wie es die technisch korrektesten Aufführungen von *American Idol* auch nicht annähernd geschafft hätten.

Würden Sie Cindy sagen, dass sie aufgrund ihrer Behinderung „außerhalb von Gottes Willen" sei? Dass ihre Vorführung irgendwie unzureichend sei? Ich wäre vorsichtig damit, je so etwas über meine Lippen kommen zu lassen. Ich habe das starke Gefühl, dass Gott diese Aufführung sehr ernst nahm.

Wie Henry Frost schrieb:

Christus muss an viele Dinge denken, wenn Er die Pläne für seine Gläubigen aufstellt: Er muss berücksichtigen, was das Beste für den Einzelnen ist; was Ihm den größten Nutzen im Hinblick auf Sein Zeugnis bringt; was bei den Gläubigen in Bezug auf ihr Verhältnis zu vielen anderen Gläubigen benötigt wird; und was das Beste ist, will der Betreffende Gott gegenwärtig und in Ewigkeit verherrlichen. Und Er wird sich bei den Antworten auf die Gebete entschlossen an einen Verlauf halten, der das größte und auf Dauer Beste kombiniert.[48]

Mir fällt gerade noch ein Beispiel ein. Ein kleiner Junge namens Isaiah Nicklas, der das Downsyndrom hat. Er ist noch ein Kleinkind, hat leuchtende Augen und einen roten Haarschopf.

Und Isaiah verkündigt Gottes Gute Nachricht auf eindrückliche Weise.

Wie das sein kann, wollen Sie wissen? Wie kann dieses Kind die Gute Nachricht von Jesus verbreiten? Die Eltern von Isaiah und seiner älteren Schwester Mary haben für ihre Kinder gebetet, schon lange bevor diese geboren wurden. Und von Anfang an haben ihre Eltern sie ermutigt, herauszufinden, was die Aufgabe ist, mit der Gott sie gesegnet hat.

Mary erzählte es mir, während sie den kleinen Isaiah am Tisch fütterte und den Löffel in seine Richtung schob: „Alle in unserer Familie haben eine Aufgabe. Schau dir nur Isaiah an!"

An dieser Stelle drehte sich Isaiah um und warf mir ein breites, fröhliches Lächeln zu. Seine Augen leuchteten und seine Wangen ähnelten zwei kleinen Äpfeln.

Ich weiß wirklich nicht, wie ich beschreiben soll, was ich sah. „Ach, komm schon, Joni", mag jemand einwenden. „Es war nur das Lächeln eines Kleinkinds." Doch es gab etwas, das dieses Lächeln von anderen Kinderlächeln unterschied. Es war transzendent, es *leuchtete*. Und es brachte mir so viel Freude, ihn anzuschauen.

„Siehst du, was ich meine?", sagte Mary. „Isaiah erzählt auch von Jesus. Durch sein Lächeln!" Sie hatte recht. Das Gesicht dieses kleinen Jungen strahlte mit einer Glückseligkeit, die nicht von dieser Welt war. Wenn Sie je erleben wollen, wie die reine Freude aussieht, die direkt aus der himmlischen Quelle kommt, dann sollten Sie Isaiah anblicken.

Gehen wir zurück zu dem Abschnitt in 2. Korinther 4, Vers 6: „Denn so wie Gott einmal befahl: ‚Licht soll aus der Dunkelheit hervorbrechen!', so hat sein Licht auch unsere Herzen erhellt. Durch uns sollen nun alle Menschen Gottes Herrlichkeit erkennen, die in Jesus Christus aufstrahlt." Sogar ein kleines Kind mit Downsyndrom kann die Herrlichkeit Christi in sich tragen. Ich könnte sogar sagen: *Gerade* ein kleines Kind mit Downsyndrom.

Es geht schließlich bei allem um die Herrlichkeit Gottes, nicht wahr? Henry Frost meinte dazu:

> *Lasst uns deshalb nicht sagen, dass Gott nicht heilen kann und es nicht tun wird. Lasst uns stattdessen sagen, dass Gott heilen kann und es zu seiner Verherrlichung tun wird … Der Gläubige muss daran denken … dass Gott darüber entscheidet, ob er sich und seine Macht durch ein Wunder offenbart oder nicht, und auch darüber, wann, wo, wie und durch wen das getan wird. Und er darf nicht vergessen, dass Gott immer in gleichem Maße treu und liebevoll ist, ob er sich nun auf diese Weise offenbart oder nicht.*[49]

Amen!

4. Wie auch bei anderen entscheidenden Themen wird Satan versuchen, uns beim Thema „Wunderheilung" zu unbiblischen Extremen zu drängen.

Henry Frost schrieb weise: „Es ist mein Eindruck, dass die Menschen, die sich mit dem Thema ‚Wunderheilung' befasst haben, häufig extreme Ansichten vertraten. Sie waren entweder in Gänze dagegen oder haben sie in Gänze befürwortet, wo weder das eine noch das andere gerechtfertigt ist."[50]

Extreme Überzeugungen! Wie der Widersacher es liebt, wenn Menschen, die behaupten, für Gott zu sprechen, unnachgiebige Positionen zu Themen vertreten, bei denen die Bibel mehr als eine Sichtweise oder Interpretation zulässt.

Frost sagte weiter:

> *Bei dem Versuch, den Frieden und den positiven Einfluss der Kinder Gottes zu zerstören, hat Satan verschiedene Angriffsmethoden, und keine ist effektiver, als wenn er versucht, sie zu unausgewogenen und übertriebenen Positionen zu bringen … Jede Lehre kann leicht verzerrt werden, aber hier haben wir eine, die … kann durch denjenigen, der sie vertritt und ihre Vorteile genießt, schnell zu großer Unverhältnismäßigkeit ausufern. Und es scheint mir, dass dies viele Personen getan haben und noch tun – mit ernsten Konsequenzen.*[51]

Mir scheint, diejenigen, die bei dem Thema, ob Gott heute noch heilt, extreme Haltungen einnehmen, haben etwas gemeinsam: *ein Mangel an Demut.*

Auf der einen Seite gibt es diejenigen, die Gott erzählen, was er tun *muss,* und auf der anderen Seite sind da diejenigen, die Gott sagen, was er nicht tun *kann.* Ich möchte keine dieser beiden Positionen einnehmen. Wer bin ich denn, ich, das gewöhnliche irdische

Tongefäß, dass ich dem Meistertöpfer die Bedingungen diktiere und ihm sage, dass er mich *jetzt* heilen *müsse?* Wer bin ich denn, dass ich Gott sage, was er heutzutage tun kann und was nicht?

Unter dem Strich bedeutet dies: Er kann tun, was er will. *Er ist Gott.* Wie er schon im Buch Jesaja erklärt: „Meine Pläne verwirkliche ich, und was mir gefällt, das führe ich aus."[52] Und auch Hiob weist darauf hin: „Aber Gott allein ist der Herr. Was er sich vornimmt, das tut er auch, und niemand bringt ihn davon ab."[53]

Mir ist die Einstellung des Leprakranken sympathisch, der zu Jesus kam, am Boden niederkniete und sagte: „Herr, wenn du willst, kannst du mich heilen!" Matthäus berichtet, dass Jesus die Hand ausstreckte, den Mann berührte und sagte: „Ich will es tun! Sei gesund!"[54]

Manchmal will Gott sofort heilen und wird ein Wunder geschehen lassen, für das die moderne Medizin keine Erklärung hat. Ich erinnere mich so gut an eine enge Freundin, die schon lange Christ ist und unter einer schlimmen Knochenmarkserkrankung litt. Nachdem alle medizinischen Maßnahmen versagt hatten, gaben ihr die Ärzte noch eine kurze Zeit zu leben. Aber sie und andere beteten sehr intensiv, und als sie zur nächsten Untersuchung musste, traute der Arzt seinen Augen kaum. Dieser Mann glaubte nicht an Jesus Christus, aber nachdem er wiederholt Bluttests gemacht hatte, sagte er zu meiner Freundin: „Ich habe dafür keine natürliche oder medizinische Erklärung. Ihre Situation war wirklich hoffnungslos. Alles, was ich sagen kann, ist: Es ist ein Wunder."[55]

Und die Heilung war auch von Dauer! Selbst nach 15 Jahren geht es meiner Freundin immer noch gut.

In anderen Fällen jedoch – und aus Gründen, die wir oft nicht begreifen – ist er *nicht* willens, eine bestimmte Krankheit zu heilen, den Lauf einer Erkrankung umzukehren oder eine bestimmte Behinderung rückgängig zu machen. Wie beim Apostel Paulus, der ebenfalls unter einer Erkrankung litt, von der er nicht geheilt wurde, gibt Jesus aber dem Betreffenden stattdessen eine Extraportion seiner Gegenwart und Gnade.

Deshalb habe ich die Worte von Henry Frost auch über die Jahre so schätzen gelernt. Während er einerseits fest daran glaubte, dass Jesus mitfühlend ist, dass er Menschen heilen und Wunder vollbringen kann, unterwarf er sich andererseits dem Mysterium, dass Gott souverän ist und andere Pläne für uns hat.

Wenn ich einmal in den Himmel komme, werden Henry und ich an einem kristallklaren Fluss in einem Feld von Wildblumen sitzen und ein langes Gespräch führen. Doch für jetzt werde ich ihm erst einmal das letzte Wort in diesem Kapitel überlassen.

Wir sollten nie vergessen, dass Gott größer ist, als wir uns vorstellen können. Er kann noch heute Wunder vollbringen – und tut es auch – und besitzt noch genauso viel Macht wie zu der Zeit, als er auf der Erde lebte und die unterschiedlichsten Krankheiten und Leiden heilte.[56]

> ***Solange wir ihm das letzte Wort überlassen und eine dankbare Haltung haben, ob er nun auf unsere Gebete mit Nein antwortet oder mit Ja, können wir ihm frei unsere Wünsche darbringen, die unser körperliches Wohlsein betreffen, und das in der vollen Erwartung, dass er in irgendeiner Weise handeln wird.*** *Es gibt viele Christen, die schlicht deshalb nicht gesund oder kräftig sind, weil sie Gott nie darum gebeten haben, ihnen körperlich Genüge zu tun.*[57]

VIER

Welchen Nutzen haben meine Schmerzen?

Liebe ist etwas Strengeres und Großartigeres
als bloße Gutherzigkeit und Liebheit.
C. S. Lewis, Über den Schmerz

Freunde von mir, die gern in der Wildnis wandern (wenn ich könnte, würde ich sie glatt begleiten), erzählen mir, dass die besten Wege die sind, die sich hin und wieder „öffnen" und einen weiten Blick in die Richtung ermöglichen, aus der sie kommen, und einen in die, der ihnen zeigt, wie nah sie ihrem Ziel schon gekommen sind.

Mit anderen Worten: Es ist toll, an Aussichtspunkten haltzumachen und den Blick schweifen zu lassen. Wenn man dann auch in seinem Leben solche „Aussichtspunkte" findet, von denen man einen Blick auf den Horizont hat und alles aus der richtigen Perspektive betrachten kann, dann ist das ebenfalls großartig.

Ein abgeflachter, von der Sonne erwärmter Felsen an einem erhöhten Aussichtspunkt ist ein erstklassiger Ort, um ein leicht zerdrücktes Erdnussbutter-Marmeladen-Brot zu essen oder einen kleinen Schluck kühlen Wassers zu trinken.

Manche Wege winden sich aber auch endlos durch den Wald und führen uns nie aus dem schützenden Baumkronendach hinaus.

Die sind natürlich auch schön. Ich kann mich noch gut daran erinnern, wie ich solche Waldwege früher in Maryland entlanggewandert bin und besonders die Herbstnachmittage genossen habe. Ich genoss den Duft der gefallenen Blätter und das Rascheln des roten und goldenen Teppichs unter meinen Füßen. Die Erinnerungen sind zwar schwach, aber sie sind noch da!

Doch nach einigen Stunden möchte man etwas Himmel sehen. Man sehnt sich nach einem Aussichtspunkt – vielleicht auf einem kleinen Hügel oder einem hohen Felsen –, wo man den Blick auf den gewundenen Pfad werfen kann, den man bereits hinter sich gelassen hat, und sich in wohlverdienter Zufriedenheit über die geschaffte Strecke freuen kann.

Ich glaube, der Verfasser von Psalm 119 hatte einen solchen Ort gefunden, an dem er innehalten, Luft holen und einen langen Blick nach hinten werfen konnte – bevor er dann die Schultern straffte, den Gurt seines Rucksackes enger schnallte und seinen Weg weiter fortsetzte.

Seine Worte erinnern mich daran – an einem Tag, an dem ich diese Erinnerung dringend brauche –, dass Gott, auch wenn wir während unseres kurzen irdischen Aufenthalts viel Schmerz und Leid erfahren, weiß, wie er sogar solche Enttäuschungen zu etwas Positivem wenden kann. Ich möchte auf den nächsten Seiten mehrere dieser positiven Seiten aufgreifen – und dafür danken.

Nutzen Nr. 1: Leiden kann uns davon abhalten, eine gefährliche Richtung einzuschlagen

Während er auf sein Leben zurückblickt (vielleicht sogar auf seinen Wanderpfad), schrieb der Psalmist die folgenden Worte in sein Tagebuch:

Ich bin viele Irrwege gegangen, bis ich mir eingestehen musste: „So geht es nicht weiter!" Daher will ich mich jetzt nach deinem Willen richten (Psalm 119,67).

„Nun, das habe ich doch schon mal gehört", mögen Sie einwenden. „Das ist wirklich nichts Neues."

Aber denken Sie doch einmal darüber nach: Für diesen Mann *war* das an diesem speziellen Punkt seines Lebens vermutlich etwas Neues. Und dieser Gedanke ließ ihn innehalten. Es ging ihm plötzlich auf, dass die Probleme in seinem Leben – auch wenn sie schlimm, bestürzend, lästig oder schmerzhaft waren und ihn unter Druck gesetzt haben – auch etwas Gutes gehabt hatten und dass Gott sie wahrscheinlich zugelassen hatte, damit er sich in gewisser Hinsicht positiv entwickelte.

Sagen Sie, was Sie wollen, aber das ist für jeden eine tiefgreifende Erkenntnis.

Nein, der Psalmist sagte nicht, dass die Probleme an sich gut waren. Keineswegs! Aber als er darauf zurückblickte, konnte er jetzt ehrlich zugeben, dass sie positive Auswirkungen gehabt hatten.

Die Probleme brachten eine *Wende* herbei … und er brauchte eine Wende.

Er war in eine Richtung unterwegs gewesen und dann – *rums!* – wurde er durch dieses Was-auch-immer-Ereignis ausgebremst.

Der Verfasser des Psalms gibt freimütig zu, dass er vor diesem Problem – einer Verletzung, einer Erkrankung, einem finanziellen Rückschlag, einer zerbrochenen Beziehung, wer weiß? – einen unklugen, ungesunden Weg eingeschlagen hatte. In seinem tiefsten Inneren wusste er vielleicht, dass er auf dem Holzweg war. Und trotzdem konnte oder wollte er nicht umkehren. Der Weg, dem er so entschieden folgen wollte, hätte ihn zu einer dummen Eheschließung, einem leichtfertigen Geschäftsabschluss, Alkoholismus, Pornografie, Entfremdung von seinen Kindern, kriminellen

Handlungen oder vielleicht einfach zu einem stolzen, leichtsinnigen Lebensstil verführt, in dem Gott nur noch eine Nebenrolle spielte.

Dann kam *das Problem*. Die schlechte Erfahrung, die sich als etwas Gutes entpuppte.

Die Verletzung. Die Enttäuschung. Der Rückschlag. Die Kündigung. Die Ablehnung. Der Liebeskummer. Die Scheidung. Das Versagen. Die Diagnose des Arztes.

Dieser „Eindringling" – was auch immer es war – packte ihn bei den Schultern und zerrte ein wenig (oder viel) an ihm und brachte ihn zurück auf Kurs. Und jetzt, nachdem er schon viele Kilometer auf der richtigen Straße unterwegs war, blickte er zurück und sagte zu sich selbst: „Weißt du, das war wirklich eine *sehr* harte Sache, aber ich bin Gott dankbar dafür! Herr, du bist gut und du tust Gutes. Ich bin so dankbar. Wenn ich weiter in diese Richtung gegangen wäre – wenn ich darauf bestanden hätte, meinen eigenen Weg zu gehen –, wer weiß, was dann passiert wäre?"

Das bedeutet nicht, dass alle Schwierigkeiten sich plötzlich in Luft auflösten. Nein, in den folgenden Versen wird angedeutet, dass sich zumindest an einigen Umständen, die ihm großen Kummer bereiteten, nichts änderte. Aber während er über diese Dinge nachdachte, machte sich Zuversicht in ihm breit:

> *Für mich war es gut, dass ich erkennen musste: „So geht es nicht weiter!" Denn da erst lernte ich, wie hilfreich deine Gebote sind* (Psalm 119,71).

Nutzen Nr. 2: Leiden erinnert uns daran, wo unsere wahre Stärke liegt

Das Szenario, das ich gerade beschrieb, ist wirklich typisch für Gott. Diese Sichtweise des eigenen Lebens widerspricht der Art und Weise, wie die meisten Menschen normalerweise denken oder reagieren.

Einer der Gründe, weshalb ich *weiß*, dass die Bibel wahr ist, ist die Tatsache, dass ihre Weisheit konsequent dem gewöhnlichen menschlichen Denken zuwiderläuft. Gottes Wort hält sich nicht an menschliches Denken und menschliche Philosophien, versucht nie, „in" zu sein, sich anzupassen oder sich irgendwie wichtig zu machen.

Nein, Gottes Wahrheit *ist* einfach. Wie ein thronender Berg, majestätisch und gelassen, der den Horizont beherrscht, gänzlich unberührt bleibt, wenn Wind und Wetter toben oder die wankenden Urteile der sogenannten Meinungsmacher unserer Gesellschaft über ihn hinwegfegen.

Denken Sie nur an das, was die Bibel über menschliche Stärke sagt.

Wenn wir die biblischen Geschichten lesen, dann fällt auf, dass wahre Stärke – die Art Stärke, die Schlachten gewinnt, unmögliche Hindernisse überwindet und sich Gegenwind aussetzt – Hand in Hand mit *Schwäche* geht.

Nun, das ist nicht gerade eine sehr populäre Vorstellung. Es ist definitiv nicht Hollywood-verdächtig. Und dennoch finden wir unzählige Berichte in der Bibel, die zeigen, dass es stimmt. Diejenigen, die sich stolz auf ihre eigene Kraft und ihre eigenen Fähigkeiten verlassen, versagen immer wieder. Diejenigen hingegen, die ihre Schwäche und Bedürftigkeit anerkennen, die in ihrer Gebrochenheit, in ihrer Enttäuschung und völligen Unfähigkeit zu Gott schreien, die erkennen, dass sie Jesus Christus nicht teilweise, sondern ganz brauchen, bekommen Kraft, die weit über ihre eigene hinausgeht.

Einer der letzten Aussprüche von Jesus im Neuen Testament vor der Offenbarung ist an den Apostel Paulus gerichtet: „Meine Gnade ist alles, was du brauchst! *Denn gerade wenn du schwach bist, wirkt meine Kraft ganz besonders an dir.*"[58]

Die Übersetzung von „wirkt ganz besonders" geht auf denselben griechischen Begriff zurück, den Jesus benutzte, als er mit seinem letzten Atemzug am Kreuz schrie: „Es ist vollbracht."

Tetélestai! Vollendet. Fertig. Vollbracht. Voll bezahlt.

Jesus sagte zu Paulus in seiner Schwäche: „*Teleítai!* Meine Kraft ist in dir vollbracht oder zur *Vollendung* gebracht in deiner Schwachheit oder Gebrechlichkeit."

Ah, da ist der Haken. Um die unvergleichliche Auferstehungskraft „anzapfen" zu können, müssen wir erst durch und durch davon überzeugt sein, dass wir am Ende sind. Und dann müssen wir uns mit ganzem Herzen an ihn wenden. Wie C. S. Lewis einmal treffend schrieb, wir müssen uns „in Jesus fallen lassen".

Sie denken vielleicht, dass jemand wie ich, der im Rollstuhl sitzt, leicht reden hat. Aber das war nicht immer so.

Ich weiß nicht, wie lange es her ist – es war wohl, als ich an der *University of Maryland* war, in den späten Sechzigern oder frühen Siebzigern –; es war in den frühen Tagen meiner Lähmung, als ich großen Wert darauf legte, „unabhängig" zu sein. Ich erinnere mich noch, wie ich über den großen Campus rollte, mein Gesicht eine Maske der Entschlossenheit, mit der festen Absicht, „meinen eigenen Weg" zu gehen.

Absurd? Ja. Die Wahrheit nicht anerkennen wollen? Wahrscheinlich. Zum Scheitern verurteilt? Natürlich.

Dennoch, ich war fest entschlossen, dass man in meinen Kursen keine besondere Rücksicht auf mich nehmen oder mir helfen sollte und dass ich allein in der Cafeteria essen würde, indem ich einen besonderen Löffel benutzte, der an meiner Armschiene befestigt war. Ich wollte nicht irgendwie „anders behandelt“ werden, obwohl meine Bedürfnisse und Herausforderungen sich immens von 99 Prozent meiner Kommilitonen unterschieden.

Die Wahrheit ist, ich wollte nicht, dass jemand mich für „schwach“ oder „bedürftig“ hielt.

Weil ich mit dieser Einstellung an mein Leben heranging, gab es einen Bibelvers, den man nie in meiner Gegenwart zitieren durfte. Er steht im 1. Brief an die Korinther, Kapitel 12, Vers 23, wo Paulus sagt, man solle die schwächeren Glieder des Körpers mit besonderer Ehre behandeln. Dieser Vers hatte für mich eine Habt-Mitleid-mit-den-Armen-und-Unglücklichen-Perspektive in Bezug auf Menschen, die wie ich im Rollstuhl saßen. Mit *besonderer Ehre* behandeln? Nein. Mich doch nicht. Ich war jung und stark. Ich war unabhängig. Ich war nicht schwach. Ich konnte das schaffen. Sehen Sie, was ich meine?

Jahre später sickerte Gottes Weisheit in meine Seele. Manchmal braucht man etwas länger, nicht wahr? Und ich erkannte, was 1. Korinther 12 wirklich bedeutet. Es geht in dem Vers nicht darum, die armen Behinderten zu bemitleiden. Im Gegenteil. Ich glaube, im gesamten Kapitel wird deutlich gemacht, dass wir *alle* schwach sind, *alle* bedürftig, ob wir es nun gern zugeben oder nicht. Und was genau brauchen wir? Wir, die wir zum Leib Christi gehören, brauchen einander. Es ist nur zufällig so, dass die Schwachheit von einigen Personen (wie mir) offensichtlicher ist.

Menschen, die eine offensichtliche Behinderung haben, verstehen bereitwilliger, was es bedeutet, schwach und bedürftig zu sein. Vielleicht geht uns deshalb etwas schneller ein Licht auf, wenn wir den Apostel Paulus sagen hören: „Darum will ich vor allem auf meine Schwachheit stolz sein. Dann nämlich erweist sich die Kraft Christi an mir ... Denn ich weiß: Gerade wenn ich schwach bin, bin ich stark.“[59]

Da ist das Thema wieder: Stärke aus der Schwäche heraus. Tiefgründige Weisung fürs Leben, die geradezu aus scheinbar unverrückbaren, uns im Weg stehenden Hindernissen hervorgeht.

Ich muss da an meinen Schulfreund Bobby denken, der Gott nie ernst nahm, bis er vom Unglück getroffen wurde. Sein Leben hatte nur ein Ziel: ein *American Football*-Stipendium für eine der zehn Top-Universitäten des Landes. Als er jedoch in der zehnten Klasse war, wurde er an der Fünf-Yard-Linie zu Boden geworfen. Zwei Operationen und drei Spielzeiten auf der Ersatzbank führten dazu, dass er ernsthaft ins Grübeln kam. Das Leben war kurz. Wo lagen seine Prioritäten?

Heute interessiert er sich immer noch sehr für Sport. Er trainiert nach Feierabend die *Tiny Tornadoes*. Aber seine Prioritäten sind klarer. Bibelstudium und Gebet haben in seinem Kalender ihren festen Platz. Ich glaube nicht, dass das passiert wäre – zumindest glaubt Bobby das nicht –, wenn es nicht zu diesem schmerzhaften Schicksalsmoment an der Fünf-Yard-Linie gekommen wäre.

Und dann das, was den Nachbarn passierte, die früher in meiner Straße wohnten. Als die südkalifornische Wirtschaft florierte, hatten Brian und seine Familie alle materiellen Statussymbole, die ihr Herz sich wünschte. Doch dann brach die Wirtschaft des Staates ein. Brian verlor seinen Job und war gezwungen, ernsthaft nachzudenken.

Tatsächlich wird Ihnen die Familie heute erzählen, dass dies das Beste war, was ihnen passieren konnte. Sie entdeckten, dass Gott immer noch auf dem Thron saß, tiefen Anteil an ihrem Leben nahm und für sie sorgte, als sie wieder auf die Füße kamen. Sie fanden auch heraus, dass Familie wichtiger ist als Besitz und dass ein staatliches College für ihre Tochter, deren Herz an *Princeton* hing, doch nicht das Schlechteste war. Ich glaube nicht, dass meine Nachbarn diese Lektion gelernt hätten, wenn Brian nicht seinen Job verloren hätte.

Erinnern Sie sich noch an die Worte des Psalmisten?

„Für mich war es *gut*, dass ich erkennen musste: ‚So geht es nicht weiter!' Denn da erst lernte ich, wie hilfreich deine Gebote sind."

Und zuletzt denke ich noch an meinen 26 Jahre alten Cousin, dessen Freundin ihm den Verlobungsring zurückgab. Er ließ ihn monatelang auf seiner Kommode liegen – als Zeichen dafür, dass sein Liebesleben gescheitert war. Schließlich verarbeitete er seinen Kummer, indem er sich um ein vernachlässigtes Kind kümmerte, das zwei Häuser weiter wohnte und nie wirklich einen Vater gehabt hatte. Er nahm den Jungen am Wochenende auf ein Gestüt mit und brachte ihm das Reiten bei. Das half dem vernachlässigten Jungen, erwachsen zu werden. Er erkannte, dass seine Probleme, die in seinen Augen so groß waren, in Wahrheit Peanuts waren.

Zwei Jahre später wollte mein Cousin ein Geschenk kaufen und erspähte in der Buchhandlung eine honigblonde Frau mit einem umwerfenden Lächeln, die durch einen Pferde-Kalender blätterte. Sie unterhielten sich und stellten fest, dass sie noch mehr Gemeinsamkeiten hatten als die Reiterei. Er nahm sie am folgenden Wochenende mit zum Reiten, ging mit in die Single-Gruppe ihrer Gemeinde, und nicht lange danach kam von ihr ein lautes Ja, als er ihr auf ihrer Verandaschaukel *die Frage* stellte. Heute denkt er nur mit Schaudern daran, dass er sie vielleicht nie getroffen hätte. Und offen gesagt hätte sich alles nicht so entwickelt, wenn er nie den Schmerz der Zurückweisung durch seine erste Freundin gefühlt hätte.

Wer kann schon verstehen, wie Gott uns führt? Wie Salomo feststellte: „Gott lenkt die Schritte des Menschen; wie kann der Mensch sein Leben überblicken?"[60]

Die Wahrheit ist, dass Sie und ich – falls wir überhaupt irgendetwas erkennen – nur den schwächsten Umriss oder Schatten von Gottes Plan und Absicht sehen. Seine Wege sind oft mysteriös, und es übersteigt unserer Fähigkeiten, seine Taten zu analysieren oder vorauszusehen, was er als Nächstes tun wird.

Der Prophet Jesaja fragte: „Wer kann den Geist des Herrn fassen? Wer war sein Lehrer, wer hat ihn beraten?“[61]

Die Antwort ist: Niemand. Zu keiner Zeit.

Aber auch wenn unserem Verständnis Grenzen gesetzt sind, dämmert es uns mit der Zeit und durch viel Gebet doch irgendwie. Und wir entdecken, was Jeremia uns vor so vielen Jahrhunderten sagte: Gott will uns wirklich Hoffnung und Zukunft schenken. Auch wenn sein Weg mit uns durch Schmerzen führt.

Nutzen Nr. 3: Leiden stellt die verlorene Schönheit wieder her, die wir haben, wenn wir zu Christus gehören

Vielleicht machen Sie sich – wie ich gelegentlich – Gedanken darüber, dass die Sorgen, Schwierigkeiten und der Kummer des Lebens Sie irgendwann aufreiben, Ihnen Ihre Freude und Ihre Hoffnung nehmen und Ihnen das Strahlen rauben, das Sie einst als Christ besaßen.

Tatsächlich können all diese Probleme auch genau das Gegenteil bewirken.

Es sind nicht die Verletzungen, Rückschläge und Schrammen, die uns die Frische und die Schönheit eines Lebens mit Christus rauben. Es ist wahrscheinlicher, dass achtlose Leichtigkeit, leerer Stolz, allzu irdische Bedürfnisse und zu viel Wohlstand einen Schmutzfilm über unsere Seele legen.

Ich vergesse nie, wie ich vor Jahren in Paris die Chance hatte, *Notre Dame* zu besichtigen. Da war sie, fast tausend Jahre alt und riesig und … schwarz. Ich hatte noch nie so eine schmutzige Kathedrale gesehen! Nach Hunderten von Jahren von Ruß, Staub und Rauch war *Notre Dame* mit Schichten von schwarzem Schmutz bedeckt. Es war sogar schwierig, die wundervollen Skulpturen und andere Details an der Fassade auszumachen.

Aber dann durchlief die große alte Kathedrale eine jahrelange Restaurationsphase. Ein Baugerüst wurde aufgestellt und das gesamte Äußere wurde mit dem Sandstrahler bearbeitet. Ich war sprachlos, als ich ein aktuelles Foto der Kathedrale sah. Sie war wunderschön und so ganz anders, als ich sie in Erinnerung hatte. Ich frage mich, ob die Menschen, die seit Jahren in ihrem großen Schatten leben, sie überhaupt wiedererkennen.

Die alten Steine leuchteten strahlend und golden. Man konnte die Arbeiten der Bildhauer erkennen, die jahrzehntelang nicht sichtbar gewesen waren. Es war wie eine andere Kathedrale. Was für ein Wunder ein Sandstrahler vollbringen kann!

Wenn ich darüber nachdenke, wie dieser Reinigungsprozess die Kathedrale in Paris veränderte, dann muss ich auch an die Art und Weise denken, wie Gott Leiden gebraucht, um Sie und mich zu „sandstrahlen". Es gibt nichts, das die Fassade, mit der Sie und ich uns so sorgfältig ummanteln, so gut entfernt wie echte Bedrängnis. Sorgen und Schmerzen gehen unter die Oberfläche unseres Lebens und reißen die in vielen Jahren angesammelte Teilnahmslosigkeit und all unsere Versäumnisse fort. Wenn Schmerzen und Probleme dafür sorgen, dass wir uns an den heiligen Gott wenden, wird das Leiden zwangsläufig Jahre von Schmutz entfernen. Sorgen wirken auf unseren Charakter wie ein Presslufthammer, der uns aufrüttelt und unseren Griff von allem löst, was wir festhalten.

Doch dieser Prozess, in dem wir uns, bildlich gesprochen, bis aufs Hemd entblößen und „sandbestrahlt" werden, bis wir uns leer und hilflos fühlen, hat auch etwas Schönes: Gott kann uns mit sich selbst füllen. Wenn Stolz und Belanglosigkeit entfernt sind, kann Gott uns mit der sicheren Hoffnung füllen, dass er uns Anteil an seiner Herrlichkeit gibt![62]

Man kann aus einem Buch nichts über das Leiden lernen – nur die Erfahrung vermag dies. Es macht einen bedürftig, sodass man durch Glauben mit Gottes Geist gefüllt werden kann.

Worin der Nutzen liegt? Der Vorgang des göttlichen Sandstrahlers kann etwas ausgesprochen Schönes hervorbringen – nicht nur außen, sondern auch innen. Und die Menschen sehen vielleicht etwas in Ihnen, eine Art Anmut oder Lebensqualität, die ihnen nie zuvor aufgefallen ist oder die sie jahrelang nicht sehen konnten.

Es war Nathaniel Hawthorne, der sagte: „Der christliche Glaube ist eine großartige Kathedrale mit göttlich bebilderten Fenstern. Steht man draußen, sieht man keine himmlische Herrlichkeit, noch kann man sich überhaupt eine vorstellen [vielleicht sehen Sie wie ich eine eher dunkle und dreckige Kathedrale]; steht man in ihr, enthüllt jeder Lichtstrahl eine Harmonie unaussprechlichen Glanzes.“[63]

Lassen Sie also zu, dass die Probleme und Sorgen ihre Arbeit leisten. Das Ergebnis?

Nichts weniger als der unaussprechliche Glanz Christi in Ihnen, die sichere Hoffnung, dass Sie Anteil haben an seiner Herrlichkeit.

Nr. 4: Leiden kann unseren Durst nach Christus verstärken

In meiner Jugend habe ich einmal eine anstrengende Rucksacktour durch die *Rawah*-Wildnis im Norden von Colorado gemacht. Auch wenn diese Reise lange her ist – vor dem Unfall stattfand, der meine „Wanderkarriere“ beendete –, erinnere ich mich noch an das Abenteuer, als sei es erst gestern gewesen ... Ach, dieser brennende Schmerz in meinen Beinen, während wir die steilen Berge hinaufwanderten. Die heiße Hochgebirgssonne auf meinem Gesicht. Am besten erinnere ich mich daran, wie ich meine Feldflasche nach einem langen ermüdenden Morgen in den Cache-la-Poudre-Fluss tauchte.

Es war nicht so, dass ich meine Feldflasche unbedingt genau dort füllen *musste*. Sie war eigentlich fast voll. Aber nach Stunden in der heißen Sonne war das Wasser warm und schmeckte etwas verbraucht und metallisch. Und warum *das* trinken, wenn es einen fließenden Bergfluss mit frischem, kristallklarem, eiskaltem Wasser genau zu meinen Füßen gab? Auf keinen Fall würde ich da das lauwarme Wasser aus meiner Feldflasche trinken! Wenn man das einzig Wahre hat, warum den Durst ans Zweitbeste verschwenden?

Ich dachte an diesen Morgen am Cache la Poudre zurück, als ich vor Kurzem einen bestimmten Vers im Buch Jeremia las. Gott sagt dort seinem Propheten: „Denn mein Volk hat eine doppelte Sünde begangen: Erst haben sie mich verlassen, die Quelle mit frischem Wasser, und dann haben sie sich rissige Zisternen ausgehauen, die das Wasser nicht halten.“[64]

Nun, meine Feldflasche mit dem metallischen Geschmack und dem warmen Wasser konnte zwar die Flüssigkeit halten, aber ich denke, Sie verstehen, was ich meine. So viele von uns halten sich an zweitbeste Dinge, die einen einfach nicht erfüllen.

Und hier ist das Alarmierende daran: Gott nennt genau das Sünde.

Es ist eine Beleidigung für ihn, wenn wir Christen zwar einerseits genau wissen, dass Jesus das klare, frische, befriedigende lebendige Wasser ist, und wir uns aber dennoch den Attraktionen dieser Welt zuwenden und uns einreden, dass solche Ersatzfreuden wahrhaft erfrischen und befriedigen.

Wo haben wir denn unseren Kopf? Wenn wir irdische Dinge den göttlichen vorziehen, dann ist das so, als ob wir das Innere einer heißen, leeren, rissigen Feldflasche lecken und sagen: „Oh ja, mehr davon! Es schmeckt so wunderbar. Es ist so erfrischend!“ Also wirklich, nicht mal uns selbst können wir davon überzeugen. Dennoch versuchen wir es immer wieder.

Jesus ist *die* Quelle des lebendigen Wassers, und wenn wir von ihm trinken, dann fließen aus uns *Ströme* lebendigen Wassers. Doch wir stellen uns gegen Gott, wenn wir zwar wissen, dass Jesus der

Einzige ist, der uns erfüllt, aber immer noch in Staub und Sand herumgraben und uns in den Zisternen bedienen, die doch nicht einmal eine halbe Teetasse abgestandenes Leitungswasser halten können.

Wir stellen uns gegen Gott, wenn wir ihm dadurch zu verstehen geben, dass Jesus uns eigentlich nicht zufrieden macht. Dass er nicht genug ist. Dass er nicht erfrischt. Dass wir noch etwas brauchen, etwas anderes. Etwas Besseres.

Und ich glaube, genau das ist der Punkt, an dem Gott manchmal die Schwierigkeiten in unser Leben hineinbringt oder diese zumindest zulässt. Manchmal sind wir so verliebt in unser blechernes, abgestandenes Feldflaschenwasser, dass wir nicht einmal den vorbeiströmenden kristallklaren Strom zu unseren Füßen bemerken. Wir vergessen ihn einfach. Aber wenn dann Prüfungen und Leiden über unser Leben hereinbrechen, dämmert uns, dass all unsere Ersatzgötter uns schmerzlich wenig helfen können.

Durstig, ausgetrocknet und unsagbar müde schieben wir schließlich unsere undichten Feldflaschen zur Seite und fallen neben dem nie versiegenden Strom auf die Knie. Wir kommen zurück zur Quelle. Und wenn wir das tun, wird uns manchmal bewusst: Wenn Gott den Schmerz oder das Leiden in unserem Leben nicht zugelassen hätte, wären wir vielleicht *jahrelang* herumgewandert und hätten von abgestandenem, rationiertem Feldflaschenwasser gelebt, statt unser Gesicht in die Quelle der Erneuerung und des Lebens zu tauchen.

Wenn wir es zulassen, wird Leiden uns zum Ufer des Stromes bringen, an dem wir immer einen großen kühlen Trunk der erfrischenden Gnade unseres Gottes finden.

Nutzen Nr. 5: Leiden kann die Frucht, die wir bringen, vergrößern

Während ich gerade aus meinem Fenster schaue, fallen mir die Knospen an einigen Obstbäumen auf, ein Anblick, der immer wieder mein Herz berührt und mich an ein eindringliches Kindheitserlebnis erinnert.

Etwa um diese Jahreszeit pflegte unsere Familie früher die Koffer zu packen und nach Maryland zu fahren, in die Nähe der kleinen Stadt Hancock, wo mein Onkel Don und meine Tante Emma lebten. Sie hatten eine kleine Apfelfarm. Ihr Haus schmiegte sich an eine Anhöhe, die Obstgärten wie ein weiter Rock unter ihnen ausgebreitet. Zu Frühlingsbeginn war jede Baumreihe mit duftenden weißen Blüten übersät. Wenn man auf der hinteren Veranda stand, konnte man den Duft riechen und das Summen der emsigen Bienen hören.

Es war wirklich eine wunderschöne Obstplantage, und ich hoffe, sie ist immer noch da. Aber selbst wenn sie platt gemacht wurde, weil sie einem Einkaufszentrum weichen musste oder weil das Grundstück in Parzellen aufgeteilt wurde, ist sie mir noch lebhaft in Erinnerung. Denn auch sie birgt ein tiefes Geheimnis über Gott.

Frühlingsanfang ist Veredelungszeit. Onkel Don wählte bestimmte Bäume aus, suchte die richtige Stelle an der Rinde, zog sie ab und machte einen schrägen Schnitt ins Herz des Holzes. Dann nahm er einen kleinen Zweig, spitzte sein Ende an und schob den Pfropfen ins feuchte Zentrum des Baumes. Er umwickelte die neue Verbindung, damit sie kühl und feucht blieb. Später im Frühjahr würde neues Leben daraus entstehen: Blüten, die zu kleinen Knospen und zu wunderbarer Frucht wurden.

Aber diese Veredelung geschah nicht ohne Wunde, sowohl im Baum als auch am Zweig.

Wenn Sie den Baum zur Zeit der „Operation" interviewen könnten, wäre er vermutlich nicht allzu glücklich über die Aussicht, einen Schnitt bis ins Mark zu erhalten und diesen fremden Pfropf in seinem Fleisch zu spüren. Aber später im Sommer, wenn die reifen, üppigen Früchte schwer am neuen Ast hingen … nun, an dieser Stelle mag der Baum gewillt sein, seine Meinung zu berichtigen.

John Bunyan schrieb einmal:

> *Bekehrung ist nicht der glatt verlaufende, einfache Prozess, wie ihn sich manche vorstellen. Es ist natürlich eine Arbeit, die mit Wunden einhergeht, dieses Brechen der Herzen. Aber ohne Verwundung gibt es keine Rettung … Wo Veredelung ist, da gibt es einen Schnitt, der Steckling muss mit einer Wunde eingeführt werden. Ihn einfach außen anzustecken oder ihn mit einem Band zu befestigen, wäre nutzlos. Das Herz muss zum Herzen gerichtet werden, der Rücken zum Rücken, sonst fließt kein Saft von der Wurzel zum Ast. Und das alles muss durch eine Verwundung geschehen.*[65]

Während ich als Kind durch die Obstplantage spazierte, hätte ich mir nie träumen lassen, dass meine eigene Umkehr zu Gott so hart sein würde. Ich musste durch mein gebrochenes Genick lernen, dass es keine rettende Gnade, keine rettenden Werke ohne Verwundung gab. Ja, die Verwundung Christi am Kreuz, aber auch die Verwundung, wenn Sie und ich leiden und auf diese Weise bereit gemacht, zurechtgeschnitten und in den Körper Christi eingelassen werden – durch Schmerz und Leid. „Der Weg in Gottes neue Welt führt durch viel Leid", heißt es daher auch in der Bibel.[66]

Mein Leben als Christ ist ein solches Werk, das mit Leid einhergeht, gerade während dieser aktuellen Krise mit den chronischen Schmerzen. Mein Herz wurde an Gottes Herz angesetzt wie ein Steckling, der ins lebende Mark eines Apfelbaumes geschnitten wird. Ob es mir gefällt oder nicht, so ist es: Herz zum Herz und Rücken zum Rücken – mit ganz viel Zweifel, Furcht, Kummer und

Tränen. Es war bislang keineswegs ein glatt verlaufender, einfacher Prozess – und ist es bis zu diesem Tag nicht.

Jesus sprach ebenfalls über Veredelung: „Ich bin der Weinstock, und ihr seid die Reben. Wer bei mir bleibt, so wie ich bei ihm bleibe, der trägt viel Frucht. Denn ohne mich könnt ihr nichts ausrichten.“[67]

Vielleicht machen Sie ja gerade eine solche Zeit des Leids durch. Verlieren Sie nicht den Mut, denn Ihr Herz wird gerade an Gottes Herzen angepasst, und es gibt keine Erlösungsarbeit ohne Schmerzen. Ihr Leben wird dadurch so viel mehr Frucht bringen. Frucht, die Sie wahrscheinlich weder sehen noch davon wissen.

Denn diejenigen, die Gott liebt, veredelt er.

Erinnern Sie sich an das, was ich in diesen vielen Jahren gelernt habe: Ohne ihn können wir nichts tun. Aber *durch ihn*, wenn wir mit ihm verbunden sind und sein Lebenssaft durch unsere Zweige und Blätter strömt, haben wir die Kraft, die wir zum Leben brauchen. Er hat es uns versprochen.

Und irgendwie wird das Ergebnis von all dem Schneiden, Verwunden, Veredeln und Heilen eine Frucht jenseits dessen hervorbringen, was Sie je hervorgebracht haben.

Glauben wir das wirklich?

Vielleicht läuft alles auf Folgendes hinaus:

Glauben wir wirklich das, von dem wir sagen, wir glauben es?

Glauben wir, dass dieses Leben nur ein Durchgangsstadium ist, bevor das wirkliche Leben auf der anderen Seite mit Jesus im Himmel beginnt? Zählen wir wirklich darauf, dass Gott uns, obwohl sich unser irdischer Körper verändert oder vielleicht sogar nur noch stark eingeschränkt funktioniert, mit Christus bereits das wahre Leben geschenkt hat, auch wenn wir das jetzt noch nicht sehen können? Und dass dieses Leben wächst, gedeiht und Frucht bringt – im Hier und Jetzt und darüber hinaus in alle Ewigkeit?

Im 2. Brief an die Korinther, Kapitel 4, Vers 16 sagt Paulus: „Darum geben wir nicht auf. Wenn auch unsere körperlichen Kräfte aufgezehrt werden, wird doch das Leben, das Gott uns schenkt, von Tag zu Tag erneuert."

Für mich ist dieser Vers ungemein tröstend. Wir wissen alle, was es bedeutet, äußerlich zu verfallen, denn wir sehen es jedes Mal, wenn wir in den Spiegel blicken. Ich habe jedoch eine Freundin, die dieser Vers nicht nur tröstet, sondern der er auch Leben schenkt.

Melinda kämpft mit einer schweren Diabeteserkrankung. Ihr mussten dabei schon beide Beine durch Amputation abgenommen werden. Sie hat auch ihr Augenlicht verloren und mehrere Finger. Vor nicht langer Zeit rief sie mich an, um mir zu erzählen, dass die Ärzte einen weiteren Finger abnehmen wollen. Ich fühlte mit ihr, wie immer. Aber ich werde durch ihren Kampf auch inspiriert.

Und warum? *Weil Melinda den Mut nicht verloren hat.*

Die Diabetes mag ihr viel nehmen, aber *ihren Mut* nicht. Die Ärzte können *ihren Mut* nicht amputieren. Der Mensch an sich schwindet nicht nur sprichwörtlich dahin, Woche für Woche, Tag für Tag. Aber sie hat ihren Mut nicht verloren, weil sie ihr Vertrauen und ihre Zuversicht auf Jesus setzt. Melinda weiß, dass niemand, keine Krankheit, die wirkliche Melinda wegnehmen kann, denn Jesus erneuert sie Tag für Tag.

In gewisser Weise bin ich überzeugt, dass sie sogar stärker wird. Warum? Wie? Eben *weil* sie schwächer wird! Je stärker ihre körperlichen Möglichkeiten eingeschränkt sind, desto mehr hält Melinda sich an Jesus. Und je fester sie sich an Jesus hält, desto stärker wird sie.

Noch einmal: Glauben wir das wirklich? Glauben wir, dass das, was Jesus Paulus sagte, wortwörtlich wahr ist? Dass seine Kraft besonders in der Schwachheit wirkt? Ich glaube es. Und ich glaube es auch für Melinda. Auch wenn ich es nicht erklären kann, weiß ich, dass irgendwie, auf irgendeine Art und Weise, die Kraft von Gottes Sohn, des mächtigen Schöpfers und Erlösers der Welt, im Leben dieser jungen Frau vervollkommnet wird.

Die „Veredelung", die mit vielen Wunden einhergeht, sie aber enger mit Jesus verbindet, ist tiefgreifender, als man es erklären könnte.

Sie und ich mögen es mit unseren irdischen Augen nicht sehen, aber es wird gesehen ... von den Heerscharen des Himmels und der Hölle und vielleicht von den Heiligen, die ihr vorangegangen sind, jetzt die himmlischen Tribünen füllen und sie auf ihrem Lebenslauf anfeuern. Wer weiß schon, welche Frucht ihr Mut und ihr Glaube in der Ewigkeit bringen werden? Wagen wir es, darüber auch nur zu spekulieren?

Sie haben vielleicht keine Krankheit, die Sie aufzehrt, so wie Melinda, aber Sie wissen alle, was es bedeutet, wenn man äußerlich Tag für Tag verfällt. Vielleicht sind Sie gerade Ende fünfzig und die Veränderungen breiten sich unkontrolliert aus: Die Einschränkungen, die Schmerzen und Wehwehchen überfallen Sie ganz überraschend. Meiner Ansicht nach sind das alles kleine Warnzeichen. Kleine Wecker, kleine wehende gelbe Fahnen, kleine Signale, die uns daran erinnern, dass wir, während wir körperlich verfallen, Gott unsere Schwachheit bringen und erneuert und täglich stärker gemacht werden können.

Und wie es in Melindas Lieblingsversen weiter heißt:

Was wir jetzt leiden müssen, dauert nicht lange und ist leicht zu ertragen in Anbetracht der unendlichen, unvorstellbaren Herrlichkeit, die uns erwartet. Deshalb lassen wir uns von dem, was uns zurzeit so sichtbar bedrängt, nicht ablenken, sondern wir richten unseren Blick auf Gottes neue Welt, auch wenn sie noch unsichtbar ist. Denn das Sichtbare vergeht, doch das Unsichtbare bleibt ewig (2. Korinther 4,17–18).

Füße und Zehen, Hände und Finger, so wunderbar sie auch sind, sind nur „temporäres Zubehör", das uns dabei hilft, in dieser vergänglichen Welt zurechtzukommen. Aber die Seele ist ewig. Das allein ist all die „leichten, vorübergehenden Leiden" wert.

Fragen Sie Melinda.

FÜNF

Wie kann ich so weitermachen?

Zu jedem, der unter Anfechtung leidet, sagen wir, er soll Gott Zeit geben, seine Seele in Seiner ewigen Wahrheit zu stählen. Geh nach draußen, schau hinauf in die Tiefen des Himmels oder hinaus auf die Weite des Meeres oder auf die Kraft der Hügel, die auch Sein sind. Oder, wenn du körperlich gebunden bist, gehe im Geiste vorwärts; der Geist ist nicht gebunden. Gib Ihm Zeit, und so sicher, wie der Morgen der Nacht folgt, wird sich im Herzen ein Gefühl der Sicherheit ausbreiten, das nicht erschüttert werden kann.

Amy Carmichael

Im Dunkel der Nacht, nach zwei Uhr morgens, wenn die Schmerzmittel nachgelassen haben und der Schlaf verflogen ist, habe ich oft der schonungslosen Realität meines gegenwärtigen Lebens gegenübergestanden und mich gefragt: *Wie kann ich so weitermachen?*

Wie kann ich eine weitere schlaflose Nacht ertragen?

Wie kann ich eine weitere morgendliche Routine ertragen, durch die ein schmerzgeschüttelter Körper, der einfach nicht mitspielen will, für den Tag bereit gemacht werden soll?

Wie kann ich meinen Verpflichtungen nachkommen, ein Vorbild sein, meine Verantwortung bei Joni and Friends *abgeben und an meiner Freude festhalten, wenn der Schraubstock des Schmerzes fester und fester um mich angezogen wird?*

Solche Fragen kommen natürlich auf.

Ich stimme manchmal in Davids Kummer ein und seufze: „Wie lange noch sollen Sorgen mich quälen, wie lange soll der Kummer Tag für Tag an mir nagen? Wie lange noch wird mein Feind über mir stehen?“[68]

Es ist in Ordnung, diese Frage zu stellen, und Gott wird durch die Fragen, die uns in schlaflosen Nächten quälen, sicher weder vergrault noch beleidigt. Aber es gibt auch eine Zeit, in der wir diese Fragen beiseitelegen und wieder über Antworten nachdenken sollten – gute, befriedigende Antworten, die er mir bereits im Laufe der Jahre gegeben hat.

Antwort Nr. 1: Ich kann weitermachen, weil Gott die ganze Zeit bei mir ist

An einem schwülen, heißen Julinachmittag vor fünf Jahren begingen Ken und ich das 38. Jubiläum eines ähnlichen Nachmittags im Jahr 1967, als ich mir das Genick brach. Wir luden sogar ein paar Freunde in unser Haus ein, um bei einem Abendessen mit den vielgelobten Krabbenfrikadellen meiner Mutter zu feiern.

Feiern – wie bitte?

Laut Lexikon ist mit „feiern“ gemeint, dass man einen besonderen Tag begeht oder eines Ereignisses mit Zeremonien oder Feierlichkeiten gedenkt. Ehrlich gesagt fällt mir kein besseres Wort ein, wenn ich an all die guten Dinge denke, die passiert sind, weil ich im Rollstuhl sitze. Dieses Jubiläum fand genau 38 Jahre nach dem schicksalhaften Tag meiner Verletzung statt und wir gedachten daran mit … Krabben.

Warum auch nicht?

Wir alle wissen, dass ich tot wäre, wenn da nicht die muntere Krabbe in der Chesapeake Bay gewesen wäre, die meine Schwester im Wasser biss. Als das kleine Schalentier nach ihrem Zeh schnappte, wirbelte sie herum und rief mir zu: „Joni, pass auf, da sind Krabben!“ Kathy hatte keine Ahnung, dass ich gerade vom Floß gesprungen war. Sie wusste nicht, dass mein Kopf auf eine Sandbank geprallt war, die mein Genick brach – und dass ich mit dem Gesicht nach unten im Wasser trieb und den Atem anhielt, während ich verzweifelt hoffte, dass sie mich sehen und retten würde!

Glücklicherweise hatte Gott ihre Aufmerksamkeit durch eine Krabbe geweckt. Als Kathy mich nicht sehen konnte, war sie beunruhigt. Da entdeckte sie meinen blonden Schopf auf der Wasseroberfläche. „Joni!“, schrie sie. „Joni, ist alles in Ordnung?!“ Sie konnte nicht ahnen, dass ich Sekunden vor dem Ertrinken stand.

Sie kam gerade noch rechtzeitig zu mir geschwommen. Als Kathy mich ans Ufer zog, spuckte ich Wasser aus und japste nach Luft. Als ich meinen Arm um ihre Schulter geschlungen sah, dabei jedoch nichts fühlte, wurde mir übel. Ich wusste, dass etwas Schreckliches passiert war.

Von diesem Moment an war das Leben nie mehr dasselbe.

Und das ist so lange her.

Später, nachdem wir mit dem Abendessen fertig waren, nahmen wir uns Zeit, um unser Jubiläumsessen mit einer kurzen Lesung aus dem 5. Kapitel des Johannesevangeliums zu beenden.

In der Stadt befindet sich nicht weit vom Schaftor entfernt der Teich Betesda, wie er auf Hebräisch genannt wird. Er ist von fünf Säulenhallen umgeben. Viele Kranke, Blinde, Gelähmte und Gebrechliche lagen in diesen Hallen und warteten darauf, dass sich Wellen auf dem Wasser zeigten. Von Zeit zu Zeit bewegte nämlich ein Engel

Gottes das Wasser. Wer dann als Erster in den Teich kam, der wurde gesund; ganz gleich, welches Leiden er hatte. Einer von den Menschen, die dort lagen, war schon seit achtunddreißig Jahren krank. Als Jesus ihn sah und erfuhr, dass er schon so lange an seiner Krankheit litt, fragte er ihn: „Willst du gesund werden?"

An diesem Punkt hielten wir inne. „Seht euch das an", sagte ich lächelnd. „Da sitzen wir hier am 38. Jubiläum meiner Querschnittslähmung, und da heißt es, dass Jesus meint, 38 Jahre der Lähmung seien eine *lange Zeit*."

Was für ein Jubiläumsgeschenk! Der Herr des Universums, der außerhalb der Grenzen der Zeit lebt, der Alpha und Omega ist, Anfang und Ende, er, der existierte, noch bevor die Zeit begann – dieser Jesus meint, dass es eine *lange Zeit* sei, 38 Jahre lang zu leben, ohne die Beine benutzen zu können.

„Darüber bin ich froh", sagte ich und schüttelte meinen Kopf. „Denn *ich* denke auf jeden Fall, dass es eine lange Zeit ist."

Ich gebe zu, es gab Zeiten, da habe ich mich gefragt, ob Gott mitfühlt – ich meine, wirklich versteht, wie ich mich fühle, wie ich in meinem gelähmten Körper gestöhnt habe und wie weh es tat, als jedes Jahr mehr Schmerzen hinzukamen. Ich habe mich das aufgrund von Versen wie diesen oft gefragt: „Gott aber, von dem ihr so viel unverdiente Güte erfahrt, hat euch durch Jesus Christus zugesagt, dass er euch nach dieser kurzen Leidenszeit in seine ewige Herrlichkeit aufnimmt. Er wird euch ans Ziel bringen, euch Kraft und Stärke geben, sodass ihr fest und sicher steht."[69] Mir gefällt der Teil, in dem davon die Rede ist, dass er uns Kraft geben wird, aber der Vers scheint zu implizieren, dass 38 Jahre des Leidens nur als eine „kurze Zeit" gesehen werden. Mit anderen Worten: Es klingt in der Bibel so, als seien diese Jahre der Qual nur ein Augenblinzeln. *Weiß* denn Gott nicht, wie endlos es sich anfühlt, wenn man so viel Zeit im Rollstuhl verbracht hat? Ist ihm nicht bewusst, wie lange einem eine schlaflose, durch schneidende Schmerzen unterbrochene Nacht erscheinen kann? Was für eine Art Armbanduhr trägt er?!

Doch – er weiß es. Er ist sich dessen bewusst. Für mich hat die schöne Passage im Johannesevangelium etwas Ruhe in das ganze Thema gebracht. Ich stelle mir immer vor, dass sich die Augen von Jesus mit Tränen füllten, als er den gelähmten Mann auf der Strohmatte am Teich Betesda liegen sah. Er sah mehr als nur einen einsamen, behinderten Mann, der keine Hoffnung mehr hatte, aber verzweifelt wartete – an dem Wasser, von dem es hieß, es könne heilen. Stellen wir uns vor, wie Jesus niederkniete und ihn sanft berührte. Das Herz unseres Retters fühlte mit dieser armen Seele, deren Beine verkümmert und nutzlos waren. Es ist also sicher nicht falsch, wenn die Bibel sagt, Gott denke, 38 Jahre Lähmung seien eine lange Durststrecke.

Wie kann das sein? Zunächst erinnert uns der Psalmist daran, dass Gott weiß, „wie vergänglich wir sind; er vergisst nicht, dass wir nur Staub sind".[70] Doch um sich mit unserer Schwäche zu identifizieren, ist Gott unendlich viel weiter gegangen – weit über die bloße Mitteilung seines persönlichen Wissens um diese zerbrechliche irdische Hülle hinaus. Deshalb entschied der, der sich immer jenseits der Zeit befand, in die Zeit *einzutreten* und die vergehenden Stunden, Tage und Jahre mit jenen zu erleben, die er geschaffen hat. Er musste das nicht, aber er tat es. Und ich glaube, sein Heiliger Geist „erlebt" das Leben jeden Moment, Tag für Tag, Runde um Runde, Kilometer für Kilometer mit uns. Er freut sich, wenn wir ihm gehorchen (auch wenn er schon wusste, dass wir das tun würden), und er ist wirklich bekümmert, wenn wir ihm ungehorsam sind (auch wenn er das seit der Erschaffung der Erde ebenfalls wusste). Er ist zweifellos *bei* uns, teilt unsere Freuden und Kümmernisse, zählt unsere Tränen und erinnert uns flüsternd an seine Anwesenheit.

„Hast du denn vergessen, von wem du da sprichst?", mögen manche einwenden. „Jesus ist der Ewige, der die Galaxien über das All ausstreute und das Fundament der Erde legte. Was sind schon 38 Jahre für ihn? Weniger als ein Herzschlag!"

Ja, wenn wir die Sache vor dem Hintergrund der Tatsache beleuchten, dass Jesus ewig ist, ist jede irdische Zeitspanne weniger als ein einziges Ticken der Weltenuhr. Aus diesem Grund ist die ganze Geschichte der Erde „wie ein Tag, der im Flug vergangen ist, wie eine Stunde Schlaf"[71].

Als Jesus jedoch Mensch war, waren 38 Jahre mehr als seine ganze Lebenszeit. Er kennt die Zeit also aus persönlicher Erfahrung. Wie der Verfasser des Hebräerbriefes sagt: „Doch er gehört nicht zu denen, die unsere Schwächen nicht verstehen und zu keinem Mitleiden fähig sind."[72]

Der Gott, der die Zeit geschaffen hat, versteht die Zeit in allen ihren Dimensionen.

Auch bevor Jesus auf die Erde kam und der Prophet Jeremia in ein einsames Verlies unter dem Haus von Hofsekretär Jonatan gesperrt wurde, wird uns erzählt, dass er dort „lange Zeit" blieb.[73] Wie lange? Eine Woche? Einen Monat? Sechs Monate? Ein Jahr? Die Bibel sagt es uns nicht. Aber dem verzweifelten Propheten muss die Zeit an diesem furchtbaren Ort endlos erschienen sein. Als König Zedekia ihn schließlich zu einem Gespräch herausholen ließ, bat der Prophet: „Lass mich nicht wieder ins Haus Jonatans bringen. Dort komme ich um!"[74]

Im Johannesevangelium, Kapitel 14, Vers 9 wird davon berichtet, dass Jesus, kurz bevor er ans Kreuz ging, zu Philippus sagte: *„Ich bin nun schon so lange bei euch*, und du kennst mich noch immer nicht, Philippus? Wer mich gesehen hat, der hat auch den Vater gesehen. Wie also kannst du bitten: ‚Zeig uns den Vater'?"

Wie lange? Vielleicht dreieinhalb Jahre? War das so eine große Zeitspanne? Jesus zumindest dachte das. Es war sicherlich lang genug, dass Philippus und die anderen Jünger diese grundlegende Tatsache über das Wesen ihres Herrn verstanden haben sollten. Tatsächlich kann das Wort, das Jesus hier für „lange" benutzt, auch übersetzt werden mit „eine Zeit so groß wie diese".

Als er und seine Jünger über hundert Kilometer von Kapernaum nach Jerusalem wanderten, war das ein *langer* Weg und dauerte lange Zeit. Und als er sechs Stunden am Kreuz hing, waren das sechs sehr, sehr lange Stunden. Sechs Minuten wären da schon lang gewesen.

Eine Handvoll Jahre sind seit diesem Krabbenfrikadellen-Jubiläum vergangen. Ich habe jetzt mehr als 40 Jahre in meinem Rollstuhl verbracht und meine Knochen sind dünner und zerbrechlicher denn je. In der Bibel ist die Zahl 40 gewöhnlich eine Zahl, die eine Prüfung signalisiert. Wie die 40 Tage, die es während der Sintflut regnete, als Noah und seine Familie in der Arche waren, oder wie bei Jesus, der während der 40 Tage in der Wüste auf die Probe gestellt wurde, oder die Israeliten, die 40 Jahre in der Wüste umherwanderten.

Was denkt Gott über 40 Jahre Lähmung? Ich erhielt meine Antwort vor nicht allzu langer Zeit, als ich Josua, Kapitel 24, Vers 7 las, wo Gott seinen Kindern all die Prüfungen aufzählt, die sie nach dem Auszug aus Ägypten durchmachen mussten. Er erinnert sie zärtlich: „Danach habt ihr *lange Zeit* in der Wüste gelebt."

Jahre vergehen und Gottes liebevolle Güte nimmt in gleichem Maße zu. Vielleicht heißt es deshalb bei Jesaja: „Doch hängt nicht wehmütig diesen Wundern nach! Bleibt nicht bei der Vergangenheit stehen! Schaut nach vorne, denn ich will etwas Neues tun!"[75]

Ich weiß nicht, ob ich in meinem Leben je eine Wunderheilung erfahren werde. Aber ich weiß sicher, dass es nach 40 Jahren – nach einer 40 Jahre währenden Prüfung – immer auch Momente des Sieges, der Stärke und des Jubels gibt. Es ist ewig her, dass die Krabbe und ein gebrochenes Genick den Beginn von Gottes Plänen für mich und das Missionswerk einläuteten, das ich leite, um auch andere Behinderte mit Gottes liebevoller Güte zu erreichen. Alles, was ich weiß, ist, dass sich mit jedem Jahr mehr Menschen mit Behinderungen dafür entscheiden, Jesus nachzufolgen, eine Entscheidung, die auch Leid beinhaltet.

Mehr Menschen, die zur Ehre Gottes leben wollen.

Mehr Menschen, für die ein Lächeln vom Himmel ein Wunder ist, nicht trotz der Lähmung, sondern wegen ihr.

Ich kann Ihnen gar nicht beschreiben, wie wichtig mir diese biblischen Zusicherungen zum Thema „Zeitrahmen" während meiner jüngsten Kämpfe mit den nicht enden wollenden Schmerzen geworden sind. Wenn ich mir vorstellen müsste, dass ich an einen Gott glaube, der nur von Zeit zu Zeit von seinem „Ewigkeitsbetrieb" aufschaut, um alle paar Jahre mal nach mir zu sehen, dann weiß ich nicht, wie ich überleben sollte.

Wenn Sie chronische Schmerzen haben, dann messen Sie Ihr Leben vermutlich nicht mehr in Tagen, sondern in Stunden – und manchmal sogar in Minuten und Sekunden. Wenn ich nachts vor Schmerzen nicht schlafen oder mich bewegen kann und Ken nicht aufwecken möchte, damit er mich auf die andere Seite dreht, dann hilft mir nur das Wissen, dass Gott sich buchstäblich Atemzug für Atemzug, Herzschlag für Herzschlag, Augenblick für Augenblick um mich sorgt und mich versorgt.

Mit David blicke ich dankbar darauf, dass mein Herr meine körperlichen und emotionalen Bedürfnisse stillt:

> *Gekrümmt und von Leid zermürbt schleppe ich mich in tiefer Trauer durch den Tag. Von Fieber bin ich geschüttelt, die Haut ist mit Geschwüren übersät, zerschlagen liege ich da, am Ende meiner Kraft. Vor Verzweiflung kann ich nur noch stöhnen. Herr, du kennst meine Sehnsucht, du hörst mein Seufzen!* (Psalm 38,7–10).

Und ebenfalls mit David feiere ich, dass Gott unablässig bei mir ist und an mich denkt:

> *Deine Gedanken sind zu schwer für mich, o Gott, es sind so unfassbar viele! Sie sind zahlreicher als der Sand am Meer; wollte ich sie alle zählen, so käme ich doch nie an ein Ende* (Psalm 139,17–18).

Ist das nicht ein tolles Bild? Stellen Sie sich vor, wie der Sand jeder Düne, jeder Wüste, jedes Strandes zum goldenen Strom wird und sich immer weiter, immer höher zu den Wolken anhäuft! Das sind Gottes Gedanken, die er für jedes seiner Kinder hegt und deren Anzahl alle vorhandenen Sandkörner übertrifft. Der Fluss der weisen, liebevollen, aufmerksamen, beobachtenden, leidenschaftlichen, unendlich fürsorglichen Gedanken schwillt jeden Tag, jede Nacht an, solange wir leben und ewig darüber hinaus. Gott denkt unendlich mehr an Sie, als der Tag Sekunden hat.

Das ist ein Gedanke, der mir die Kraft zum Leben schenkt. Das ist eine Wahrheit, die es mir ermöglicht weiterzumachen, wenn ich eigentlich nicht mehr dazu in der Lage bin.

Und hier ist noch eine Antwort, die mir dabei hilft:

Antwort Nr. 2: Ich kann weitermachen, weil ich weiß, dass Gott ein kaputtes Instrument gebrauchen kann, um unvergleichliche Musik zu machen

Jack Reimer, ein bekannter Kolumnist, schrieb einen Artikel über den großen Geiger Itzhak Perlman. Perlman hatte als Kind Kinderlähmung und bewegt sich mithilfe von Krücken und Schienen vorwärts. Anstatt aber dafür zu sorgen, dass er schon zu Beginn der Vorstellung auf der Bühne sitzt, zieht er es vor, gezielt langsam über die Bühne zu gehen, bis er seinen Stuhl erreicht. Dann setzt er sich, legt seine Krücken auf den Boden, öffnet die Spangen an den Beinschienen, beugt sich hinunter, nimmt seine Violine auf, nickt dem Dirigenten zu und beginnt zu spielen. Dieses Ritual hat etwas Erhabenes, so Reimer.

Während eines Konzerts im Jahre 1995 riss plötzlich eine Saite von Perlmans Violine und jeder im Publikum konnte es hören. Der große Virtuose hielt inne und blickte auf die gerissene Seite, während die Zuhörer überlegten, was er wohl jetzt tun würde. Perlman schloss die Augen, und nach einem kurzen Moment des Nachdenkens gab er dem Dirigenten das Zeichen, erneut zu beginnen.

Obwohl jeder, der etwas von Musik versteht, weiß, dass es unmöglich ist, eine Symphonie mit nur drei Saiten zu spielen, war Perlman unverzagt. Man sah regelrecht, wie dieser herausragende Künstler das Stück in seinem Kopf neu komponierte, während er weiterspielte und sich neue Griffe überlegte, um seiner dreisaitigen Violine nie zuvor gehörte Klänge zu entlocken.

Das anspruchsvolle New Yorker Publikum sah und hörte voller Bewunderung zu, in dem Wissen, Zeuge einer wegweisenden Vorführung zu sein. Als das Stück vorüber war, brach sich der Sturm der Begeisterung in anerkennendem Applaus Bahn. Perlman lächelte, wischte sich den Schweiß von der Stirn und sagte in sanftem, andächtigem Ton: „Wissen Sie, manchmal ist es die Aufgabe eines Künstlers, herauszufinden, wie viel Musik man mit dem, was man übrig hat, noch machen kann."

Das ist eine weitere Wahrheit, die es mir ermöglicht weiterzumachen. Welche Saiten auch immer in unserem Leben gerissen sind – wenn wir uns konzentrieren, wenn wir das anwenden, was wir wissen, können wir trotzdem noch wundervolle Musik mit dem machen, was wir übrig haben. Es wird sogar Musik sein, die kein anderer auf die gleiche Weise spielen kann.

Das ist eine Lektion, die ich während meiner vielen Jahre im Rollstuhl gelernt habe – und an diesen Tagen (und Nächten), wenn mich meine chronischen Schmerzen quälen, erneut lernen musste. Manchmal muss man das nehmen, was übrig ist, und aus dem Leben etwas Neues und anderes zaubern. Das Leben wird eine neue Komposition, eine Aneinanderreihung neuer Akkorde.

Wenn Sie diese Analogie nehmen, dann sind schwerbehinderte Menschen keine gewöhnlichen Violinen, und Gott agiert in ihrem Leben nicht auf gewöhnliche Weise.

Menschen, die Verletzungen erlitten haben, welche zu Lähmungen führten, die an unheilbaren Krankheiten oder chronischen Schmerzen leiden, sind eben keine Standard-Musikinstrumente, die man aus dem Orchester kennt. Wir können nicht alles, was gesunde Menschen mit ihrer körperlichen Stärke, Beweglichkeit und Vitalität tun können. Es bedarf einer gewissen Geschicklichkeit, um einem kaputten Instrument wunderschöne Musik zu entlocken, und wer es schafft, der hat Lob und Anerkennung verdient.

Gott ist so jemand.

Gott ist derjenige, der unvergleichliche Schönheit findet und auf den unpassendsten und merkwürdigsten Instrumenten unvergleichliche Musik macht. Er ist derjenige, der Paulus, welcher sich mit einem störenden körperlichen Problem herumschlug, sagte: „Meine Gnade ist alles, was du brauchst! Denn gerade wenn du schwach bist, wirkt meine Kraft ganz besonders an dir.“[76]

Auf die gleiche Weise kommt seine Melodie, seine unvergleichliche, himmlische, unglaublich schöne Musik, irgendwie zu voller Geltung, wenn sie einem zerbrochenen, angeschlagenen, aber menschlich geformten Gefäß entspringt.

Es ist eine Musik, die nur von bestimmten Instrumenten kommen kann, die auf gewisse Art gebrochen und mit einer gewissen Demut ausgestattet sind. Ich glaube auch, dass genau das Gott auf eine bestimmte Weise verherrlicht, die völlig einzigartig ist auf der Erde oder in den Himmeln. Und das ist ein Gedanke, der mich weitermachen lässt.

Musik, die im Dunkeln gespielt wird, hat manchmal stärkere geistliche Kraft als Musik, die während eines Konzerts mitten am Tag im angenehmen Licht einer gut ausgeleuchteten Konzerthalle gespielt wird.

Vor ein paar Jahren saß ich bei einer großen Pastorenkonferenz, die auf den Philippinen stattfand, auf der Bühne. Ich war sehr aufgeregt, an so einem exotischen Ort zu sein, vor allem, da Regenzeit war. Und so fiel auch gerade Regen, während die Menge im großen Saal von einer kleinen Band von philippinischen Musikern unterhalten wurde. Ihre Musik war komplex und lebendig und die Zuhörer waren von der Darbietung begeistert.

Plötzlich erschütterte ein lautes Donnerkrachen den Saal und im nächsten Augenblick war die gesamte Konferenzhalle in Dunkelheit getaucht. Der mächtige Sturm hatte zu einem Stromausfall geführt. Aber niemand sah sich bemüßigt, dies den *blinden* Musikern mitzuteilen. Unbeeindruckt von der finsteren Dunkelheit des Saales spielten die Musiker weiter, ohne einen Ton auszulassen.

Als ihr Stück vorbei war, brach das Publikum in tosenden Applaus aus. Die Dunkelheit hatte bei uns eine einzigartige und erstaunliche Bewunderung für das enorme Talent bewirkt, das Gott diesen blinden Musikern gegeben hatte. Aber was die Anerkennung verstärkte, war die Tatsache, dass diese Künstler im Dunkeln *einfach weitergespielt* hatten.

Das Gleiche gilt, wenn wir für Gott leben. Natürlich loben wir Gott auch, wenn wir ihm folgen, während er unseren Weg erleuchtet. Schließlich sollte ein Jünger seinem Meister folgen. Aber wenn kein Licht Ihren Weg erhellt und Sie ihm trotz der Finsternis in Ihrem Leben folgen, wird die Lautstärke und Intensität des Gotteslobes um ein Vielfaches erhöht.

Etan, der Esrachiter, ein eher unbekannter Psalmist, schrieb in einer Zeit von offenbar landesweiter Dunkelheit: „Herr, glücklich ist das Volk, das dich jubelnd als König feiert! Du selbst bist unter ihnen und bringst Licht in ihr Leben. Sie freuen sich jeden Tag über dich und sind fröhlich, weil du deine Versprechen hältst. Du allein machst sie stark."[77]

Mit anderen Worten: Wenn es kein Licht gibt, mit dessen Hilfe wir die Noten lesen können, spielen diejenigen, die Gott in- und auswendig kennen, einfach weiter.

Und die Musik verändert die Dunkelheit und schafft in ihr einen Ort des Jubels.

Antwort Nr. 3: Ich kann weitermachen, weil Jesus mein Trost ist

Am vergangenen Sonntagnachmittag war ich ziemlich niedergeschlagen, weil ich im Bett bleiben musste und nicht in den Gottesdienst gehen konnte. Das kommt wegen meiner Schmerzen immer wieder vor, aber dieses Mal zog es mich richtig runter. Tief runter.

Ich lag auf der Seite und hatte meinen Laptop neben mir. Ich kann meinen Computer mit Stimmbefehlen bedienen, und so öffnete ich meine Bibel-Software, um einige Stellen nachzuschlagen.

Doch stattdessen öffnete sich ein Pop-up-Fenster mit einem Andachtstext von Charles Spurgeon. Normalerweise schließe ich diese Andachten mit einem Klick und mache mit meinem Bibelstudium weiter. Aber diese Andacht handelte von dem Trost, den uns der Heilige Geist schenkt. Ich sehnte mich nach etwas Aufmunterung und spürte, wie der Heilige Geist mir zu verstehen gab: *Schau es dir an, lies, was ich für dich tue!* Und das tat ich dann auch … und ich bin froh darüber. Es ging um die Werke von Gottes Geist, beschrieben auf eine Art und Weise, wie nur Spurgeon es kann.

Er sagte: „Jesus erquickt uns."

Diese drei kleinen Worte fielen mir ins Auge. Er erquickt uns aber nicht „sichtbar mit seiner persönlichen Gegenwart, [sondern] durch die Innewohnung und beständige Nähe seines Heiligen Geistes"[78]. Ja, die Aufgabe des Heiligen Geistes besteht darin, uns unsere Sünden bewusst zu machen sowie unsere Herzen zu erleuchten und anzuleiten. Aber seine Hauptaufgabe ist es, unsere müden Herzen froh zu machen – diejenigen, die schwach sind, aufzubauen und zu stärken, die Niedergeschlagenen zu ermutigen und sie zu erheben. Und das alles bewirkt er dadurch, dass er uns Christus offenbart.

Ja, der Heilige Geist tröstet, aber Jesus ist der Tröster. Der Heilige Geist ist der Arzt, aber Christus ist das Heilmittel. Der Heilige Geist heilt die Wunde, aber er tut das, indem er die Salbe des Namens und der Gnade Christi aufträgt. Der eine mag der Tröster sein, aber der andere ist wahrer Trost. Der Heilige Geist konzentriert sich nicht auf seine eigenen Angelegenheiten, sondern auf die Angelegenheiten Christi. Spurgeon erinnerte mich daran, dass ich so gut „versorgt" bin, dass ich weder traurig noch niedergeschlagen sein muss. Der Heilige Geist ist auf gütigste Weise damit beschäftigt, mein Tröster zu sein. Er ist an meiner Seite, um mir Christus zu zeigen, wie ich ihn vielleicht in glücklichen Zeiten oder wenn das Leben glatt und einfach verläuft, nicht sehe.

Und der Heilige Geist nimmt das ihm heilig Anvertraute auf jeden Fall ernst. Es ist die größte Freude, das größte Vergnügen des Heiligen Geistes – und seine spezielle Aufgabe –, Christus zu ehren, indem er Ihnen und mir hilft. Würde der Heilige Geist den Befehl des Vaters, uns zu ermutigen, vernachlässigen oder ignorieren? Das glaube ich nicht! Es ist die Aufgabe des Heiligen Geistes, Sie zu stärken, und er würde nie seine geliebte Aufgabe vernachlässigen. Er lebt in Ihrem Herzen, um Ihr Herz stark und froh zu machen und Sie an Versprechen zu erinnern, die Ihnen gewiss sind.

Und die wunderschönen Versprechen, die mein Herz an dem Sonntagnachmittag froh machten, standen in Jesaja 61, wo von Jesus gesagt wird: „Er ist gekommen, um die Wunden von denen, die zerbrochenen Herzens sind, zu verbinden und alle zu trösten, die trauern … und ihnen eine Krone der Schönheit statt der Trauer zu verleihen sowie ein Kleid des Ruhmes anstelle des Geistes der Verzweiflung."[79]

Als der Nachmittag in den Abend überging, war ich ein anderer Mensch. Ich hatte immer noch Schmerzen, lag immer noch im Bett, aber ich hatte *Frieden.*

Die Frage, mit der ich das Kapitel überschrieben habe – „Wie kann ich so weitermachen?" –, fällt direkt in den Aufgabenbereich des Heiligen Geistes, und er nimmt das sehr ernst. Er ist schon bei der Arbeit. Er ist schon zugange. Und wenn Sie genau hinhören, spricht er die tröstenden Worte Jesu in die Tiefen Ihrer Seele.

Antwort Nr. 4: Ich kann weitermachen, denn genau dieser Moment zählt für die Ewigkeit

Ich erinnere mich daran, wie mich dieser Gedanke einmal mit großer Wucht traf. Es war vor vielen Jahren, während einem der letzten Besuche bei meiner Mutter, als sie noch auf der Farm in Maryland lebte. Ich erinnere mich, dass ich über ihr Äußeres fast schockiert war. Mit 87 Jahren erschien sie mir nur noch wie ein Schatten ihrer selbst, ein zerbrechlicher, dünner Schatten der starken, sportlichen Frau, mit der ich aufgewachsen war. Ich hatte gewusst, dass es mit ihr bergab ging, körperlich und geistig, aber bei dieser Reise traf mich die Erkenntnis mit einer Endgültigkeit, die mich betroffen machte.

Wenn wir als Familie zusammensaßen, war sie ausgesprochen nervös und konnte sich nicht an die Texte ihrer Lieblingslieder und -choräle erinnern. Ich weiß noch, dass ich beobachtete, wie sie versuchte, mit meiner Tante zu reden. Als sie nicht die richtigen Worte fand, wirkte sie so verwirrt, fast verloren.

Sie ist jetzt bei Jesus und meinem Dad, genießt das Wunder eines neuen, immer jungen Körpers und preist Gott mit mühelosen, endlosen Freudenbekundungen. Aber während dieser letzten Tage in Maryland traf mich ihre Zerbrechlichkeit mit voller Wucht – und ich erkannte auch die furchtbare Tatsache meiner eigenen Sterblichkeit. Ich sah sie an, und es war, als ginge mir zum ersten Mal der Gedanke auf: *Darauf steuere ich zu … darauf steuern wir alle zu.*

Dieser ernüchternde Gedanke allein war ausreichend, um mich an das zu erinnern, was auf dem Spiel steht. Mit Leiden konfrontiert sein, ob man es nun bei jemand anders beobachtet oder in Form seiner eigenen Schmerzen dagegen ankämpft … Mit Bedrängnis konfrontiert zu sein. All das erinnert einen daran, dass etwas Gewaltiges und Kosmisches auf dem Spiel steht: ein Himmel, den man erreichen möchte. Eine Hölle, die man vermeiden möchte. Und ein Leben auf der Erde, das mit Ernst und Umsicht gelebt werden will.

Unsere Seelen sind das Schlachtfeld, auf dem große geistliche Kämpfe – *genau in diesem Augenblick* – ausgetragen werden. Und was auf dem Spiel steht, ist enorm. Jenseits unserer Vorstellungskraft.

Hier auf der Erde werden wir von Mitchristen beobachtet, die ein Vorbild brauchen, wie man mit Leid umgehen kann – und von denen, die ihre Knie noch nicht vor der Herrlichkeit Jesu gebeugt haben und die sehen sollen, wie Gläubige auf die Widrigkeiten des Lebens reagieren. Und jenseits dieser irdischen Augen gibt es andere Augen in der geistlichen Welt – sowohl von Engeln als auch von Dämonen –, die beobachten und festhalten, ob oder ob nicht wir unserem Gott in den Schmelztiegeln der Prüfungen und des Leidens vertrauen. (Erinnern Sie sich noch an Hiob?) Und diejenigen, die bereits von uns gegangen sind, beobachten sie uns auch? Einige legen Hebräer, Kapitel 12, Vers 1 so aus, dass es tatsächlich Heilige gibt, die auf den himmlischen Tribünen sitzen und unsere Kämpfe beobachten und uns bei unseren Glaubenstriumphen zujubeln.

Und dann gibt es einen weiteren Grund, warum genau dieser Moment für die Ewigkeit zählt.

Das Neue Testament fließt über mit den Versprechen von immerwährenden Belohnungen für diejenigen, die auch angesichts großen Leids ihrer Berufung treu bleiben. Zu den leidenden Gläubigen in Smyrna sagte Jesus: „Fürchte dich nicht vor dem, was dir noch bevorsteht … wenn du mir treu bleibst bis zum Tod, werde ich dir als Siegespreis das ewige Leben geben.“[80]

Jeder Tag unseres kurzen Lebens – selbst jede Stunde – hat Konsequenzen für die Ewigkeit, zum Guten oder zum Schlechten. Die Ewigkeit und wie wir einmal in ihr leben, wird auf gewisse Weise in jedem Augenblick unseres Lebens gestaltet, und zwar durch unsere Reaktionen auf die Dinge, mit denen wir konfrontiert werden.

Und so ist es nur angemessen, dass Gott uns ein Gefühl dafür geben wollte, was auf dem Spiel steht. Ich bin so dankbar, dass das Leben für uns kein einfacher Weg ist. Wenn es das wäre, wenn Gott uns nicht hin und wieder einen Vorgeschmack auf das geben würde, was uns in der Hölle erwarten würde, würden Sie und ich schnell vergessen, dass diese Welt nicht unser Zuhause ist. Ich bin so dankbar, dass er uns von Zeit zu Zeit die Augen für das Ausmaß des geistlichen Kampfes öffnet, in dem wir stehen. Er tut das, indem er uns einerseits durch die Freuden, die wir erfahren, einen Vorgeschmack auf die göttliche Herrlichkeit gibt, und andererseits durch unser Leid auch einen Vorgeschmack auf die Hölle.

Was auch immer wir heute erleben, es soll uns an das erinnern, was auf dem Spiel steht: unsere Ewigkeit.

Auch das hilft mir weiterzumachen.

Obwohl mir dies wegen meiner chronischen Schmerzen gerade nicht sehr leicht fällt, aber ich muss weitermachen, und ich *werde* weitermachen, bis er mich nach Hause ruft. Und wie viele Tage auch immer er mir noch zu leben gibt, jeder davon zählt für die Ewigkeit.

Die drei Runden auf der Rampe

Fünf verschiedene Freundinnen fahren mich an fünf verschiedenen Vormittagen von meinem Haus zur Arbeit. Das heißt vier Ampeln, eine scharfe Kurve auf die Autobahn, Ausfahrt, dann noch mal drei Ampeln und einmal nach rechts auf die Agoura Road abbiegen. Dann kommt eine weitere Ampel, bevor man in den Ladyface Court abbiegt, der sich den Hügel zum *International Disability Center* hinaufschlängelt – aber diese Straße zähle ich nicht mit, denn es gibt genug Platz, um frühzeitig und behutsam vor der Ampel abzubremsen.

Ich kenne jede Kurve, jede Kreuzung auf dieser Strecke. Ich kenne sie so genau, denn jeder Halt und jede Kurve verursacht ein scharfes Stechen in meinem Rücken. Deshalb bitte ich die Frauen auf der Autobahn auch immer: „Könnten wir bitte auf der mittleren oder der linken Spur fahren? Wegen der Lkw ist die rechte Spur immer so uneben."

Ich mag vielleicht nicht die Fahrt zur Arbeit, aber ich liebe es anzukommen.

Unsere Empfangsdame nannte unsere Einrichtung kürzlich „ein kleines Stück Himmel". So ist es. Das Center liegt hoch und weitläufig auf dem Hügel und erinnert mich an die Vision, die mich jeden Tag hierherbringt: *Die Gute Nachricht weiterzugeben und Gemeinden weltweit darin ausbilden, Behinderte zu erreichen und ihnen zu helfen, geistlich zu wachsen.*

Gerade heute Morgen, als Sandy mich den Ladyface Court hinauffuhr, sagte ich mit einem Seufzer: „Wie viele Menschen tun jeden Tag etwas, das wortwörtlich die Ewigkeit von anderen verändert?!"

„Wir", sagte sie mit einem Lächeln im Rückspiegel.

Ich erreichte den behindertengerechten Eingangsbereich des Missionswerks und die Türen öffneten sich langsam. Ich rollte hinein – nicht in Richtung Fahrstuhl, sondern in Richtung Rampe. Ich nehme nämlich immer die Rampenauffahrt.

Sie befindet sich in der Mitte der Eingangshalle und ist im Grunde ein langsamer, gewundener Aufgang, der um die Kapelle herum bis zu meinem Büro im ersten Stock führt. Und die Kapelle ist natürlich der erste Ort, den ich besuchen möchte. Ja, meine Sekretärin wartet, ja, da liegen Stapel auf meinem Schreibtisch, die meine Aufmerksamkeit wollen. Ja, ich habe um 10:30 Uhr ein Interview. Aber ich muss meinen Kopf erst freibekommen und aufhören, an die chronischen Schmerzen in meinem Rücken zu denken, und dazu muss ich zunächst einmal ein paar Minuten mit Gott verbringen. In diesen Minuten danke ich ihm auch immer dafür, dass ich hier bin … und bitte ihn darum, dass er mich von den Schmerzen befreit.

Danach fahre ich ins Obergeschoss und rolle auf dem Weg an drei Bibelversen vorbei, die in großer, fließender Schrift auf die lavendelfarbenen Wände an den drei Absätzen geschrieben sind, an denen ich vorüberkomme.

Drei Runden auf der Rampe. Drei Absätze. Drei Verse.

Der erste Vers erinnert mich an meine Ziele. Warum ich aufstehe, eine umständliche Morgenroutine durchlaufe, um mich fertig zu machen, und auf meiner Fahrt ins Missionswerk neuerliche Schmerzattacken auf mich nehme. Deshalb sind wir alle hier bei *Joni and Friends:* um hinaus in unsere Gesellschaft, in die Welt zu gehen, die Behinderten zu erreichen und sie zu Jesus zu führen.

> *Bitte lieber die Armen, Verkrüppelten, Gelähmten und Blinden an deinen Tisch. Dann wirst du glücklich sein, denn du hast Menschen geholfen, die sich dir nicht erkenntlich zeigen können. Gott wird dich dafür belohnen* (Lukas 14,13–14).

Nach der nächsten Rampen-Runde, auf dem zweiten Absatz, lese ich auf der zweiten Wand, dass Gott mich mit allem versorgen wird, was ich brauche, um die Aufgabe auszuführen, die er mir anvertraut hat – und das erinnert mich daran, dass seine Gunst besonders denen gilt, die schwach sind.

> *„Meine Gnade ist alles, was du brauchst! Denn gerade, wenn du schwach bist, wirkt meine Kraft ganz besonders an dir." Darum will ich vor allem auf meine Schwachheit stolz sein. Dann nämlich erweist sich die Kraft Christi an mir* (2. Korinther 12,9).

Und der letzte Vers an der letzten Biegung versichert mir, dass Jesus bald wiederkommt und seine Familie, die in alle Welt verstreut ist, einsammelt und dass er heil macht, was lange kaputt war.

> *Dann bekommen die Blinden ihr Augenlicht wieder, und die Tauben können hören. Gelähmte springen wie ein Hirsch, und Stumme singen aus voller Kehle!* (Jesaja 35,5–6).

Dieser Vers auf dem dritten Absatz lässt meine Augen immer feucht werden. Denn die Zeit in der Kapelle hat die stechenden Schmerzen in meiner Hüfte und im unteren Rückenbereich nicht vermindert. Sie sind auch jetzt noch da, während ich diese Worte schreibe – und ja, es wird schlimmer. Heute ist vielleicht wieder einer dieser Tage, an denen ich in meinem kleinen Bett im Büro arbeite und nicht in meinem Rollstuhl sitze.

Hat Gott meinen Schrei denn nicht gehört, als ich ihn in der Kapelle um Hilfe und Heilung gebeten habe? Ich bin sicher, das hat er. Aber aus Gründen, die er am besten kennt, hält das Pulsieren der Schmerzen an.

Wie lange wird es wohl noch so weitergehen? Wie viele Tage werde ich wohl noch diese stechenden Schmerzen haben, die sich mir auf meiner Fahrt hierher an jeder Ampel in Erinnerung rufen und mir während der drei langsamen Runden die Rampe hinauf in mein Büro folgen? Natürlich kann ich das nicht wissen. Aber diese Verse an den Wänden, die wir dort schon aufgemalt hatten, bevor diese Phase der erhöhten körperlichen Belastung begann, sprechen mich jedes Mal wieder aufs Neue an, erhellen weiterhin den vor mir liegenden Weg und helfen mir weiterzumachen, einen Tag nach dem anderen.

Erster Absatz: „Gib ein Festessen ... lade die Armen ein ... du wirst dafür belohnt."

Mit anderen Worten: *Meine Tochter, geh weiterhin in meinem Namen zu den Gebrochenen, Entmutigten, Verzweifelten. Sei weiterhin meine Hände und Füße, Augen und Ohren für diejenigen, die keine Hände, Füße, Augen oder Ohren haben. Mach das, solange du kannst.*

Zweite Runde: „Meine Gnade ist alles, was du brauchst! Denn meine Stärke wirkt am besten in deiner Schwäche."

Meine Tochter, ich habe dein Bedürfnis nicht vergessen. Ich habe deine Verletzungen nicht übersehen, deine Schmerzen nicht missachtet, meine Ohren nicht vor deinem Hilfeschrei verschlossen oder dir in irgendeiner Weise meine Gunst entzogen. Ich will für dich sorgen und weiterhin meine Kraft in deinen schwächsten Augenblicken offenbaren und auch deine geringsten Versuche, mich zu ehren und mir zu dienen, honorieren.

Und dann die letzte Runde: Wenn er kommt, „springen Gelähmte wie ein Hirsch".

Ich komme. Halte Ausschau nach mir! Die Hilfe, für die du betest – mehr Hilfe, als du dir vorstellen kannst –, wartet hinter der nächsten Ecke auf dich. Am Horizont. Kannst du sie sehen? Die Wolken teilen sich schon. Ich bringe als Geschenke Gesundheit, Stärke, Freude und Leben. Ich mache alles neu.

Drei Runden auf der Rampe, drei Absätze, drei Erinnerungen aus dem Wort Gottes, das ewig frisch und neu ist. Worum geht es dieser Tage in meinem Leben, an denen ich manchmal wahnsinnige Schmerzen habe?

Mission, Fürsorge und Hoffnung. Eine Aufgabe, an der immer noch gearbeitet werden muss, ein Versprechen, das immer noch wahr ist, und eine Hoffnung, die mich zum Horizont schauen lässt.

Für jetzt, für heute, ist das genug.

SECHS

Wie kann ich ihm Ehre bringen?

Liebe bedeutet, alles zu tun, was wir tun können – welchen Preis auch immer wir dafür zahlen müssen –, um Menschen zu helfen, von der Herrlichkeit Gottes begeistert zu sein. Wenn sie es sind, werden sie erfüllt sein und Gott wird verherrlicht. Deshalb ist Menschen zu lieben und Gott zu verherrlichen eins.

John Piper

Falls Gott sich entscheidet, mich von diesem zweijährigen Ringkampf mit den nicht enden wollenden Schmerzen zu befreien, dann werde ich ihn loben und preisen. Junge, das müssen Sie sich dann wirklich ansehen!

Aber wenn er aus unerforschlichen Gründen entscheidet, den Schmerz – diesen tiefen Stachel in meinem Fleisch – andauern zu lassen, bis er schließlich meine Bordkarte für den Himmel ausstellt (ich hätte gern einen Fensterplatz), werde ich mich dennoch mit aller Kraft dafür einsetzen, seinem kostbarsten, rettenden, heilenden, heiligen Namen Ehre zu bringen.

Das *werde* ich!

Aber wie kann ich das schaffen? Wie kann irgendjemand von uns ihm Ehre bringen, wenn wir über einen langen Zeitraum hinweg

Kummer oder Stress haben, krank sind, finanzielle Verluste erleben oder unter Beziehungsproblemen leiden – oder uns in irgendwelchen anderen Tälern des Lebens befinden?

Und was bedeutet überhaupt „Gott verherrlichen"?

Im Alten Testament scheint das Wort, das dort grundsätzlich für „verherrlichen" verwendet wird, „Gewicht" oder „Schwere" anzudeuten. Dort, wo das Wort hauptsächlich verwendet wird, vermittelt es die Vorstellung von einer externen, physischen Erscheinungsform der Würde, Vorrangstellung oder Majestät. Das hauptsächlich im Neuen Testament benutzte Wort hängt eng zusammen mit „Helligkeit, Leuchten, Glanz"[81]. Es gibt in der einschlägigen Literatur viele Definitionen dafür, und ich könnte daraus eine nennen, aber Sie können auch genauso leicht selbst nachschauen.

Für den Moment möchte ich die Vorstellungen des Alten und Neuen Testaments von „verherrlichen" kombinieren, um eine einfache Beobachtung zu machen. Wenn wir den Namen unseres Gottes verherrlichen, gibt er uns die Gelegenheit, diesem Gewicht oder Bedeutung zu verleihen und auch Bewunderung, Respekt und Ehre. Er gewährt uns das unaussprechliche Privileg, die Herrlichkeit und den Glanz seines großen Namens in unsere dunkle Welt zu bringen.

Natürlich könnte noch so viel mehr darüber gesagt werden – Tausende von Büchern würden dem Thema nicht gerecht werden. Aber für jetzt soll meine einfache Definition ausreichen.

Ich glaube, dass mein Dienst in den vergangenen 40 Jahren – durch Schreiben, Vorträge, Malen, Singen, Seelsorge und Fürsprache für Behinderte – dem mächtigen Namen Jesu Gewicht gegeben hat. Und darüber bin ich so froh.

Aber lassen Sie uns ein wenig dem „Was-wäre-Wenn" nachgehen. Was wäre, wenn … ich aufgrund schrecklicher Schmerzen oder sogar größerer Behinderung daran gehindert würde, irgendeiner oder allen dieser viel geliebten Aufgaben nachzugehen? Was dann? Könnte ich ihn immer noch verherrlichen? Könnte ich immer noch irgendwie, auf irgendeine Weise seinem Namen Gewicht verleihen? Könnte ich meinen Retter und Freund immer noch dazu veranlassen, anerkennend zu lächeln und zustimmend über etwas zu nicken, das ich um seinetwillen und wegen meiner Liebe zu ihm versuche?

Ja, ich glaube fest, dass das so ist.

Und weil ich glaube, dass es wirklich nichts Wichtigeres in unserem Leben gibt, möchte ich gern ein paar Ideen zu diesem Thema vorbringen, während wir schon die Hälfte dieses Buches hinter uns gelassen haben.

Wie können wir Christus verherrlichen, wenn wir auf die Probe gestellt werden oder Beschränkungen ausgesetzt sind?

1. Atmen Sie seine Gegenwart ein.

Vor ein paar Jahren kämpfte ich mich durch eine doppelte Lungenentzündung. Das wäre für jeden hart gewesen, aber für jemanden mit Querschnittslähmung ... Nun, es war ein echter Albtraum.

Ich lag neun Tage im Krankenhaus und, offen gesagt, gab es Tage, an denen ich mich fragte, ob nun der Zeitpunkt gekommen sei, an dem Gott mich zu sich nach Hause holen würde. Versuchen Sie, sich vorzustellen, wie es ist, wenn man flach auf dem Rücken liegt, ohne in der Lage zu sein, den Kopf zum Husten zu erheben, wenn Sie diese Enge und das Gurgeln in Ihren Bronchien fühlen. Stellen Sie sich vor, Sie können sich nicht in Ihrem Bett aufsetzen oder sich zumindest auf die Ellbogen stützen. Manchmal kam es mir so vor, als würde eine unsichtbare Hand ein unsichtbares Kissen auf mein Gesicht drücken.

In den Nächten, in denen es besonders schlimm war, stellte mein Mann zwei Sessel in meinem Krankenzimmer zusammen und schlief neben meinem Bett, sodass ich zumindest innerlich zur Ruhe kommen konnte, nun, da ich wusste, dass jemand da war, der mir jedes Mal, wenn ich Schleim absondern musste, beim Aufsetzen half.

Mein Arzt tat irgendwann etwas sehr Hilfreiches: Er stellte eine Sauerstoffflasche neben mein Bett, sodass ich in den Augenblicken, in denen ich dachte, ich müsse ersticken, etwas leichter atmen konnte. Nie habe ich Sauerstoff mehr geschätzt! In den Nächten, in denen ich fast nicht atmen konnte, setzte das Krankenhauspersonal mir dann die Sauerstoffmaske auf und ... welche Erleichterung!

Bis zu dieser Krankheit atmete ich ein und aus, ohne mir viele Gedanken darüber zu machen. Wer denkt schon groß darüber nach? Aber im Krankenhaus entdeckte ich: Wir leben unser Leben wahrlich von Augenblick zu Augenblick, von Atemzug zu Atemzug – ob wir uns dessen bewusst sind oder nicht.

Wir atmen so natürlich ein, dass es selbstverständlich ist. Aber ich habe gelernt, dass es eben nicht selbstverständlich ist. Es ist ein Geschenk! Sauerstoff ist das Leben und der Atem unseres Körpers.

Ich muss zugeben, dass ich auch etwas anderes Kostbares selbstverständlich nehme: Jesus, unser wahres Leben und unser wahrer Atem.

Weil wir durch ihn allein leben und handeln, und ihm alles verdanken, was wir sind, wie es in Apostelgeschichte, Kapitel 17, Vers 28 heißt, neigen wir nur zu leicht dazu, seine lebenserhaltende Gnade für selbstverständlich zu nehmen. Jeden Tag atmen wir seine Liebe, seine Gnade und seine Hilfe ein.

Und was atmen wir aus? Ein nachlässiges Vergessen seiner unaufhörlichen Liebe zu uns. Die Anwesenheit Gottes erscheint uns auf gewisse Weise fast monoton; wir stehen irgendwann der Tatsache, dass wir ohne ihn nichts tun können, blind gegenüber.[82]

Menschen, die diese etwas gelangweilte, unaufmerksame, oberflächliche Geisteshaltung einnehmen, hören auf, Gott die Ehre zu geben, die ihm gebührt. Das Buch Maleachi schildert die traurige, ergreifende Episode aus Israels Geschichte, als die Priester – dieselben, die seine Herrlichkeit schützen und verkünden sollten – Gott nur noch so wenig liebten, dass sie aufhörten, ihn überhaupt noch zu ehren. Gelangweilt und zynisch opferten sie schwache und kranke Tiere auf seinem Altar – den Bodensatz ihres Viehbestands, der eh keinen Nutzen oder Wert für irgendwen hatte. Und nachdem sie solche Tiere geopfert hatten, meinten sie nur: „Beim Altar des Herrn müssen wir es eh nicht so genau nehmen“, und beklagten sich auch noch über ihren Dienst. Man kann sich regelrecht vorstellen, wie sie gähnten oder auf ihre Uhr schauten, während sie abwechselnd in Gottes heiligem Tempel Dienst schoben. Würde sich das Ganze in der heutigen Zeit abspielen, würden sie ihren Freunden vermutlich SMS schicken oder ein paar Spiele auf ihren iPhones spielen.

Gott musste sie wirklich erinnern, dass er ein „großer König“ ist, vor dem alle Völker Ehrfurcht haben.[83] Aber diese vermeintlichen Repräsentanten des Heiligen von Israel waren so desinteressiert an ihrer Beziehung zu Gott und so nachlässig geworden, dass er seine Macht anderswo unter Beweis stellen würde, und diese Völker würden ihn dann verherrlichen und ihm alle Ehre geben.

Wir können es uns nicht leisten, Gottes Verherrlichung gleichgültig gegenüberzustehen. Wenn man sein geistliches Leben auf Autopilot stellt, ist das in Wirklichkeit dasselbe, als würde man „im Fleisch leben“. Wenn wir uns dessen nicht bewusst sind, wenn wir etwas so Kostbares für selbstverständlich nehmen, werden unsere Gebete mühsam und unser Zeugnis mager, unsere Aufgaben werden glanzlos und unsere Beziehungen leiden unter dem Gewicht der Selbstsucht. Und was schlimmer ist: Die Gemeinschaft mit unserem Retter und besten Freund wird zu einer lästigen Pflicht. Gott selbst scheint in unserer Einschätzung an Kraft zu verlieren; er ist dann nicht viel mehr als ein hölzernes Symbol in unserem Herzen, eine bloße Messlatte für unser Verhalten – jemand, der unsere Rettung vor langer Zeit einmal erkauft hat, jemand, an den wir auf allgemeine, nachlässige Art glauben.

Kurzum: Wir geben ihm nicht länger die Ehre.

Wie passiert so etwas? Es passiert, wenn wir im Wachzustand nur nachlässig sein Leben und seinen Odem in uns aufzunehmen. Es passiert, wenn wir unseren Retter als selbstverständlich hinnehmen. Doch wie können wir eine so großartige Sache wie die Erlösung als selbstverständlich hinnehmen?

Wenn wir versuchen, unser spirituelles Leben ohne Gottes Hilfe zu führen, wird das ein ausgesprochen künstliches Leben. Deshalb sagt uns Paulus im 6. Kapitel des Römerbriefes in Vers 11: „... und daran müsst ihr festhalten: Ihr seid tot für die Sünde und lebt nun für Gott, der euch durch Jesus Christus das neue Leben gegeben hat." „Daran festhalten" bedeutet, täglich eine Bestandsaufnahme zu machen und sich bewusst als *lebendig* zu betrachten. Ich bin – wir alle sind – lebendig durch das, was Jesus Christus für mich getan hat, und deshalb kann ich ganz für Gott leben.

Jesus ist der Atem des Lebens, nach dem wir uns in jedem Augenblick jedes Tages ausstrecken. Atmen Sie seine Liebe ein – *egal, wie Ihre momentane Lage oder Ihre Lebenssituation aussieht* –, und Sie können gar nicht anders, als Dankbarkeit auszuatmen. Das kann ich sogar dann tun, wenn ich an mein Bett gebunden bin oder versuche, die beklemmenden Täler der schlimmen Schmerzen zu durchqueren.

Wenn ich starke Schmerzen habe, mag ich vielleicht nicht in der Lage sein, viel zu tun, aber ich *kann* immer noch seine Gegenwart einatmen und meinen Dank ausatmen. Ich kann immer noch seine Gnade und Vergebung einatmen und meine Erkenntlichkeit und Liebe ausatmen. Ich kann immer noch seine Güte und Augenblick für Augenblick seine Unterstützung einatmen und immer noch Anerkennung darüber ausatmen, dass er bei mir ist.

Während ich das tue – auch wenn es manchmal nur die Engel sehen –, füge ich seinem Ansehen Gewicht und seiner Herrlichkeit Glanz hinzu. Und das macht mein Leben unendlich lohnenswert.

2. Ärgern Sie sich nicht über Gottes Zurechtweisungen.

Ich habe viel über folgendes Thema nachgegrübelt: *Könnten diese Schmerzen, die ich durchmache, Gottes Art sein, mich zurechtzuweisen?* Das ist eine schwierige Frage, und, ja, ich bin überzeugt, dass viel von dem Leid, das wir durchmachen, ein Weg ist, wie Gott uns erzieht. Beachten Sie, dass ich nicht „bestrafen" gesagt habe. Die Strafe für mein falsches Tun hat Jesus schon am Kreuz auf sich genommen. Er hat den Zorn Gottes für meine Sünden erlitten, damit ich es nicht tun muss.

Dennoch liebt mich Gott zu sehr, um mich ohne Konsequenzen meinem falschen Tun frönen zu lassen. Das bedeutet, dass ich gelegentlich die Rute von Gottes Zurechtweisung fühle. *Autsch!* Uns gefällt dieser Gedanke vielleicht nicht sehr, wir verabscheuen ihn womöglich sogar. Es schmerzt, wenn wir Gottes Hand spüren, die uns rügt und korrigiert. Aber im Brief an die Hebräer gibt es einen weisen Ratschlag:

> *Wenn ihr also leiden müsst, dann will Gott euch erziehen. Er behandelt euch als seine Kinder. Welcher Sohn wird von seinem Vater nicht streng erzogen und auch einmal bestraft? Viel schlimmer wäre es, wenn Gott anders mit euch umginge. Dann nämlich wärt ihr gar nicht seine rechtmäßigen Kinder. Außerdem: Haben wir nicht unsere leiblichen Väter geachtet, die uns auch gestraft haben? Wie viel mehr müssten wir dann die Erziehung unseres göttlichen Vaters annehmen, der uns ja auf das ewige Leben vorbereitet* (Hebräer 12,7–9).

Ich denke oft an diese Bibelstelle, wenn ich an meiner Staffelei sitze. Die Bilder, die ich am meisten liebe, sind immer die, für die ich die größte Mühe aufgewendet habe. Ich malträtiere die vorläufigen Bilder mit vielen Änderungen und Korrekturen. Ich dränge meine Pinsel dazu, unmögliche Striche auf der Leinwand auszuführen. Ich verlange ziemlich viel von den Ölfarben, die ich zusammenmische, und erwarte Farbtöne, die so raffiniert sind, dass man sie nicht einmal auf der Farbpalette findet. Jedes Bild, das ich besonders mag, habe ich so „durch die Mangel gedreht". Und diese Bilder werden auch von den Menschen in der Lobby von *Joni and Friends* am meisten bewundert – wenn sie gerahmt sind und dort ausgestellt werden.

Nicht alles Leiden ist das Ergebnis von Gottes Erziehung. Wenn Sie ein bisschen so sind wie ich, dann erschaudern Sie vielleicht bei dem Gedanken, dass Gott Sie korrigiert oder rügt. Aber ich habe einen guten Ratschlag – oder ich sollte lieber sagen: *Gott* hat einen guten Ratschlag: „Ihr habt wohl vergessen, was Gott euch als seinen Kindern sagt: ‚Mein Sohn, wenn der Herr dich zurechtweist, dann sei nicht entrüstet, sondern nimm es an, denn darin zeigt sich seine Liebe. Wie ein Vater seinen Sohn erzieht, den er liebt, so schlägt der Herr jeden, den er als sein Kind annimmt.'"[84]

Erstens: Fallen Sie nicht ins Extrem, und nehmen Sie Ihre Not *zu leicht*, indem Sie denken, dass es eine Kleinigkeit sei, mit der Sie selbst ohne Hilfe und sogar ohne Gottes Hilfe zurechtkommen. Seien Sie kein Stoiker oder Märtyrer. Es wird die Sache nur verschlimmern. Bitten Sie Gott stattdessen, Ihnen zu zeigen, wie Sie mithilfe seines Heiligen Geistes seinen Plan für Ihr Leben erfüllen können.

Und das andere Extrem: *Verzweifeln Sie nicht*. Zerbrechen Sie nicht emotional, oder geben Sie auf, weil Sie denken, dass Gott Sie fertigmachen will oder dass er schnell wütend wird und dann für immer böse bleibt. Gott ist *nicht* darauf aus, Sie kleinzukriegen. Er ist kein Spielverderber, der Ihre Heilung hinauszögert, bis Sie sich weiterentwickelt haben und korrekt leben. Er ist kein Ungeheuer, das Ihnen den Arm verdreht, damit der Schmerz noch größer wird, bis Sie „Ich ergebe mich!" schreien. Bitten Sie Gott, Sie von jedem Anflug von ungesunder Angst zu befreien, die Sie ihm und seiner Erziehung gegenüber hegen.

Zurück zu meiner ursprünglichen Frage: Sind meine Schmerzen Gottes Methode, um mich zurechtzuweisen? Nun, was ich sagen kann, ist: Die Liebe Gottes strebt *nur* nach dem, was in meinem Leben rein und lobenswert ist. Und was seine Erziehung anbelangt, da hat er *nur* mein Bestes im Sinn: dass das Bild Jesu schön und strahlend durch meinen Charakter hindurchscheint – und durch Ihren. Wenn also der Schmerz und die Beschwerden über Ihre schwierigen Umstände anhalten, dann verzagen Sie nicht. Gott hat vielleicht etwas Besonderes in Ihrem Leben vor!

3. Achten Sie darauf, dass die Batterien voll aufgeladen sind.

Vor nicht allzu langer Zeit war ich mit dem Flieger unterwegs, als alle Passagiere aufgefordert wurden, bei einer Zwischenlandung in ein anderes Flugzeug umzusteigen. Weil kein Bus verfügbar war, der uns zur anderen Seite des Terminals fahren konnte, musste ich den ganzen Weg zum anderen Ende des Flughafens mit dem Rollstuhl fahren. Als ich zu meinem Gate kam, waren die Rollstuhlbatterien fast leer. (Es war nicht gerade hilfreich, dass ich in der Nacht davor vergessen hatte, sie aufzuladen.)

Glauben Sie mir, das war mir eine Lehre und erinnerte mich daran, wie wichtig es ist, die Batterien immer voll aufzuladen!

Es ist eine Lehre, die noch über elektrische Rollstühle hinausweist. Genauso, wie meine Rollstuhlbatterien voll aufgeladen sein müssen, um mich durch den Tag zu bringen, ist es auch in meinem Leben als Christ: Ich kann den Tag nicht mit einer nachlässigen Haltung beginnen und denken, ich brauche nur so und so viel von Gottes Kraft, um durchzukommen. Gott möchte, dass Sie und ich immer voll aufgeladen sind: „Bewältigt eure Aufgaben mit Fleiß, und werdet nicht nachlässig. Lasst euch ganz von Gottes Geist durchdringen, und dient Gott, dem Herrn."[85]

In einer anderen Übersetzung heißt es: „Seid nicht träge in dem, was ihr tun sollt. Seid brennend im Geist. Dient dem Herrn."[86]

Mit anderen Worten: Lassen Sie Ihren Tank nicht leer werden. Lassen Sie nicht zu, dass Ihr Licht von etwas anderem überlagert oder bedeckt wird. Achten Sie darauf, dass Ihre Batterien nicht entladen.

Im 6. Kapitel der Apostelgeschichte finden wir ein Beispiel dafür, wie es aussehen kann, wenn ein Mensch unablässig für Gott brennt. In diesem Kapitel wird davon berichtet, dass die Urgemeinde einige Diakone brauchte, die die Verteilung des Essens übernahmen. So wählten sie sieben Männer aus; einer davon war Stephanus. Er wird in diesem Kapitel beschrieben als ein Mann „mit festem Glauben und erfüllt vom Heiligen Geist". Einige Verse später wird er als Mann voll von „Gottes Gnade und Kraft" bezeichnet.

Mit anderen Worten: Stephanus' geistlicher Tank war gefüllt. Die Batterien seiner Seele waren bis zum Anschlag aufgeladen. Doch wozu? Man geht ja vermutlich nicht davon aus, dass man viel Kraft braucht, wenn man Essen verteilt. Soweit mir bekannt ist, muss man keinen Universitätsabschluss haben, wenn man Essenspakete an Witwen verteilt. Das gehört doch zu den alltäglichen Aufgaben, oder?

Aber Stephanus – Gott sei gedankt für sein Beispiel – ging trotzdem nicht das Risiko ein, den Tag in Angriff zu nehmen, ohne im Einklang mit dem Heiligen Geist zu sein, sich mit Gottes Wort zu füllen und im Gebet aufzutanken. Das Ergebnis? Der Mann war kein durchschnittlicher Diakon. Weil Gottes Kraft in seinem Leben überfloss, führte sein Dienst hinter den Kulissen dazu, dass die Kirche auf den Kopf gestellt wurde. Sein Zeugnis war so unwiderstehlich kraftvoll, dass die jüdischen Führer keinen Weg fanden, um ihm Widerstand zu leisten. Sie mussten andere überreden, ihn zu verleumden, was zu seiner Verhaftung führte und in eine der wagemutigsten und kraftvollsten Botschaften der Bibel mündete.

Lassen Sie nicht zu, dass der Feind Ihrer Seele Ihnen weismacht, dass die Aufgaben, die heute vor Ihnen liegen, langweilig und gewöhnlich seien, nichts Besonderes und nichts Außergewöhnliches. Sorgen Sie dafür, dass Ihre Batterien immer aufgeladen sind, dann werden Sie unweigerlich großen Einfluss auf andere nehmen. Wenn Sie, wie Stephanus, voll aufgeladen sind, werden Sie, wird Ihr Dienst alles andere als durchschnittlich sein.

Und Sie werden Gott Ehre bringen.

4. Bleiben Sie im Herzen demütig.

Finden Sie es nicht klasse, wie Gott Wege findet, dass wir demütig bleiben und von ihm abhängig sind?

Ich kann nicht sagen, dass ich das immer begrüße, aber ich schätze die Ergebnisse! Wissen Sie, wovon ich spreche? Sie kommen gut zurecht, sehen gut aus, kommen gut rüber, haben sich immer im Griff, und dann – *rums!* – ziehen Ihnen die Umstände den Boden unter den Füßen weg, und Sie fallen auf die Nase. Das ist mir vor nicht allzu langer Zeit (wieder mal) passiert.

Ich machte mich gerade fertig, um zu einer renommierten Konferenz zu fahren und dort eine Rede zu halten. Es war etwas ziemlich Exklusives. Ich wusste, es würden dort viele Führungskräfte, Kuratoren von verschiedenen Stiftungen und Colleges sowie Universitätspräsidenten sein. Ich hatte besonders hart an meinem Vortrag gearbeitet und versucht, alles „richtig" hinzubekommen. Ich war vorher nicht nur losgefahren, um mir ein neues Outfit zu besorgen, ich hatte auch meine Freundin gebeten, meinen Rollstuhl auf Hochglanz zu bringen. Ich wollte, dass diese Präsentation perfekt würde.

Drei Tage, bevor ich zu der Konferenz fahren wollte, geschah jedoch etwas, das nie zuvor passiert war: Ich rollte draußen herum und spürte plötzlich ein *holper-holper-holper*. Ich blickte über meine Schulter nach unten und zu meinem Entsetzen hatte der Reifen meines Rollstuhls einen Riss. Der ganze Schaum, der sich gewöhnlich innen befand, quoll und drängte an der Seite meines Reifens heraus wie eine große, hässliche Geschwulst. Es sah furchtbar aus, und ich wusste, wenn ich nicht schnell etwas unternahm, würde ich bald auf den Felgen meiner Räder fahren.

Als ich Ken das Problem zeigte, suchte er gleich nach seiner geliebten Rolle mit silbernem Klebeband. Ich sah ihn ungläubig an. „Klebeband? Du willst meinen Reifen mit *Klebeband* reparieren?“ Er erklärte mir, bis wir einen neuen Reifen bekämen, sei das die einzige Lösung. Also begann er, meinen Reifen mit engen Schichten von Klebeband zu umwickeln (und hatte offensichtlich Spaß dabei) – immer rundherum, bis die Beule gründlich abgedeckt war.

„Okay“, sagte Ken, „versuch mal zu fahren.“

Langsam ließ ich den Rollstuhl vorwärtsrollen. Es machte immer noch *holper-holper-holper*, aber zumindest war jetzt die Felge gesichert. *Aber es sah so furchtbar schäbig aus.* Als ich es meiner Freundin zeigte, meinte sie: „Hmmm, tja, Joni, stell dir einfach vor, es wäre ... Reifenschmuck.“

Ich muss zugeben, mein erster Gedanke war: *Oh nein, ich kann nicht glauben, dass ich mit so was zur Konferenz muss. Das sieht doch aus, als hätte ich einen ekelhaften Tumor an meinem Reifen.*

Doch sobald mir dieser Gedanke durch den Kopf geschossen war, wurde mir klar, dass dieser kleine Unfall vermutlich einfach Gottes Art war, mich ein bisschen Demut zu lehren. Vielleicht lässt er bei anderen Menschen einen Kaffeefleck auf dem Hemd zu oder Spinat zwischen den Vorderzähnen oder Schuppen auf dem schwarzen Pullover. Bei mir war es ein unebener, uncooler, sofort sichtbarer Klebeverband am Reifen meines Rollstuhls.

Es ist erstaunlich, wie etwas so Dummes wie das einem Menschen zeigen kann, wie selbstbezogen er ist. Doch trotz meiner Eitelkeit war Gott gnädig mit mir: Ken konnte einige Anrufe tätigen, und ich bekam einen neuen Reifen, bevor ich zur Konferenz fuhr. War ich vielleicht erleichtert! Aber auch als ich dort war, ließ mich ein Bibelwort nicht los: „Durch diese schwere Zeit wollte er euch auf die Probe stellen, um euch danach umso mehr mit Gutem zu beschenken."[87]

Es ist ganz einfach: Ich kann nicht mein eigenes Ansehen erhöhen – meinem eigenen Ruf und Namen Gewicht und Glanz verleihen – und gleichzeitig Gottes. In Jesaja, Kapitel 42, Vers 8 heißt es: „Ich heiße ‚Herr', und ich bin es auch. Die Ehre, die mir zusteht, lasse ich mir nicht rauben. Ich dulde nicht, dass Götterfiguren für meine Taten gerühmt werden."

Wenn er also Umstände in meinem Leben zulässt, die mich ein bisschen Demut lehren, dann weiß ich, dass das aus gutem Grund geschieht. Mit Petrus beuge ich mich unter Gottes mächtige Hand, damit er mich aufrichtet, wenn seine Zeit da ist.[88]

5. Erhalten Sie sich ein kindliches Staunen über das Leben.
Kürzlich verbrachte ich den Nachmittag mit einer Freundin, die einen 18 Monate alten Jungen hat. Benjamin ist blauäugig, flachsköpfig, altklug und ein echter Junge, der Bälle und Bauklötze liebt. Aber am meisten liebt er das Leben.

Er kennt mehrere Wörter, aber am häufigsten purzelt aus seinem Mund: „Oh, wow!" Zeigen Sie ihm ein neues quietschendes Spielzeug: „Oh, wow!" Nehmen Sie ihn auf einen kurzen Spaziergang in den Garten mit und entdecken Sie dort gemeinsam mit ihm eine Raupe: „Oh, wow!" Alles ist „Oh, wow!". Für Benjamin ist alles im Leben neu, aufregend und inspirierend – wie ein frisch ausgepacktes Geburtstagsgeschenk. Hinter jeder Ecke erwarten ihn neue Wunder. Gegenstände und Tiere, Gras und Himmel, andere Kinder und sogar Besucher im Rollstuhl erstaunen und erfreuen ihn. Er scheint das Leben in vollen Zügen auszukosten!

Während ich Bens offene Begeisterung für Enten, Bälle und Käfer auf dem Gehweg beobachtete, dachte ich, wie schön es wäre, wenn wir uns die gleiche „Oh wow!"-Haltung gegenüber Gott und dem, was er getan hat, bewahren könnten.

David – vielleicht war er damals noch ein junger Mann und hütete draußen in der judäischen Einsamkeit die Schafe seines Vaters – blickte in der Nacht zur Milchstraße hinauf und schrieb Folgendes:

> *Ich blicke zum Himmel und sehe, was deine Hände geschaffen haben; den Mond und die Sterne – allen hast du ihre Bahnen vorgezeichnet. Was ist da schon der Mensch, dass du an ihn denkst? Wie klein und unbedeutend ist er, und doch kümmerst du dich um ihn!* (Psalm 8,4–5).

Und später noch einmal:

> *Der Himmel verkündet Gottes Größe und Hoheit, das Firmament bezeugt seine großen Schöpfungstaten. Ein Tag erzählt es dem nächsten, und eine Nacht sagt es der anderen. Ohne Worte reden sie, keinen Laut kann man hören* (Psalm 19,2–4).

Ich bin nicht sicher, was im Althebräischen das Äquivalent für „Oh, wow!" wäre, aber ich gehe mal davon aus, dass David diese Worte aussprach, während er über das majestätische Werk seines Gottes staunte.

Sicherlich hatte der Apostel Paulus auch so einen Moment, als er in seinem Brief an die Römer schrieb: „Ich unglückseliger Mensch! Wer wird mich jemals aus dieser Gefangenschaft befreien?" Dann beantwortet er seine eigene Frage und sagt: „Gott sei Dank! … Wer nun mit Jesus Christus verbunden ist, wird von Gott nicht mehr verurteilt."[89]

Mit anderen Worten: „Oh, wow!"

Ein wenig später im Römerbrief schreibt er:

Denn ich bin ganz sicher: Weder Tod noch Leben, weder Engel noch Dämonen, weder Gegenwärtiges noch Zukünftiges, noch irgendwelche Gewalten, weder Hohes noch Tiefes oder sonst irgendetwas können uns von der Liebe Gottes trennen, die er uns in Jesus Christus, unserem Herrn, schenkt.[90]

Dieser Vers gehört ebenfalls zu denen, die mich mit offenem Mund wie Benjamin staunen lassen, während ich denke: *Das ist mehr, als ich erfassen kann! Wow, das ist toll!*

Diese große Wertschätzung für das Leben zu haben – so wie Benjamin – und sich das Staunen zu bewahren, das ist wirklich ein Geschenk. Man kann es sich nicht erarbeiten, erzwingen und es gewiss auch nicht vortäuschen. Sich an den Werken Gottes und an seinem Wesen zu erfreuen, wirklich zu erfreuen, bis zu dem Punkt, wo „Oh, wow!" nur noch auf eine Weise aus uns herauskommt: Je mehr wir uns selbst zurücknehmen, desto großartiger erscheint Gott. Und je wichtiger uns Gott wird, je tiefer wir in sein Wort eintauchen und je mehr wir lernen, unsere Gedanken auf die Dinge zu richten, die wahr und achtenswert, gerecht und rein sind, desto mehr werden wir uns selbst „Oh, wow!" sagen hören.

Zynismus würde diese Gabe des Staunens auf einen Streich zunichtemachen, ein griesgrämiges, undankbares Wesen würde ihr den Zugang zum Herzen versperren. Aber wenn wir Gott wirklich wie David oder der kleine Benjamin verherrlichen wollen, dann wird die pure Freude des Lebens wieder wachsen wie eine schüchterne zerbrechliche Wildblume – sogar in den unwirtlichsten Gegenden.

6. Dienen Sie von ganzem Herzen.

Heute Morgen, als meine Freundin kam, um mich anzuziehen und mir in den Rollstuhl zu helfen, war das Erste, was ich zu ihr sagte: „Mensch, wir können heute Jesus dienen!"

Dana lachte.

Aber, hey, das ist die Art und Weise, wie ich aufwachen *muss*, ob ich nun Schmerzen habe oder nicht. Ich *kann* nicht deprimiert, unzufrieden oder mürrisch sein, auch wenn ich der Lähmung ein bisschen überdrüssig bin und von den chronischen Schmerzen die Nase voll habe. Gott hält mich am Leben, ich bin immer noch hier, und das bedeutet, dass er mit meinem Leben eine Absicht verfolgt, dass es ein Wettrennen zu laufen gilt. Einen Plan für mein Leben gibt. Gott hat diesen Tag dazu bestimmt, dass ich ihn, so gut ich kann, verherrliche und ihm mit Freude diene.

Während ich entsprechend meiner Möglichkeiten lebe und mich dabei an ihn lehne, heißt es heute trotz allem: „Mensch, ich kann heute dem Herrn dienen!"

Wussten Sie, dass diese Haltung ein Gebot ist? In Psalm 100 heißt es: „Dient ihm voll Freude." Mit anderen Worten: Es ist nicht nur eine Option. Ihm mit Freude zu dienen ist nicht nur ein netter Vorschlag, so als würde Gott sagen: „Ach, übrigens, wenn du mir heute dienst, würdest du dabei bitte ein bisschen lächeln? Es würde mir wirklich viel bedeuten. Es wäre einfach schön, wenn du deine Einstellung in den Griff bekämst." Nein, Gott mit Freude zu dienen ist nichts, das er gern von uns hätte, wenn wir zufällig dran denken oder uns danach fühlen; es ist etwas, das wir unbedingt tun sollten.

Wer auch immer Sie sind, wie auch immer Ihre Lebensumstände gerade aussehen: Gott verlangt Fröhlichkeit, wenn Sie seiner neuen Welt dienen. Und diese Anweisung gilt für Menschen im Rollstuhl, für Eltern, die ihre Kinder zur Schule bringen oder abholen, für einen Studenten, der zur Vorlesung geht, den Bewohner eines Pflegeheims oder jemanden, der sich gerade auf die Leitung einer Bibelstunde vorbereitet. Sie richtet sich an Menschen im vollzeitlichen Dienst, an Hausfrauen, Tellerwäscher und Politessen. Wenn Sie ein Sohn oder eine Tochter Gottes sind, ist alles, was Sie tun, ein Dienst in seinem Namen. Und er sagt: „Was immer du tust, tu es von Herzen [da schwingt irgendwie auch *herzlich* und *fröhlich* mit]." Dienen Sie Gott mit Freude und Fröhlichkeit. Und das ist keine Empfehlung.

Hören Sie, was Gott seinem Volk in 5. Mose, Kapitel 28, Verse 47 und 48 sagt: „Wenn ihr dem Herrn nicht fröhlich dienen wollt ... werdet ihr euren Feinden dienen müssen, die er euch schicken wird."

Es ist also nicht genug, dass Sie Gott dienen, Sie müssen ihm *fröhlich* und *gern* dienen. Alles, was weniger ist, missfällt ihm. Ich würde vor dem Hintergrund von 5. Mose 28 sogar sagen, dass er einen Dienst, der mit einer sauertöpfischen, gelangweilten, verärgerten und gereizten Haltung gemacht wird, nicht einmal segnet.

Während ich diese Worte schreibe, muss ich an meine neue Freundin Pam denken, die in einem Heim für Mädchen wohnt, die nicht länger auf der Straße leben (und arbeiten) wollen.

Das Haus im Zentrum von Hollywood bietet Frauen, die der Prostitution oder dem Drogengeschäft auf einigen der übleren Straßen der „Traumfabrik" den Rücken gekehrt haben, einen sicheren Ort und eine Zuflucht. Elsie, die Leiterin des Hauses, begibt sich in diese Gegend, bringt diesen Mädchen Gottes Gute Nachricht und führt sie zu Christus. Wenn sie wirklich ihr Leben ändern wollen und sich an ihre neuen Pflichten halten, bekommen sie einen Platz in Elsies Heim.

Pam ist eine von ihnen. Auch wenn sie heute Christ ist und ein überaus geistlicher Mensch, trägt sie noch die Narben von Messerkämpfen und Heroinnadeln. Ihre Arme sind mit Tattoos übersät. Aber sie ist eine ungewöhnliche Gläubige. Ich war sofort beeindruckt von ihrer echten und überfließenden Freude, als sie mir ihre neue Rolle in Elsies Haus beschrieb.

„Ich putze die Toiletten und die Badezimmer!", rief sie voller Begeisterung. „Das ist meine Aufgabe und ich liebe sie!" Pam ist einfach so dankbar, eine feste Struktur in ihrem Leben zu haben, eine sichere Umgebung und einen echten Job, der dem Reich Christi dient.

Während ich sie an dem Tag, als ich Elsies Haus besuchte, dabei beobachtete, wie sie ihren Pflichten nachging, dachte ich an Psalm 84, Vers 11, wo es heißt: „Herr, ein Tag in deinem Tempel ist mehr wert als tausend andere! Ich möchte lieber ein einfacher Türhüter sein an der Schwelle deines Hauses als bei den Menschen wohnen, die dich missachten!" Ich glaube, Pam würde es so umschreiben: *„Ein Tag in Elsies Haus ist besser als tausend Tage auf der Straße, und ich will lieber Toiletten unter dem Dach dieser gottesfürchtigen Frau putzen, als in den Bordellen des Boulevards wohnen."*

Ich war tief beeindruckt von Pams demütiger, glücklicher Einstellung zu ihrer Aufgabe. Ihre Begeisterung darüber, Toiletten zu putzen, entsprang einem ausgeprägten Bewusstsein über ihre Rolle im Leib Christi. Nur wenige von Ihnen, die diese Worte lesen, haben eine Geschichte, wie Pam sie hat, aber jeder von uns krempelt täglich die Ärmel hoch, um niedere Aufgaben auszuführen. Es kann der Ölwechsel an der Tankstelle sein, das Wechseln von Tintenpatronen im Drucker, von Bettlaken im Hotel oder auch das Windelwechseln bei einem Kleinkind oder den schon älteren Eltern. Wenn Sie und ich diese Aufgaben mit der gleichen Haltung wie Pam ausführen und sie als Dienst für Christus betrachten, dann entdecken wir die Freude darüber, was es heißt, „ein Türhüter in Gottes Haus" zu sein. Wir leben dann einfach so, wie Paulus das in seinem 1. Brief an die Korinther, Kapitel 10, Vers 31 beschrieb: „Was immer ihr tut, was ihr auch esst oder trinkt, alles soll zur Ehre Gottes geschehen."

Einen Tag in Gottes neuer Welt zu dienen ist weitaus besser, als tausend Tage nach selbstzerstörerischen Vergnügungen zu streben.

Und mir ist *ein Tag, den ich ihm in diesem Rollstuhl diene und an dem ich den Menschen zeige, wie groß unser Gott ist, obwohl mich diese nicht enden wollenden Schmerzen im Griff haben, lieber, als tausend Tage schmerzfrei auf meinen eigenen Füßen zu leben und mich nur um mich selbst zu drehen.* Das ist eine Lektion, die Menschen wie Pam und ich jeden Tag lernen.

7. Verteilen Sie alles, was Sie haben.

Eine meiner Lieblingsgeschichten in der Bibel ist die von Maria von Betanien und wie sie ihr Fläschchen voll kostbaren Öls über Jesus ausgoss.

Ich habe mir schon viele Gedanken über dieses duftende Öl gemacht …

Ich frage mich, wie lange es wohl auf einem Regal im Haus von Maria, Marta und Lazarus stand. Oder wurde es vielleicht sicherheitshalber in einer kleinen hölzernen Truhe verwahrt, wie etwas, das man sich für schlechte Tage aufhebt, wenn man sich einfach einmal etwas Gutes tun will? Stand es auf einem Regal und war mit einer kleinen Staubschicht bedeckt? Vielleicht in einem Regalfach, so hoch oben, dass man es nur mit einem Stuhl oder einer Leiter erreichen konnte? War es ein geschätztes und wohlverwahrtes Familienerbstück, das von den Eltern oder Großeltern an sie weitergegeben worden war?

Und vielleicht wurde dieses Fläschchen mit dem teuren Nardenöl auch für die nächste Generation aufgehoben.

Es besteht kein Zweifel daran, dass Maria das Recht hatte, es weiterzugeben. Wir lesen nichts davon, dass Marta oder Lazarus irgendwelche Einwände erhoben hätten, als Maria es über ihrem liebsten Freund ausgoss. Maria durfte damit tun, was sie wollte.

Sie hätte es natürlich für sich selbst behalten können. Es hätte weiterhin auf dem Regal bleiben und weiter Staub ansetzen können. Sie musste es ja nicht öffnen und über Jesus verteilen. Aber dann wäre unser Retter ans Kreuz gegangen, ohne den anhaltenden Duft der aufopfernden Liebe einer gottesfürchtigen Frau, und Marias Geschichte würde nie bei unzähligen Gelegenheiten in unzähligen Sprachen und Dialekten auf dieser Welt erzählt werden.

Ich bin so froh, dass Maria ihren besonderen Schatz nicht für einen schlechten Tag aufhob. Ich bin so glücklich, dass sie sich nicht entschied, ihn verschlossen in einer Kiste aufzubewahren, wie ein Familienerbstück, das man eigentlich gar nicht benutzt. Ich bin so dankbar, dass sie es öffnete und über dem Einen und Einzigen ausgoss, der es wert war und noch mehr wert ist.

Was Maria mit dem Öl machte, spricht mich unheimlich an. Es hat etwas Besonderes, wenn Sie bei Ihrem Dienst der Hingabe und Liebe für Christus „alles ausschütten", und es macht Ihr Leben wahrlich zu einem Wohlgeruch. Und nicht nur Ihr Leben. *Sie* werden eine Gabe des Wohlgeruchs, der den Vater an alles erinnert, was Jesus opferte, als *er* auf der Erde war. Es ist etwas ungemein Kostbares, wenn Sie Ihr Herz öffnen und Ihrem Retter all Ihre Liebe geben, obwohl Sie sich in einer schwierigen oder schmerzhaften Situation befinden. Dieses Zeugnis ist einzigartig und kann alles verändern. *Denn nichts ist vergleichbar mit einem Lobgesang, der aus der Zerbrochenheit kommt und unseren Gott verherrlicht.*

Dabei wird auch eine Quelle der Freude und Lebenszufriedenheit erschlossen.

Gibt es etwas, an dem Sie festhalten? Welches Geschenk, welche Ressource, welches Talent haben Sie weggepackt, weil Sie es lieber aufheben wollen? Was sparen Sie auf oder halten es zurück, statt es als Opfergabe des Lobes und Dankes für Gott auszugießen? Ich bin fest davon überzeugt, dass jeder von uns besondere vom Himmel gesandte Talente besitzt, die wir nutzen können, um Gottes Namen und Ansehen zu vergrößern. Zusätzlich können Sie Dankbarkeit zeigen, Dankesgaben verteilen, ein Lächeln verschenken, Zeit und Besitz anbieten und jemanden ermutigen, dessen Leben gerade schwierig ist.

Verschließen Sie das alles nicht.

Lassen Sie Ihre Liebe nicht versiegelt und „sicher" in einem Regalfach stehen.

Bewahren Sie Ihr Lächeln und Ihre Freundschaft nicht nur für diejenigen auf, die Sie kennen oder mögen oder mit denen Sie sich wohlfühlen.

Versuchen Sie, auch inmitten von Beschwerden eine dankbare Haltung einzunehmen, und Sie werden sehen, es ist, als ob Sie Duftöl über Ihrem Herrn ausgießen. Es ist eine Opfergabe des Lobes und Dankes, süß und wohlriechend, die dem Retter große Ehre bringt.

Kürzlich las ich das 25. Kapitel des Matthäusevangeliums, als mir die folgende moderne Version einfiel:

Dann wird der König zu denen an seiner rechten Seite sagen: „Kommt her! Euch hat mein Vater gesegnet. Nehmt die neue Welt Gottes in Besitz, die er seit Erschaffung der Welt für euch als Erbe bereithält! Denn ich war mutlos und ihr habt mir ein ermutigendes Lächeln geschenkt und etwas Nettes zu mir gesagt … Ich war traurig und ihr habt mir ein paar Zeilen geschrieben und einen Blumenstrauß geschickt … Ich war verwirrt und ängstlich und ihr nahmt mich mit zu ‚Starbucks' und habt versucht, mir weiterzuhelfen, während wir einen Karamell-Macchiato getrunken haben … Ich war einsam und ihr habt mich zum Mittagessen eingeladen … Ich habe mir Gedanken über meine Steuererklärung gemacht, und ihr habt mir gezeigt, was ich tun muss und wohin ich mich wenden kann … Ich war ein Kind aus einer Hartz-IV-Familie, das auf eine Bibelfreizeit fahren wollte, und ihr habt sie mir bezahlt."

Dann werden sie ihn fragen: „Herr, wann haben wir dich denn mutlos gesehen und freundlich mit dir gesprochen? Wann haben wir dir Blumen geschickt oder dich zu ‚Starbucks' oder zum Mittagessen eingeladen? Wann haben wir dir bei der Steuererklärung geholfen oder dir die Bibelfreizeit bezahlt?"

Der König wird ihnen dann antworten: „Das will ich euch sagen: Was ihr für einen meiner geringsten Brüder oder meine geringsten Schwestern getan habt, das habt ihr für mich getan!"

8. Machen Sie möglichst viel aus Ihrem Leben.

Neulich flog meine Freundin Karen von der Ostküste nach Kalifornien, um mich zu besuchen.

Keine große Sache, oder?

Nun, doch, es war eine große Sache. Karen kam nämlich ganz allein – und sie ist fast vollständig blind. Mutig und mit großer Entschlossenheit gelangte sie zum Flughafen und in ihren Flieger, fand jemanden, der sie hier bei mir vom Flughafen abholte, suchte meine Adresse heraus und besuchte mich.

Am Abend ihrer Ankunft gingen wir zusammen in ein nahe gelegenes Restaurant. Ich hatte angenommen, sie würde ihre Freundin bitten, uns Gesellschaft zu leisten, aber die Freundin musste wieder gehen und erklärte, sie sei nur hergekommen, um Karen abzusetzen.

Ich musste schlucken. Da wäre also niemand, der uns im Restaurant zur Hand ging? Eine blinde Frau und eine Gelähmte allein im Restaurant? Das würde interessant werden. Ich glaube, als Karens Freundin wegging und uns zurückließ, waren die Angestellten des Restaurants genauso nervös wie ich.

Karen jedoch lächelte ganz gelassen. Das würde kein Problem sein.

Sobald wir uns niedergelassen hatten, musste ich ihr Anweisungen geben: „Greif in die Rückseite meiner Tasche und hol meinen Speziallöffel heraus. Bitte stecke ihn in die Schlaufe hier an meiner Armschiene. Danke. Gut. Und könntest du die Serviette in meinen Schoß legen, mein Glas Wasser dicht zu dir stellen, sodass du es für mich an meinen Mund führen kannst … Du wirst es nicht umstoßen, oder?"

Ich muss Ihnen sagen, dass einige der anderen Gäste ein wenig nervös zusahen, wie wir uns auf das Essen vorbereiteten. Ich sah, wie jemand uns beobachtete, als Karen das Wasserglas fand, ihre Hände darum schloss und den Strohhalm mithilfe meiner mündlichen Anweisungen in Richtung meines Mundes führte.

Wir mussten trotz allem über uns selbst lachen.

„Führt hier gerade die Blinde die Gelähmte?“, fragte sie.

„Nein“, sagte ich immer noch lachend. „Die Gelähmte führt die Blinde, denn ich muss dir ja erklären, wo das Essen auf deinem Teller liegt!“

Nach einer Weile schenkten uns die Leute keine Beachtung mehr. Wahrscheinlich, weil sie sahen, wie entspannt wir waren – trotz all des Theaters. Ich denke, es war für sie auch eine segensreiche Erfahrung, eine blinde Frau und eine an den Rollstuhl gefesselte Querschnittsgelähmte zu sehen, die viel Spaß zusammen hatten. Und vielleicht wunderten sie sich noch ein wenig mehr, als sie sahen, wie wir unsere Köpfe senkten und zusammen beteten.

Es war ein Zeugnis, und ich glaube, es brachte Gott Ehre.

Er ist unsere Stärke, er gibt uns Mut, er ermöglicht es uns, Dinge zu tun, er ist die Quelle unserer Freude. Und ja, wir schafften es zu essen, ohne Essen auf den Boden oder Wasser auf dem Tisch zu verschütten. (Obwohl ich die Bedienung bitten musste, meinen Löffel aus meiner Armschiene zu nehmen, ihn abzuwischen und zurück in meinen Rucksack zu stecken.)

Das Leben ist wirklich ein Abenteuer! Karen sagte an diesem Abend: „Joni, meine Behinderung verschlimmert sich, und ich weiß, dass ich eines Tages nicht mehr in der Lage sein werde, solche Dinge zu tun – allein zu fliegen und allein mit einer Freundin zu Abend zu essen. Deshalb mache ich jetzt möglichst viel aus der Zeit, die mir noch bleibt.“

In den vergangenen Tagen musste ich darum ringen, mir auch nur ein kleines bisschen Normalität und Frieden zu bewahren. Während ich mit meinen Schmerzen kämpfte, kam es mir nicht so vor, als hätte ich überhaupt noch etwas übrig, das ich anderen oder Gott anbieten könnte.

Doch letztendlich weiß ich, dass das nicht schlimm ist.

Gott ist derjenige, der das Beste aus dem wenigen machen wird, was ich noch habe. Er ist derjenige, der die Scherflein, welche die arme Witwe in den Opferstock legte, zur Kenntnis nahm und versicherte, dass ihr weniges aus der Sicht des Himmels mehr Wert hatte als die Opfergaben derjenigen, die viel gaben, aber mehr noch zurückgehalten hatten.

SIEBEN

Alles eine Frage der Perspektive

Menschen, die durchs Schlüsselloch sehen, könnten leicht auf die Idee kommen, dass die meisten Dinge die Form eines Schlüssellochs haben.

Verfasser unbekannt

Ich stelle mir vor, wie damals frühmorgens gerade die Sonne aufgeht: das Gurren der Tauben, der Ruf einer fernen Wachtel, das Murmeln von fließendem Wasser und das sanfte Knirschen von zwei Fußpaaren auf Kies.

Der Prophet und sein Sohn gehen langsam zum Ende der Wasserleitung, wo das Wasser in den oberen Teich überläuft. In diesem Moment steigt der König von Juda aus seinem Wagen.

Ich stelle mir weiter vor, wie der König überrascht aufsieht, weil er nicht erwartet hat, irgendjemanden da draußen auf der Straße zu sehen – erst recht nicht *Jesaja*, den legendären Propheten Jehovas, den Berater seines Vaters und Großvaters.

Hat sich der König aus seinem herrschaftlichen Palast davongemacht, um in Ruhe über die Krise nachzudenken, in der sein Land gerade steckt, oder wollte er nur die Wasserversorgung kontrollieren und überlegen, wie er sie vor der Hand des Feindes schützen könnte? Die Bibel berichtet darüber nichts.

Aber wir wissen, dass dieses Treffen kein Zufall ist.

Gott hatte Jesaja explizit aufgetragen, den König genau an diesem Ort, zu genau dieser Stunde zu treffen und ihm eine bestimmte Botschaft zu überbringen.

Einen Moment lang (ich stell mir die Szene immer noch vor) sagt niemand ein Wort. Der König beobachtet, wie eine Morgenbrise das lange silberne Haar und den Bart des alten Propheten bewegt. Ahas ist zu Recht misstrauisch! Oft genug haben nämlich Gottes Propheten schreckliche Nachrichten von drohenden Gerichten verkündet. Aber an diesem Tag bringt Jesaja eine Botschaft, die der junge König sehr gut gebrauchen kann. Dieses Wort des Herrn soll ihm Trost und Zuversicht verschenken. Aber ist sein Glaube auch groß genug, um es anzunehmen? Wird er zulassen, dass das Wort Gottes seine Sicht der Wirklichkeit ändert?

Das ist eine Frage, die sich jedem von uns stellt.

Lassen wir zu, dass die Wahrheit von Gottes Versprechen die Art und Weise ändert, wie wir das Leben mit all seinen Herausforderungen und Hindernissen betrachten? Lassen wir zu, dass sie all unsere Sorgen lindert und unsere Ängste stillt und uns Hoffnung und Zuversicht schenkt, wenn es weder für das eine noch für das andere aus menschlicher Sicht einen Grund gibt?

Die Bibel schildert immer wieder die Sichtweise eines Mannes oder einer Frau in einer bestimmten Situation und stellt diese dann Gottes Sichtweise gegenüber. Der Unterschied ist meist so groß, dass man sich manchmal fragt, ob die Menschen und Gott wirklich von denselben Umständen sprechen!

Der frisch gekrönte König Ahas, der kaum aus dem Teenageralter heraus war, erbte den Thron von Juda zu einer Zeit, die der unsrigen ähnelt. Erschreckende Nachrichten und furchterregende Schlagzeilen hatten die Bewohner Judas in Alarmbereitschaft versetzt. Es ging die Kunde um, dass Aram oder Syrien sich gerade mit Judas anderem Hauptfeind zusammengetan hatten, dem Nordreich Israel. Zusammen schmiedeten sie Pläne, um Jerusalem anzugreifen, den König zu ermorden und das kleine Königreich unter sich aufzuteilen.

Als die Nachrichten von dieser Allianz Jerusalem erreichten, hätte man vielleicht damit gerechnet, dass alle zu Gebetstreffen zusammenkommen würden. Aber nichts dergleichen geschah. Stattdessen brach in den Straßen und im Palast Panik aus. Es heißt in der Bibel: „Der judäische König und das Volk zitterten vor Angst wie Bäume im Sturm."[91]

Zwei Feinde, die sich gegen das kleine Juda verbündet hatten? Wie sollten sie sich gegen eine solche Übermacht verteidigen? Wie sollten sie überleben? Was würde wohl passieren? Sie waren völlig überfordert von dieser Situation.

Haben Sie so etwas schon einmal erlebt? Oder vielleicht sollte ich fragen: Haben Sie *in letzter Zeit* schon einmal so etwas erlebt? Haben Sie sich schon einmal ein Bild über Ihre Lebenslage gemacht und dabei wurde Ihnen ganz anders? Sie gingen beispielsweise davon aus, dass Ihre private Altersvorsorge sicher ist, aber dann sind die Aktien in den Keller gerutscht. *Wie wollen Sie nun im Alter mit dem Geld auskommen, das Ihnen noch geblieben ist?* Ihre Kinder haben sich von all dem abgewandt, was Sie sie gelehrt haben, und scheinen entschlossen, ihr Leben zu zerstören. *Was soll nur aus ihnen werden?* Oder: Das Ergebnis des Labortests landet zwischen Telefonrechnung und Pizza-Gutschein in Ihrem Briefkasten. Bei einem der Tests wurde Krebs festgestellt und Sie sollen einen neuen Termin vereinbaren. *Ist das das Todesurteil?*

Manchmal erscheinen uns die Herausforderungen und Lasten des Lebens unglaublich überwältigend. Es kommt uns so vor, als würde der Pfad, dem wir folgen sollen, zu einem riesigen Berg führen.

So fühlt sich auch König Ahas an diesem Morgen. Woher wir das wissen? Weil Gott sich durch seinen Propheten gleich daranmacht, diesen jungen Mann zu beruhigen:

Sag ihm, er soll nichts Unüberlegtes tun, sondern Ruhe bewahren. Ermutige ihn mit dieser Botschaft: Hab keine Angst, und lass dich nicht einschüchtern! (Jesaja 7,4).

Was soll er sagen? „Hab keine Angst?" Soll das ein Witz sein? Während zwei feindliche Armeen im Anmarsch sind? Während Gerüchte und Drohungen den Horizont verdunkeln wie ein nahender Sturm?

Das ist der Augenblick, in dem Gott dem König eine erstaunliche Einladung überbringen lässt. Und ich glaube, er richtet diese Einladung zu unterschiedlichen Zeiten unseres Lebens auch an jeden von uns. Jesaja lädt Ahas dazu ein, die Situation aus einer anderen Perspektive zu betrachten: *durch Gottes Augen* statt durch seine eigenen. Und Junge, dieses Bild sieht wirklich anders aus! Gott sagt: „Lass dich nicht einschüchtern! Rezin und der Sohn Remaljas stürmen zwar wutschnaubend mit ihren Heeren gegen dich heran, doch sie sind nichts als verkohlte, qualmende Holzstummel." Über den geplanten Angriff sagt er: „Daraus wird nichts! Es wird ihnen nicht gelingen!"[92]

Ahas blickt auf diese beiden Könige, die sich gegen ihn vereint haben, und sieht nur einen großen Waldbrand, der alles, was ihm in den Weg kommt, verschlingt. Aber aus Gottes Sicht sind sie bloß zwei qualmende Holzstummel ... schwarz und verkohlt, verbraucht und schon ausgebrannt.

Dann hat Gott eine weitere Botschaft für den eingeschüchterten König: „Wenn euch der Glaube an mich nicht hält, dann hält euch gar nichts mehr!"[93]

Gott wird unsere Umstände nicht immer ändern, aber wenn wir ihn bitten, greift er oft ein, um unsere Sichtweise zu ändern! Er wird uns helfen, durch die Brille unseres Glaubens einen kurzen Blick auf das Leben, so wie er es sieht, zu erlangen. Und dieser kurze Blick ist alles wert.

Auf den folgenden Seiten möchte ich gern ein paar Methoden vorschlagen, mit deren Hilfe wir diese so dringend benötigte neue Perspektive bekommen können. Und falls Sie gerade das Gefühl haben, dass Sie sich irgendwie im Dunkeln verirrt haben, will ich als Starthilfe mit drei ganz einfachen Schritten beginnen.

Ein Ausgangspunkt

Ich muss zugeben, dass der eingeschüchterte König Ahas und ich viel gemeinsam haben.

Manchmal blicke ich in die Zukunft und fühle mich überfordert. So sehr ich es auch versuche, ich schaffe es einfach nicht, über meine Ängste hinauszublicken. Ich kann den Weg, der vor mir liegt, durch den Nebel meiner Sorgen einfach nicht erkennen.

Sie kennen das sicher: Manchmal genügt ein Anruf, eine E-Mail, eine schlechte Nachricht, um einen vom Weg des Glaubens in die Schattenwelt der Ängste und Zweifel zu führen.

Das ist mir vor Kurzem passiert, als ich erfuhr, dass bei der besten Freundin einer Kollegin – sie ist wohl nicht viel älter als 60 oder 62 – Alzheimer diagnostiziert wurde. Ich dachte nur: *In ihrem Alter*? Das hat mich zutiefst erschüttert, und ich überlegte: *Junge, ich bin ja auch fast so alt. Was hält Gott wohl noch für mich bereit?*

Es gibt vermutlich kaum einen Christen, der nicht in die Zukunft geblickt und gedacht hat: *Was ist Gottes Wille für mich? Was wird er tun? Wie wird sich alles fügen? Was sind seine Pläne für den Rest meines Lebens?* Sie müssen nicht 60 und älter sein, um diese Fragen zu stellen. Die meisten fragen schon danach, wenn sie zwischen 20 und 30 oder sogar noch jünger sind.

Wie alt Sie auch immer sind – wenn Sie einen Perspektivwechsel benötigen, möchte ich Ihnen die kurzen schönen Sätze aus 1. Thessalonicher, Kapitel 5, Verse 16 bis 18 als Ausgangspunkt empfehlen:

Freut euch zu jeder Zeit! Hört niemals auf zu beten. Dankt Gott für alles. Denn das erwartet Gott von euch, weil ihr zu Jesus Christus gehört.

Das klingt doch irgendwie ein wenig wie der Ratschlag Gottes für den jungen König Ahas. *Sei vorsichtig, bewahre Ruhe, hab keine Angst, lass dich nicht einschüchtern.* Haben Sie Schwierigkeiten damit herauszufinden, was Gottes Wille für eine bestimmte Situation ist, wenn die Probleme Sie zu überwältigen scheinen? Paulus' prägnanter Ratschlag wird Ihnen von Nutzen sein, gleichgültig, in welcher Lage Sie sich befinden.

- Freut euch zu jeder Zeit.
- Hört niemals auf zu beten.
- Dankt Gott für alles.

Als Ausgangspunkt für jemanden, der Gottes Willen herausfinden möchte, ist das sicher erst einmal ausreichend. Sie könnten an diesen drei Dingen eigentlich den Rest Ihres Lebens arbeiten und sie immer noch nicht beherrschen.

„Aber, Joni", mögen Sie einwenden, „du kennst meine Situation doch gar nicht. Du hast ja keine Ahnung! Ich habe gestern Nacht einen Anruf von meiner Tochter bekommen ... Die Krankenkasse will meine Behandlung nicht übernehmen ... Mein Mann hat wieder getrunken ... Es gibt gerade ziemlich viel Kummer und Unruhe in unserer Familie. Wie kann ich dankbar sein, wenn ich solche Schwierigkeiten habe?"

Um genauer zu sein: Gott sagt uns nicht, wir sollen dankbar *sein.* Er bittet uns *zu danken.* Darin liegt ein großer Unterschied. Das eine bezieht unsere Gefühle mit ein, das andere unsere Entscheidung, unsere Einstellung in einer bestimmten Situation – unser Vertrauen auf Gott.

Man benötigt Glauben – manchmal ziemlich großen Glauben –, um sich für Vergebung zu entscheiden und liebevoll statt verärgert zu reagieren. Das ist einfach *schwer*. Besonders, wenn die Emotionen einen wie ein reißender Fluss in die andere Richtung ziehen wollen. Gottvertrauen hat nichts mit den eigenen Gefühlen zu tun.

Danken Sie Gott dafür, dass er souverän ist. Danken Sie ihm dafür, dass er alles unter Kontrolle hat. Danken Sie ihm dafür, dass er alles zu Ihrem Besten plant, zum Besten Ihrer Familie, dass letztendlich *alles* zu seiner Verherrlichung dient.

Dieses dreifache biblische Gebot (denn genau darum handelt es sich hier), fröhlich zu sein, ohne Unterlass zu beten und Dank zu sagen, wird Ihnen ein klareres Verständnis davon vermitteln, wo Gott Sie hinführen will und was er als Nächstes von Ihnen möchte.

Ich befand mich ebenfalls vor vielen Jahren in dieser Lage – nach dem Unfall, bei dem ich mir das Genick brach. In diesem Krankenhaus in Baltimore habe ich mit zusammengebissenen Zähnen für alles gedankt – angefangen beim furchtbaren Essen bis zu den aufreibenden Stunden der Krankengymnastik.

Monate später geschah ein Wunder. Ich begann mich wirklich dankbar zu *fühlen*. Meine positivere Sichtweise machte es mir möglich, für noch größere Dinge zu danken. Dann, später, geschah ein weiteres Wunder: Ich war in der Lage, glücklich zu sein, obwohl ich litt. Ob ich von da an herausfand, was Gottes Willen für mich war? Er hat sich mir ganz natürlich enthüllt.

Weigern Sie sich, sich auf Ihre Ängste zu konzentrieren

Ach, diese Ängste!

Dieses beengende Gefühl von quälender Furcht.

Diese Beklommenheit, die sich manchmal wie ein eng um die Brust geschnallter Gürtel anfühlt.

Wir geraten ziemlich schnell in Situationen, die uns Angst machen, oder? Glauben Sie mir, ich kenne das. Sie und ich stehen vielleicht nicht wie der König von Juda zwei anrückenden Armeen gegenüber, aber das Leben hält viele andere Sorgen bereit, die uns unseren Frieden rauben und uns runterziehen können!

Meine Freundin Jean hat zum Beispiel kürzlich eine Diagnose erhalten, die bestätigte, dass sie Sklerodermie hat. Als die Menschen in ihrem Umfeld davon hörten, fragten sie: „Sklero-*was*?"

Nur wenigen ist diese Muskelgewebs- und Hauterkrankung ein Begriff. Jean kannte sie jedenfalls nicht, deshalb entschied sie sich, Fachfrau darin zu werden. In den Tagen nach der Diagnose wühlte sie sich durch alle verfügbaren Informationen. Sie saß permanent vor ihrem Computer, recherchierte in Artikeln, schrieb an Ärzte, verglich Berichte und beschäftigte sich mit Behandlungsmethoden.

Als jedoch die Tage zu Wochen wurden, fiel mir etwas an meiner Freundin auf. Es war zweifellos hilfreich, dass sie so viel über ihre Erkrankung lernte, aber ich bemerkte auch, dass sich ihre Sichtweise von Gott veränderte.

Man fragte sie, wie es angesichts ihrer Erkrankung um ihre Beziehung zu Gott bestellt sei, und als Antwort gab sie ihren aktuellen Krankenbericht zum Besten. Sie kam zum Bibelkreis oder man traf sie in der Gemeinde und … nun, für sie war das die Gelegenheit, den Fragenden mit allen Neuigkeiten über ihre Sklerodermie auf dem Laufenden zu halten.

Zunächst war das verständlich. Es war schließlich zu erwarten, dass Jean sich Sorgen über ihre Verfassung machte. Aber nach einer Weile fragte ich mich, ob ihr Glaube an Gott darunter zu leiden begann.

Wenn Sie unter starken Schmerzen leiden oder Ihre körperliche Beweglichkeit eingeschränkt ist, dann ist es durchaus nicht verkehrt, sich mit den relevanten Fakten und Behandlungsmethoden vertraut zu machen. Es ist gut, über die Diagnose, die Prognose und das Drumherum Bescheid zu wissen. Aber wenn dadurch die Beziehung zu Gott leidet, weil man sie einfach nicht mehr pflegt ... nun, das ist ein klarer Hinweis darauf, dass der eigene Glauben auf etwas schwachen Füßen steht.

Das ist erneut ein Punkt, an dem wir einen göttliche*n Perspektivwechsel benötigen.*

Tatsache ist, dass der Gott, der uns liebt, nicht deshalb erschütternde medizinische Diagnosen zulässt, um uns auf irgendwelche Irrwege zu schicken. Nein, jede dieser Krisen soll uns die Wirklichkeit Gottes bewusst machen – seine Nähe, seine Fürsorge, seine Gegenwart und seine unablässige Unterstützung. So wie alle Enttäuschungen und aller Kummer im Leben sollen sie der Anweisung in Hosea Nachdruck verleihen, wo es heißt: „Kommt, lasst uns alles daransetzen, ihn und seine Wege zu erkennen!“[94]

Und bitte denken Sie daran: Diese Worte wurden zu einer Zeit geschrieben, als das Volk Israel von Problemen geradezu überwältigt wurde. Hoseas Ratschlag? „Lasst uns Gott besser kennenlernen ... lasst uns alles tun, um ihn immer besser zu kennen.“

Wenn das Leid uns mit voller Wucht trifft, dann wird das unseren Glauben durchaus etwas erschüttern – so als ob wir in einem Auto über eine hohe Brücke fahren und von einer starken Windböe getroffen werden. Dann müssen Sie darauf achten, dass Sie beide Hände am Steuer haben! Aber Krisen sollen uns auch an die Wahrheit des folgenden Verses erinnern: „Die anderen aber, die Gott treu sein wollen, bleiben standhaft.“[95]

Wenn Sie in dieser Woche etwas durchmachen, das Ihnen schier überwältigend vorkommt, möchte ich Sie ermutigen, standhaft zu bleiben. Lassen Sie sich durch diese Sache nicht völlig vereinnahmen. Lassen Sie nicht zu, dass Ihre Ängste Sie überwältigen oder Ihren Glauben trockenlegen. Bleiben Sie stattdessen standhaft und ergreifen Sie die Initiative. Nehmen Sie das Problem als Gelegenheit, selbst ein wenig in Gottes Wort zu forschen. Vergleichen Sie

Bibelverse miteinander. Spüren Sie den Beispielen von Paulus, Josef, Daniel oder Petrus nach und wie diese Männer mit schlechten Nachrichten und Leid umgingen.

Im Grunde ist es Verschwendung von Zeit und Energie, wenn wir Tag und Nacht nur Nachforschungen über eine Krankheit oder Verletzung anstellen und ausschließlich darüber reden und nicht über den Gott, der sie aus uns unbekannten Gründen zugelassen hat.

Mein Freund Dave Powlison hat in dieser Hinsicht einen guten Rat.

Dave ist Professor bei der *Christian Counseling Education Foundation*. Er kämpft außerdem gegen den Krebs, der seinen Körper verwüstet. Während er diese Lebensphase durchmacht, ist er, der daran gewöhnt war, ständig unterwegs zu sein, gezwungen, einen Gang zurückzuschalten und einige Lektionen in Sachen Geduld zu lernen.

Ich selbst war noch nie mit Krebs konfrontiert, aber während ich Dave beobachtete, wurde mir unheimlich viel Ermutigung, Hilfe und Hoffnung zuteil. Und das einfach nur dadurch, dass ich beobachtete, wie er mit den Herausforderungen umging, die diese Krankheit an ihn stellt.

Wie Sie wissen, ist Krebs ein erschreckendes Wort. Es verbreitet sofort Furcht und Schrecken. Dave hat die normale Chemotherapie-Routine durchgemacht – das Warten, die Unsicherheit, die schrecklichen Reaktionen auf die Medikamente. Aber ich bin überrascht darüber, wie er sein emotionales Gleichgewicht beibehalten hat ... und seinen Mut.

Hören Sie sich an, was Dave mir inmitten all der Ängste, Schmerzen und der Krankheit vor nicht allzu langer Zeit schrieb:

> *Joni, ich habe gelernt, dass man für jeden einzelnen Satz, den man anderen über den Krebs sagt, zehn Sätze über seinen Gott sagen sollte, über die Hoffnung, die man hat, was Gott einen lehrt und*

die kleinen Segnungen jedes Tages. Für jede Stunde, die du damit zubringst, über deinen Krebs zu forschen oder zu reden, solltest du zehn Stunden damit zubringen, über Gott zu forschen, zu reden und ihm zu dienen. Stelle immer wieder einen Bezug zwischen dem, was du über den Krebs lernst, und Gott und seine Absichten her, dann werden dich Furcht und Zweifel nicht überwältigen.

Was für ein hervorragender Rat! Was für eine eindrückliche Tatsache! Wenn ich mal wieder von den Schmerzen überwältigt werde, muss ich mich an diese besondere Einsicht von Dave erinnern. Sie können das nachvollziehen, oder? Denn wenn uns das Leid trifft, neigen wir dazu, ständig um unsere Probleme zu kreisen – besonders die Probleme, die unsere Gesundheit betreffen. Wir erzählen anderen detailliert von unserer Sklerodermie, einer nicht verheilenden Knieoperation, einem anstrengenden Rehaprogramm oder auch von unserer Chemo.

Ich muss wirklich von Dave lernen. Für jeden Satz, den ich über meine Situation schreibe oder sage, sollte ich zehn Sätze über die Gnade, Stärkung, Hilfe, Ermutigung und Segnungen Gottes sagen!

Die Wahrheit ist, dass es in dieser Welt eine hundertprozentige Garantie dafür gibt, dass wir leiden *werden*. Aber zur selben Zeit ist es hundertprozentig sicher, dass Jesus Christus da sein wird, uns ermutigt, uns tröstet, uns mit Stärke und Durchhaltevermögen ausstattet und, ja, uns sogar wieder Freude schenkt. Ihr Retter ist mit hundertprozentiger Sicherheit bei jeder Herausforderung an Ihrer Seite.

Die Bibel sagt uns immer wieder, dass Gott treu ist und dass der, der in Ihnen ist, größer ist als alle Schmerzen, Gebrechen oder sogar tödliche Krankheiten.

Denken Sie heute daran: Wenn Sie über Ihre Gesundheit oder andere Probleme reden, dann erzählen Sie auch von der Gnade unseres wunderbaren Herrn, der uns alles gibt, was wir brauchen, und uns errettet!

Ein leuchtendes Beispiel

Erst kürzlich las ich etwas aus der Feder von John Piper, das wie für mich geschrieben schien.

Piper dachte über eine Situation nach, die der Apostel Paulus im 2. Kapitel des Philipperbriefes beschreibt. Offenbar hatte die Gemeinde in Philippi einen aus ihrer Mitte, Epaphroditus, als Boten ausgesandt, um Paulus ein paar Dinge zu bringen, während dieser im Gefängnis saß. Laut dieses Abschnitts wurde Epaphroditus krank und starb fast, während er Paulus besuchte.

Folgendes schrieb Paulus den Philippern:

> *Ich hielt es für notwendig, Epaphroditus zu euch zurückzuschicken. Er hat mir eure Gaben überbracht und hat mir beigestanden. Nun, er ist mir wirklich ein Bruder, ein guter Mitarbeiter und Mitkämpfer geworden. Inzwischen aber hat er große Sehnsucht nach euch allen. Es hat ihn sehr beunruhigt, dass ihr von seiner Krankheit erfahren habt. Tatsächlich war er todkrank, aber Gott hatte Erbarmen mit ihm und auch mit mir. Er wollte mir zusätzliche Trauer ersparen. Jetzt soll Epaphroditus so schnell wie möglich zu euch zurückkehren. Ihr sollt ihn gesund wiedersehen und euch über ihn freuen. Dann werde auch ich eine Sorge weniger haben* (Philipper 2,25–28).

Als Epaphroditus sich schließlich von seinem Ringen mit dem Tod erholte, „hat es ihn sehr beunruhigt, *dass ihr von seiner Krankheit erfahren habt*".

Piper schreibt:

> *Was für eine erstaunliche Reaktion! Es heißt hier nicht, die Philipper waren beunruhigt, dass er krank war, sondern dass Epaphroditus beunruhigt war, weil sie davon erfahren hatten, dass er krank war. Gott möchte, dass wir genau diese Haltung einnehmen (wenn wir*

leiden): dass wir ein durch und durch liebevolles, fürsorgliches Herz für Menschen haben. Verschwenden Sie nicht (Ihr Leiden), indem Sie sich in sich selbst zurückziehen.

Offenbar war Epaphroditus so ein bescheidener Mann, dass er nicht wollte, dass andere sich um ihn sorgten. Er wollte seine Mitchristen nicht beunruhigen, weil er wusste, dass sie schon genug Probleme hatten. Auf jeden Fall dachte Epaphroditus wohl, dass seine gesundheitlichen Probleme – auch wenn er fast gestorben wäre – im Vergleich zu den Nöten seiner Freunde unbedeutend waren.

Man kann ihn geradezu sehen, wie er seinen Kopf schüttelt und zum Apostel sagt: „Ach, Mann, Paulus, *das* wollte ich doch nicht. Erzähl ihnen, dass es mir besser geht, sag Ihnen, mir wird's wieder gut gehen. Das Letzte, was sie momentan brauchen, ist, dass sie sich Sorgen um *meine* Gesundheit machen!"

Berührt Sie das auch so wie mich?

Epaphroditus lebt uns hier beispielhaft eine lobenswerte, wunderbare Einstellung vor, und ich hoffe, dass ich, wenn ich über meine Behinderung oder Kämpfe mit den Schmerzen schreibe, es in einer Form tue, die andere ermutigt – und dass sie sich keine Sorgen um mich machen. Denn ich sage Ihnen: Meine Querschnittslähmung ist im Vergleich zu dem, was die meisten Christen in den Teilen der Welt erleiden, in denen Krieg und Verfolgung herrschen und es für Menschen mit Behinderungen oder entsetzlichen Schmerzen kaum Hilfe gibt, keine große Sache.

Vielleicht geht es Ihnen an diesem Punkt ja ähnlich. Dennoch weiß ich, dass es Zeiten gibt, in denen ich viel zu viel über mich selbst rede. Wenn wir ein gesundheitliches Problem haben, neuerliche Schmerzen oder Wehwehchen oder Probleme, die uns das Gehen (oder in meinem Fall das Rollen) noch schwerer machen, dann *reden* wir darüber, oder etwa nicht? Soll ich es an dieser Stelle wagen, das Wort *jammern* zu benutzen?

Ich möchte Sie heute dazu einladen, Gott zu bitten, uns dabei zu helfen, einen echten Blick für andere zu entwickeln und uns weniger auf unsere eigenen Schmerzen und Probleme zu konzentrieren. Diese Entscheidung hat zumindest meine Freundin Hannah getroffen ... und ich habe das starke Gefühl, dass sie es nie bereuen wird.

Gestern Abend habe ich mit Hannah telefoniert. Sie hat sich mit drei Dingen herumgeschlagen, die denen ähneln, mit denen Ahas an dem Morgen am Teich gerungen haben muss, von dem ich eingangs berichtet habe.

Erstens: Sie hat große Zweifel an der Güte Gottes.

Zweitens: Die Sorgen über eine ungewisse Zukunft lähmen sie.

Drittens: Sie weiß, dass sie furchtbar selbstbezogen geworden ist. Es entmutigt sie, dass sie scheinbar nicht aufhören kann, über ihre eigenen Probleme nachzudenken. Und es kommt ihr so vor, als liefe sie immer wieder den gleichen ausgetretenen Pfad entlang und komme niemals irgendwo an.

Hannah ist schon lange genug Christ, um zu wissen, dass irgendetwas an diesem Bild nicht stimmt. Aber sie ist sich auch bewusst, dass die Erinnerungen an einen Missbrauch in ihrer Kindheit sie nicht loslassen – ganz schrecklichen sexuellen Missbrauch. Sie sagte mir gestern Abend: „Joni, es kommt mir so vor, als sei *ich* diejenige, die behindert ist, nicht du.“ Ich wusste, wovon sie sprach. Ich weiß selbst, wie es ist, wenn man ein Gefangener seiner eigenen Gefühle ist – Zweifel, Ängste und dieses Immer-um-sich-selbst-Drehen.

Ich schwieg eine Weile und wartete, dass Gott mir die richtigen Worte gab.

Plötzlich sah ich vor meinem inneren Auge ein kleines Mädchen namens Jenny vor mir. Jennys Mutter ist eine Prostituierte, die in Motels lebt und dort auch ihrem „Beruf“ nachgeht. Der Sozialdienst von Los Angeles nahm Jenny ihrer Mutter weg, als sie fünf

Jahre alt war – aber zu dieser Zeit war das kleine Mädchen schon jahrelang Missbrauch ausgesetzt gewesen. Sie brachten sie zu meiner Freundin Rebecca, die bereits Jennys ältere Halbschwester adoptiert hatte. Ich erklärte Hannah, dass ich für diese beiden kleinen Mädchen bete, deren Persönlichkeit bereits in so jungen Jahren auf tragische Weise Schaden genommen hat.

Hannah hörte sich das alles an. Schließlich bat ich sie: „Hannah, würdest du bitte für Jenny beten? Für die sechsjährige Jenny?"

Auf der anderen Seite der Leitung war nur Stille zu vernehmen. Schließlich sagte Hannah: „Natürlich. Ja. Und lass uns für all die Jennys beten, die keine Adoptivmutter wie Rebecca haben."

Eine von uns erinnerte sich an die Worte, die Jesus zu seinen Jüngern gesprochen hatte: „Habt ihr nicht selbst gesagt: ‚In vier Monaten beginnt die Ernte?' Macht doch eure Augen auf und seht euch um! Das Getreide ist schon reif für die Ernte." Und: „Darum bittet den Herrn, dass er noch mehr Arbeiter aussendet, die seine Ernte einbringen!"[96]

Wir waren uns einig, dass es, obwohl der Bedarf so groß ist, nur wenige Arbeiter wie meine Freundin Rebecca gibt.

In diesem Moment erlebte Hannah, dass Gott ihre Perspektive veränderte. Sie sah nicht länger das überwältigende Ausmaß ihrer eigenen Probleme, sondern „machte ihre Augen auf" und blickte über den Tellerrand ihres Lebens hinaus, um die Bedürfnisse eines anderen zu sehen.

„Joni", sagte sie ruhig, „ich will eine dieser Arbeiterinnen sein. Ich möchte kleinen Mädchen helfen, die noch Schlimmeres als ich durchgemacht haben."

Am Ende unseres Gesprächs hatte sich bei Hannah eine große Wende vollzogen. Sie hatte gelernt, dass die Zweifel, Ängste und ihre Selbstbezogenheit in Wahrheit das Gegenteil des Glaubens, der Hoffnung und der Liebe waren, die im 13. Kapitel des 1. Korintherbriefes beschrieben werden. Sie wusste, dass ihr immer noch Glaube und Hoffnung fehlten und sie immer noch mit Zweifeln und Ängsten rang. Aber die kleine Jenny hatte ihr gezeigt, dass die Antwort auf Selbstbezogenheit nicht endlose Nabelschau ist, sondern einfach Liebe – eine Liebe, die weit über sich selbst hinausreicht und sich darum bemüht, denen zu helfen, deren Not schlimmer ist als die eigene.

Halten Sie an der Hoffnung fest

Ich brauche alle Hoffnung, die ich kriegen kann, und ich schäme mich nicht, das zuzugeben. Ich bin behindert, die Dinge sind nicht einfach für mich, und ich blühe mit Hoffnung regelrecht auf. Ich liebe alles, was mit Hoffnung zu tun hat. Eine moderne Bibelübersetzung gibt Paulus' Worte im Römerbrief folgendermaßen wieder:

> *Ich bitte Gott, auf den sich unsere Hoffnung gründet, dass er euch in eurem Glauben mit aller Freude und allem Frieden erfüllt, damit eure Hoffnung durch die Kraft des Heiligen Geistes immer stärker und unerschütterlicher wird* (Römer 15,13).[97]

Wenn Sie und ich Gott in den Zeiten vertrauen, in denen es hart auf hart kommt, schenkt er sogar noch mehr Hoffnung, was durch Freude und Frieden in Herz und Seele spürbar ist. Ein Christ, der von Freude erfüllt ist und mit seiner Situation Frieden geschlossen hat, ist ein Christ, der Hoffnung hat. Er trägt den Gott der Hoffnung im tiefsten Inneren seines Herzens.

Deshalb steht auch eine bestimmte Pastell-Bleistiftzeichnung auf meiner Staffelei, und das seit gut einem Jahr. Auf dem Bild ist eine Kirche im Wald zu sehen, es liegt Schnee, und im Hintergrund sind Berge zu erkennen. Ich begann vor über einem Jahr mit dieser Zeichnung, in der Hoffnung, dass ich sie in kurzer Zeit fertigstellen könnte.

Aber das hat sich bisher nicht ergeben.

Wegen der Schmerzen in meinem Rücken kann ich seit einiger Zeit nicht an meiner Staffelei sitzen; das Halten der Stifte zwischen meinen Zähnen und das Vorbeugen in einem unbequemen Winkel verursachen nur noch mehr Schmerzen. Dennoch rolle ich oft in mein Atelier, um die unvollendete Skizze zu betrachten, die dort immer noch auf meiner Staffelei steht. Ich weigere mich, sie in meine Mappe zu legen.

Warum? Weil ich Hoffnung habe. Ich glaube – und das glaube ich wirklich –, dass ich irgendwann in der Zukunft, vielleicht in ein paar Monaten, wieder in der Lage sein werde, regelmäßig zu zeichnen. Meine Kunst ist ein geistliches Amt, und selbst wenn ich am Ende nur noch Strichskizzen machen kann und nicht länger vollendete Gemälde … nun, dann ist das auch in Ordnung.

Ich vertraue in den Gott, der uns Hoffnung schenkt. Ich vertraue darauf, dass er mir ein künstlerisches Talent gegeben hat, damit ich es zu seinem Ruhm einsetze und andere Christen ermutige.

Ich weiß nicht, wann, aber ich weiß, *dass* ich wieder zeichnen werde.

Das ist kein Wunschdenken, das ist Hoffnung, die ich aus den tiefen Quellen des Gottes der Hoffnung schöpfe.

Schauen Sie nicht an die Wand

Wir haben dieses Kapitel mit der Geschichte eines jungen Königs begonnen, der so mit Furcht erfüllt war, dass er Gottes Worte des Trostes und der Hoffnung nicht erfassen konnte – sogar, als er dem Propheten des Herrn Auge in Auge gegenüberstand.

Ahas schien nicht in der Lage zu sein, seine Augen vom nördlichen Horizont abzuwenden, von wo er die zwei feindlichen Armeen erwartete.

Mein Freund Dan, ein Rennfahrer, hätte für den König von Juda ein paar zeitgemäße Worte parat (falls dieser Jesaja nicht zuhören würde). Er würde sagen: „Ahas, Kumpel, du siehst *die Wand* an. Steuere in den offenen Raum!"

Dan hat schon viele Runden auf der Rennbahn gedreht. Ich kann nicht sagen, dass ich viel von diesem Sport verstehe – oder von der Leidenschaft dafür, bei den hohen Geschwindigkeiten, die diese Fahrer fahren, Leib und Leben zu riskieren. Aber ich schätze auf jeden Fall Dans Liebe und Begeisterung für sein Auto und sein Team.

Vor einiger Zeit fragte ich Dan nach Dale Earnhardts furchtbarem Unfall im Jahr 2001, bei dem die NASCAR-Ikone ihr Leben verlor. Der entsetzliche Videoclip ist auf *YouTube* zu sehen und wird oft angeklickt – auch nach all diesen Jahren. Wenn man ihn sich ansieht, wird klar, dass Dale einfach nicht mehr gegensteuern konnte. Seine Geschwindigkeit und die Zielrichtung seines Autos machten ein Entkommen unmöglich. Ich fragte Dan, ob so etwas auf der Rennbahn oft passiere.

„Oh ja", sagte er, „die Jungs kommen ins Schleudern, werden gerammt und sehen die Wand auf sich zukommen. Aber ich werde dir eine Sache sagen, die sie *nicht* tun, Joni: Sie schauen nicht auf diese Wand! Ihr natürlicher Instinkt drängt sie zwar dazu, aber während ihres Trainings lernen sie, ihre Augen immer auf die Bahn zu richten und entsprechend gegenzusteuern, um das Schlingern in den Griff zu bekommen. Denn wenn sie an die Wand blicken, dann erstarren sie regelrecht. Dein Körper reagiert einfach automatisch; man kann nichts dagegen tun. Wenn du jedoch auf die Rennbahn blickst und zum offenen Raum hin steuerst, dann konzentrieren sich alle deine Nervenbahnen *darauf* – und nicht darauf, einen Aufprall abzufangen."

So sind wir Menschen eben: Wir starren auf die Prüfung, die vor uns liegt, und lassen zu, dass uns die Furcht überwältigt. Wir sagen zu uns selbst: *Das ist unmöglich! Das schaffe ich nie. Ich finde da nie heraus. Davon erhole ich mich nie. Ich mache mich besser auf einen Aufprall gefasst, denn das wird ein ganz, ganz schwerer Zusammenstoß. Ahhhhh ...*

Aber nachdem ich nun Dan und seine Weisheiten über das Rennfahren kenne, weiß ich, dass die Lösung darin besteht, seine Augen von der Wand abzuwenden und sich auf die Zukunft und ihre Möglichkeiten zu konzentrieren (auf den offenen Raum zuzusteuern). Und entsprechend muss ich den Blick von den momentanen Zwickmühlen abwenden, die mich handlungsunfähig machen und erstarren lassen.

Der Apostel Petrus war so mutig, auf dem Wasser zu Jesus zu laufen, aber irgendwann wandte er seinen Blick ab und sah auf die „Wand" – und sein natürlicher Instinkt machte sich auf einen Aufprall gefasst. Und was wäre mit den Israeliten geschehen, wenn sie erstarrt stehen geblieben wären, als sie das Rote Meer durchquerten – gelähmt, weil sie die Wassermauern auf beiden Seiten anstarrten und nicht nach vorne auf den Weg blickten, den Gott auf wundersame Weise für sie durch das Meer gebahnt hatte?

Kein Wunder, dass es im Hebräerbrief heißt, dass wir unsere Augen auf Jesus richten sollen. Und der Verfasser des Kolosserbriefes sagt: „Trachtet nach dem, was droben ist."[98] Und im Lukasevangelium heißt es: „... dann richtet euch auf und erhebt freudig den Kopf: Bald werdet ihr gerettet!"[99]

Dieser Ratschlag hält uns sicher davon ab, die Wand zu rammen!

Und nun noch ein letzter Ratschlag für einen Perspektivwechsel.

Die Kraft eines Liedes

Jedes Mal, wenn ich durch das Büro oder über den Gang rolle, auf der Autobahn unterwegs bin, im Garten arbeite oder in der Küche sitze, *liebe* ich es zu singen. Ich wache morgens auf, und mein Herz möchte gleich singen, während ich mich an den Alltäglichkeiten des Lebens erfreue.

Haben Sie sich je gefragt, ob Jesus gesungen hat?

Im Kinderbuch „Das Wunder von Narnia“ von C. S. Lewis sang der große Löwe Aslan die Welt von Narnia ins Dasein. Aber was sagt die Bibel über den Menschensohn?

Mir fällt es gar nicht schwer, ihn mir singend vorzustellen, eine Melodie summend, während er auf der Straße von Jericho nach Jerusalem unterwegs ist. Wir wissen, dass die Juden damals in ihren Synagogen und an ihren heiligen Festtagen sangen. Da ist doch davon auszugehen, dass die Familie von Jesus mitgesungen hat, oder? Es kam mit Sicherheit häufig vor, dass sein Herz vor Freude überfloss, und man kann sich denken, dass er das durch ein Lied zum Ausdruck brachte.

Aber berichtet das Neue Testament davon? Erzählt es von irgendwelchen Gelegenheiten, bei denen er sang? Ja, das tut es tatsächlich. Aber nur einmal, in Matthäus, Kapitel 26, Vers 30. Der Schauplatz dieses Liedes ist jedoch kein sonniger Berghang … es geschah auch nicht, während er mit seinen Freunden segelte … und auch nicht, als er in der Dämmerung durch einen Weinberg ging, während die duftende, fast reife Frucht in großen Trauben herabhing.

Es war in dem Haus, in dem sie an dem Abend, kurz bevor Jesus verraten wurde, das Passahmahl feierten. Es wird berichtet: „Nachdem sie das Danklied gesungen hatten, gingen sie hinaus an den Ölberg.“[100]

Es war kurz, bevor er in den Garten Gethsemane ging … und dann ans Kreuz.

Jesus entschied sich dazu, dass wir uns seiner ausgerechnet in den Stunden vor seinem großen Opfertod singend erinnern.

Vor dem Hintergrund der Tatsache, dass ich im Rollstuhl sitze, berührt mich das besonders. Es zeigt mir, dass ich Gott auch dann Dankeslieder singen kann, wenn mein Herz schwer ist, wenn ich

Enttäuschungen, Krankheit und Mühsal erlebe, wenn die Schmerzen einfach zu stark sind oder wenn ich schlicht versuche, einen weiteren Tag im Rollstuhl zurechtzukommen. Paulus hat in seinem Brief an die Epheser, Kapitel 5, Verse 19 und 20 einen „musikalischen" Ratschlag: „Singt miteinander Psalmen, und lobt den Herrn mit Liedern, wie sie euch sein Geist schenkt. Singt für den Herrn, und jubelt aus vollem Herzen! Im Namen unseres Herrn Jesus Christus dankt Gott, dem Vater, zu jeder Zeit, überall und für alles!"

Verstehen Sie? Es wird uns aufgetragen zu singen, während wir Gott unablässig *für alles* danken. Vor einigen Seiten haben wir gelesen, dass wir Gott danken sollen, aber in diesem Abschnitt trägt Gott uns auf, „für" alles zu danken. Dieses kleine Wort „für" kann viel Schmerz und Leiden beinhalten. Aber vielleicht erinnert uns Gott deshalb daran zu singen.

Es ist in der Tat so: Während wir seinen Schritten in den Garten Gethsemane auf den Ölberg folgen – und dann auf seinem Weg nach Golgatha –, sollten auch wir das Kreuz auf uns nehmen und *singen*. Wie an diesem Morgen, als ich zur Arbeit kam, durch die Eingangstür rollte und sang:

Happy day, happy day!
When Jesus washed my sins away.
He taught me how to watch and pray,
And live rejoicing every day!
Happy day, happy day!
When Jesus washed my sins away.[101]

Unsere natürliche Reaktion besteht natürlich darin, *nicht* zu singen, wenn es uns schlecht geht.

Aber wir reden hier nicht über natürliche Reaktionen oder Gefühle. Wir reden über das Singen als Glaubensschritt, im Vertrauen und in der Hingabe an den Retter, der sich selbst für uns hingab. Denken Sie an den Apostel Paulus, der trotz seiner Ketten sang, als er im Verlies von Philippi saß.

Gleichgültig, ob Sie sich in einem emotionalen Hoch oder Tief befinden: Folgen Sie heute dem Vorbild von Jesus. Möge der Heilige Geist von Tag zu Tag in Ihnen leben und Gott darum bitten, jeden Tag ein Lied in Ihr Herz zu legen, während Sie täglich das Kreuz auf sich nehmen und ihm folgen.

Singen verändert die Perspektive.

Aber es passiert nichts, bis Sie im Glauben Ihren Mund öffnen und mit dem ersten Ton beginnen!

ACHT

Endgültige Heilung

Wenn Christus mich nach Hause ruft, werde ich mit der Freude eines Jungen gehen, der nicht länger zur Schule muss.

Adoniram Judson

Während all der Jahre, die ich nun schon gelähmt bin, habe ich mich danach gesehnt, mich danach verzehrt, habe geweint und gebetet, dass Gott meinen gebrochenen Körper heilen möge.

Nach mehr als 40 Jahren im Rollstuhl habe ich mich jedoch damit abgefunden, dass er es in seiner Liebe, Souveränität und seinem weitsichtigen, vollkommenen, aber oft unverständlichen Plan vorzieht, mir sanft, aber bestimmt zu antworten: „Nein, Kind. Nicht jetzt. Noch nicht."

Deshalb beschäftige ich mich seit einer Weile häufig mit der Vorstellung, dass ich im Himmel einmal endgültig geheilt sein werde. Solche Gedanken sind meine Leidenschaft, ich träume davon, denke intensiv darüber nach, singe darüber. Heilung *wird* eintreten und Gott wird keine halben Sachen machen. Die Wiederherstellung meines Körpers wird nur den kleinsten Bruchteil seines guten Plans und seiner guten Absichten für mich ausmachen.

Diese Vorstellung hat mir großen Frieden gebracht, selbst angesichts enormer Schwierigkeiten.

1995 habe ich ein Buch über den Himmel geschrieben. Betrachtungen über unser zukünftiges, endgültiges Zuhause sind seither auch eines der Hauptthemen meines Predigtdienstes, meines Schreibens, meiner Rednertätigkeit und meiner Seelsorge.

Aber als der feindselige, zerstörerische Eindringling namens chronische Schmerzen vor ein paar Jahren in mein Leben kam, raubte mir dieser Quäler, Spötter und Dieb die Nachtruhe, den Frieden und die Möglichkeit, viele dieser befriedigenden und fruchtbringenden Dinge, die Gott mir während meiner Jahre im Rollstuhl ermöglicht hatte, überhaupt noch auszuführen. *Malen? Vorträge? Schreiben? Singen? Reisen? Radio- oder Fernsehübertragung? Zukunftspläne für „Joni and Friends" schmieden?* Wie auch das Schreiben dieses Buches hier sind all diese Aktivitäten unendlich schwieriger geworden. Wenn sich nicht etwas ändert, weiß ich nicht, wie lange ich in der Lage sein werde, das alles noch weiter zu tun.

All die altbekannten Fragen über körperliche Heilung, von denen ich einige in diesem Buch angesprochen habe, sind heute wieder aktuell und beschäftigen mich mit der Dringlichkeit eines roten Blinklichts. Wie soll ich es Ihnen erklären? Es ist so, als hätte man einen Kurs an der Uni unter großem Krafteinsatz unter Dach und Fach gebracht, nur um festzustellen, dass man überhaupt nicht bestanden hat und dass einem ein großes Examen erst noch bevorsteht.

Ich hatte mich an die Lähmung „gewöhnt", falls man es so sagen kann. Aber ich weiß nicht, wie um alles in der Welt ich mich an aufreibende chronische Schmerzen „gewöhnen" soll. Ich hatte gelernt, mit den Mühen, Entbehrungen und scheinbar endlosen körperlichen Bedürfnissen und der täglichen Routine der Querschnittslähmung fertigzuwerden, aber ich weiß nicht, wie ich mit pausenlosen Qualen umgehen soll. *Ich brauche Rettung. Ich brauche Befreiung. Ich möchte, dass Gott etwas tut. So schnell wie möglich.*

Ich habe früher zu unterschiedlichen Tages- und Nachtzeiten seine Nummer gewählt; inzwischen besteht eine ständige 112-Notruf-Verbindung zu Gott – und ich habe ihn extra auf Kurzwahl gelegt.

Ich habe früher jeden Tag für möglichst viel Gnade gebeten; heute bitte ich dafür, dass ich überlebe.

„Dringlichkeits-Psalmen"

Im Zuge dieser ungewollten Veränderungen in meinem Leben bin ich ein großer Fan der „Dringlichkeits-Psalmen" geworden, wie ich sie gern nenne. Das sind die Psalmen – sie stammen hauptsächlich von David –, in denen der Psalmist nicht nur Bitten an Gott richtet, sondern auch ein „Eilt!" hinzufügt. Mit anderen Worten: „Herr, ich habe diese Bitte an dich und bin mir bewusst, dass du deinen eigenen Zeitplan hast, aber ich habe einfach nicht sehr viel Zeit, um auf eine Antwort zu warten. Wenn du nicht schnell aktiv wirst, dann brauchst du gar nichts mehr zu tun, denn dann werde ich erledigt sein!"

Hören Sie sich doch einmal die reine Dringlichkeit dieser uralten Hilfeschreie aus den Psalmen an:

> *Herr, wende dich nicht länger von mir ab! Nur du kannst mir neue Kraft geben,* ***komm mir schnell zu Hilfe!*** …

> *Höre mein Gebet!* ***Hilf mir schnell!*** …

> ***Komm und hilf mir schnell!*** *Du bist doch mein Herr und mein Retter!* …

> *Herr, ich bitte dich: Rette mich,* ***komm mir schnell zu Hilfe!*** …

Verbirg dich nicht länger vor mir, ich gehöre ja zu dir! Ich weiß keinen Ausweg mehr, darum ***antworte mir schnell****. Komm und rette mich …*

Herr, ich bitte dich: Rette mich, ***komm mir schnell zu Hilfe!*** *…*

Ich bin hilflos und ganz auf dich angewiesen, Herr; sorge für mich, denn du bist mein Helfer und Befreier! ***Komm rasch zu mir!*** *Mein Gott, zögere nicht länger! …*

Gott, warum bist du so weit weg? Mein Gott, ***komm mir schnell zu Hilfe!*** *…*

Zögere nicht*, erbarme dich über uns, denn wir sind am Ende unserer Kraft! …*

Ich bin in großer Not – verbirg dich nicht vor mir! Höre mir zu und ***antworte mir schnell*** *…*

Herr, höre mich an, wenn ich zu dir rufe! ***Hilf mir schnell!*** *…*

Herr, ***antworte mir doch jetzt****, denn ich bin völlig am Ende!*[102]

Das muss man einfach toll finden. David sagt: „Oh, kannst du dich nicht beeilen, Herr? Ja, ich ehre dich durchaus für deine Gnade, deine Vorsorge, dein Mitgefühl und deine Errettung. Aber besteht irgendeine Möglichkeit, dass du das Ganze etwas beschleunigst? Dass du vielleicht die Unterstützung über Nacht per Eilsendung schickst und nicht auf einem Packesel?" Das gefällt mir. Es gefällt mir, dass die Bibel anerkennt, dass es Zeiten größter Not und riesiger Angst gibt, in denen wir sofortige Hilfe oder Hoffnung gleich intravenös direkt in die Hauptschlagader unserer Seele brauchen.

Als Petrus plötzlich feststellt, dass die Oberfläche, auf der er läuft, doch „flüssiger“ ist, als er kurz zuvor noch gedacht hat, stößt er Worte aus, die das vielleicht kürzeste Gebet der Bibel sind:

> *Als Petrus aber die hohen Wellen sah, erschrak er, und im selben Augenblick begann er zu sinken. „Herr, hilf mir!“, schrie er* (Matthäus 14,30).

Ja, ich selbst habe auch schon einige Petrus-Gebete und Dringlichkeits-Psalmen gesprochen. Ich bete wieder für Heilung, und zwar so eindringlich, dass diese Gebete eher an die Zeiten erinnern, in denen ich ein verängstigter Teenager war, der im Krankenhaus in Baltimore lag, und nicht unbedingt an die vielen Jahren danach.

Aber diese derzeitige Lebenskrise hat noch andere Auswirkungen.

Sie hat meine Sehnsucht nach einer endgültigen Heilung verdreifacht, eine Heilung, die mich hinter der nächsten Ecke erwartet, wenn ich im Himmel bin. Das ist kein Tagtraum oder eine willkommene Ablenkung für mich. Das ist meine Rettungsleine. Das ist Hoffnung. Das ist Vernunft. Das ist ein Ort, den ich in Gedanken aufsuchen kann, wenn es mir einfach zu schwerfällt, darüber nachzudenken, wo ich mich gerade befinde.

Wünsche ich mir den Tod?

Nein, gar nicht. Ich sehne mich schlicht nach dem Trost, der Erleichterung, der Erneuerung und Stärkung, die mich im Haus meines Vaters erwarten. Es gibt dort schon ein Zimmer mit meinem Namen – es ist bereits bezahlt und reserviert. *Jesus hat es mir versprochen.*

Denn im Haus meines Vaters gibt es viele Wohnungen. Sonst hätte ich euch nicht gesagt: Ich gehe hin, um dort alles für euch vorzubereiten. Und wenn alles bereit ist, werde ich kommen und euch zu mir holen. Dann werdet auch ihr dort sein, wo ich bin (Johannes 14,2–3).

Erscheint Ihnen das immer noch irgendwie morbid? Das sollte es nicht.

Lassen Sie mich erklären, warum. Ich habe Freunde, die gern Rucksacktouren machen und mir hinterher von ihren Erlebnissen erzählen. Stellen Sie sich ein 25-Kilo-Paket auf Ihrem Rücken vor – die Gurte graben sich in Ihre Schultermuskulatur – und eine lange Wanderung mit gewundenen Serpentinen und Steigungen. Nun stellen Sie sich vor, Sie sind auf dem Rückweg, zurück zum Ausgangspunkt, zu Ihrem Auto und Ihrem Zuhause. Die Sonne brennt Ihnen auf den Kopf, Sie stoßen Ihre Zehen an Wurzeln und Steine, Sie sind mit Dreck bedeckt, haben Kratzer und Moskitobisse, Ihre Schultern schmerzen, Ihre Beine kommen Ihnen irgendwie wie Gummi vor, und Sie wissen aufgrund der kleinen brennenden Stellen in Ihren Trekkingstiefeln, dass Ihre Blasen sich ernsthaft zu Wort melden.

Klar, Sie können sich bestimmt noch ganz gut mit Ihren Wanderkumpanen unterhalten. Sie laufen vielleicht immer noch durch eine eindrucksvolle Landschaft. Es gibt an jeder Ecke einen tollen Ausblick auf die Berge, Wild auf den Waldlichtungen, während bauschige Kumuluswolken über das blaue Himmelszelt ziehen und herrlich plätschernde Bäche sich durch alpine Wiesen winden. Es ist alles sehr schön und erfreut das Auge, und ein Teil Ihrer Seele erfreut sich an all diesen schönen Schauplätzen und dankt dem mächtigen Schöpfer dafür.

Aber in erster Linie wollen Sie bloß einfach nach Hause.

Sie können es gar nicht abwarten, den Rucksack abzulegen, die Stiefel von Ihren Füßen zu ziehen, aus der heißen Sonne rauszukommen, ein großes kaltes Getränk zu sich zu nehmen, in die heiße Wanne zu klettern und Ihren Lieben von Ihrer Tour zu erzählen.

Es ist das Sehnen der Heiligen aus dem Brief an die Hebräer:

> *Alle, die hier erwähnt wurden, haben sich ganz auf Gott verlassen. Doch sie starben, ohne dass sich Gottes Zusage zu ihren Lebzeiten erfüllte. Lediglich aus der Ferne haben sie etwas davon gesehen und sich darüber gefreut; denn sie sprachen darüber, dass sie auf dieser Erde nur Gäste und Fremde seien. Wer aber zugibt, hier nur ein Fremder zu sein, der sagt damit auch, dass er seine wirkliche Heimat noch sucht. Unsere Vorfahren betrachteten das Land, aus dem sie weggezogen waren, nicht als ihre Heimat; dorthin hätten sie ja jederzeit zurückkehren können. Nein, sie sehnten sich nach einer besseren Heimat, nach der Heimat im Himmel. Deshalb bekennt sich Gott zu ihnen und schämt sich nicht, ihr Gott genannt zu werden; denn für sie hat er seine Stadt im Himmel gebaut* (Hebräer 11,13–16).

Diese guten Menschen, die von der langen Reise ganz müde und ausgelaugt waren, sahen eine Stadt am fernen Horizont schimmern und wussten, was das war: ihr *Zuhause*. Das einzige Zuhause, das sie sich wirklich wünschten. Und sie waren erfüllt von der Sehnsucht und dem schmerzenden Heimweh nach einem Ort, den sie nie gesehen hatten, der Ort, an den sie wahrhaftig gehören.

„Glücklich bis ans Ende ihrer Tage"

Wir alle besitzen Bücher, die jemand uns „vererbt" hat – ich bilde da keine Ausnahme. Ich denke da an ein großes, rotes Märchenbuch, das im Regal im Zimmer meiner Schwester stand. Die letzte Seite jedes Märchens war immer wunderschön gestaltet, und zu jeder

Geschichte gab es viele Illustrationen, die liebevoll gezeichnet worden waren.

Wenn man mich heute fragt, wie der Rattenfänger von Hameln aussah, könnte ich ihn genau beschreiben, bis hin zu seinem lustigen Hut und den spitzen Schuhen. Und wenn ich knorrige Eichen sehe, denke ich gleich an die Illustrationen in diesem großen, roten Märchenbuch.

Ach, was für schöne Erinnerungen! Ich kann meine Augen schließen und sehe dann, wie unser Vater abends nach oben kam, um uns Mädchen dabei zu helfen, uns für die Nacht fertig zu machen. Er öffnete das Buch und las Kathy und mir daraus vor. „Hänsel und Gretel“ ... „Goldlöckchen und die drei Bären“ ... „Rotkäppchen“ ... „Der gestiefelte Kater“. Liest heute noch jemand den Kindern diese Geschichten vor? Es waren klassische Geschichten über Gut und Böse, und das Beste kam immer, kurz bevor die Geschichte zu Ende war.

Die Stimme meines Vaters verlangsamte sich immer, wenn er die letzten herzerwärmenden Worte las: „Und sie lebten glücklich bis ans Ende ihrer Tage.“ Es bedeutete, dass Hänsel und Gretel weiterlebten und die alte Hexe starb, dass das kleine Rotkäppchen überlebte und der garstige alte Wolf umkam. Der arme Müllersohn wurde zum wohlhabenden Grundbesitzer und heiratete die Königstochter. Es ist wunderbar, glücklich bis ans Ende der Tage zu leben.

Egal, wie alt ein Kind ist – egal, was es über Gott und den Himmel denkt –, jeder Junge und jedes Mädchen weiß instinktiv, was „glücklich bis ans Ende ihrer Tage“ bedeutet. Man muss es ihnen nicht erst erklären. Kinder scheinen das zu wissen. Sie begreifen, dass diese Welt voller Wölfe, Hexen und großer, böser Bären ist. Sie sind sich bewusst, dass nicht alles planmäßig verläuft, dass irgendetwas mit der Welt nicht stimmt. Wir alle wünschen, ja, sehnen die Zeit herbei, in der wir glücklich bis ans Ende unserer

Tage leben. Wenn der Prinz uns endlich küsst und wir von diesem merkwürdigen Traum aufwachen und auf immer und ewig in die wahre Glückseligkeit und Freude eintreten.

Das klingt fast biblisch, nicht wahr?

Weil es das ist.

Im Buch des Predigers heißt es, dass Gott den Menschen die Ewigkeit ins Herz gelegt hat. Wir können es nicht genau festmachen, aber es ist trotzdem so. Dieses juckende Sehnen nach der Ewigkeit … dass man möchte, dass alles „in Ordnung" ist … und man glücklich bis ans Ende seiner Tage lebt.

Deshalb ist der Glaube an Jesus Christus so befriedigend und erfüllend. Denn nur bei Christus wird alle Sehnsucht gestillt, jede Hoffnung Wirklichkeit, jedes Sehnen nach Frieden und Gesundheit beantwortet. Christus wird diese klassische Schlacht siegreich beenden, und das Böse wird vernichtet, wenn unser wunderbarer Retter schließlich alles berichtigt, was falschläuft. Und der Friedefürst wird unser König der Könige sein.

Vor uns liegt ein Happy End. Ich kann Seine Schritte schon fast auf den Stufen hören. Jesus, komm schnell!

Hin und her gerissen?

Bin ich hin und her gerissen, wenn ich über diese Dinge nachdenke? *Natürlich* bin ich das. Das geht Ihnen sicher nicht anders. Wir haben hier ein vorläufiges Zuhause auf diesem Planeten, auf dem alles irgendwie aus dem Gleichgewicht geraten ist. Aber wir wissen doch ohne jeden Zweifel, dass wir Bürger eines anderen Ortes sind. Und nicht nur das. Unser eigentliches Wesen wurde schon mit Christus zu einem neuen Leben auferweckt, wie es im Kolosserbrief, Kapitel 3, Vers 1 heißt.

Deshalb: Ja, ich bin innerlich zerrissen.

Auf der einen Seite möchte ich zu Jesus gehen, ohne Wenn und Aber. Ich möchte, dass er die Tür zum Leiden und zu Satan verschließt. Kein Tod mehr, keine Schmerzen, kein Leid, kein Rollstuhl, keine Schienen, keine Urinbeutel. Und wenn ich die Bibel lese, dann finde ich dort Unmengen von Versen, die uns dazu ermutigen, unsere Herzen und Gedanken auf die himmlische Herrlichkeit zu richten. Ich stoße andauernd auf Verse, in denen davon die Rede ist, wie gut es ist, sich nach Christi Wiederkunft *zu sehnen* sowie nach der Ankunft des Himmels.

Dennoch: Dann stoßen wir auf genauso viele Verse, die uns sagen, dass wir unsere Ärmel hochkrempeln und auf dieser Erde hart arbeiten sollen. *Lege deine Hand an den Pflug … Auf, denn die Nacht wird kommen … Arbeite mit den Talenten, die dir anvertraut wurden …* Und obwohl der Apostel Paulus sich selbst zutiefst danach sehnt, im Himmel zu sein, denkt er zweimal darüber nach und sagt dann zu seinen Freunden in der Gemeinde: „Es ist besser, dass ich bleibe." Er fährt fort: „Arbeitet an eurer Errettung mit Furcht und Zittern. Sät Samen, streut Salz aus, lasst euer Licht leuchten, helft anderen dabei, Menschenfischer zu werden, verbreitet das Evangelium, reist in die hintersten Winkel der Erde. Denn, hey: Es gibt *viel* zu tun! Die Gute Nachricht muss unbedingt raus!"

Die Wahrheit ist, dass in der Bibel beide Ansichten vertreten werden. Und wo es den Himmel betrifft, *da* fühle ich den Konflikt. Wie der Apostel wünsche ich mir tief und innig, zu Jesus zu gehen. Doch auf der anderen Seite kennen viele meiner Freunde, meiner Verwandten und der Menschen hier an meinem Wohnort Jesus noch nicht. Deshalb muss ich weiter den Pflug ziehen und arbeiten, Samen säen, Licht verbreiten und dabei nicht nachlassen!

Aber bedeutet das, dass ich mich nicht ganz stark nach der Rückkehr von Jesus sehnen darf?

Ich sprach heute Morgen mit meiner Freundin darüber. Ich erzählte ihr davon, dass ich viele Personen kenne, die noch nicht gerettet sind. Wir redeten darüber, dass es manchmal wirklich harte Arbeit ist, täglich Furchen in Gottes Weinberg zu pflügen und die Erde als sein rechtmäßiges Eigentum zurückzugewinnen. Ich erklärte ihr, dass ich mich da hin und wieder ein wenig zerrissen fühle: dass ich mich vielleicht nicht zu sehr oder zu stark nach dem Himmel sehnen sollte, weil es hier auf der Erde noch so viel Arbeit zu tun gibt.

Ihre Antwort?

Sie zitierte Offenbarung, Kapitel 22, Vers 20: „Even so, come, Lord Jesus."[103]

Ich sah meine Freundin fragend an und sie fügte hinzu: „Vielleicht heißt es an dieser Stelle deshalb ‚dennoch'."

Es war, als ginge mir ein Licht auf. Ja, es gibt hier auf der Erde noch viel zu tun, aber ich brauche nicht zu denken, dass ich mich zu sehr nach dem Himmel sehne, denn in der Bibel heißt es „dennoch". Mit anderen Worten: *Obwohl* es viel Arbeit gibt, viele noch mit Jesus bekannt gemacht werden müssen und viel erreicht werden muss, sollen wir uns von ganzem Herzen sehnen und sagen: „Komm, Herr Jesus."

Und ich würde hinzufügen: „Komm schnell!" (Da ist das Wörtchen „schnell" wieder!)

Ich möchte dieses Kapitel mit vier einfachen Betrachtungen über den Himmel beenden. Betrachtungen von einer Rucksacktouristin, die den Pfad vor Augen hat, es aber nicht erwarten kann, am Ende des Weges anzukommen, ihren Rucksack von den Schultern gleiten zu lassen und in die Arme ihres Retters zu sinken – sei es heute, morgen, nächste Woche oder in 20 Jahren.

Betrachtung Nr. 1: Zu schnell zufrieden?

Die guten Dinge in diesem Leben sind nur flüchtige Eindrücke dessen, was für die Söhne und Töchter Gottes bereitsteht. Das Problem ist, dass wir durch das Hier und Jetzt so vereinnahmt werden, dass wir am Ende mit den guten Dingen auf der Erde viel zu zufrieden sind. Wir neigen dazu, die besseren Dinge, die noch kommen, zu vergessen.

C. S. Lewis sagte:

> *Wenn wir die geradezu schamlosen Verheißungen auf Belohnung und die phantastischen Belohnungen, die in den Evangelien verheißen werden, betrachten, scheint es, als müssten unsere Wünsche dem Herrn eher zu schwach als zu groß vorkommen. Wir sind halbherzige Geschöpfe, die sich mit Alkohol, Sex und Karriere zufriedengeben, wo uns unendliche Freude angeboten wird – wie ein unwissendes Kind, das weiter im Elendsviertel seine Schlammkuchen backen will, weil es sich nicht vorstellen kann, was eine Einladung zu Ferien an der See bedeutet. Wir geben uns viel zu schnell zufrieden.*[104]

Wir *geben* uns zu schnell zufrieden. Das stimmt von Kindesbeinen an – ich kann das anhand eines Beispiels aus meinem eigenen Leben verdeutlichen.

Während ich in Baltimore, Maryland, aufwuchs, begeisterte mich der Gedanke, in die Berge zu fahren. Als ich noch klein war, eröffneten Mom und Dad uns eines Tages, dass die Familie eine Reise in die Rocky Mountains machen würde. *Berge*. Das war alles, was ich zu hören brauchte. Ich war völlig aufgeregt bei dem Gedanken daran, Felshänge zu erklimmen. Ich hatte schon so viel davon gehört, dass man von diesen hohen Gipfeln einen fantastischen Ausblick hatte. Und ich strapazierte meine Fantasie aufs Äußerste, während ich mir vorzustellen versuchte, wie es wohl sein würde, im

Auto unterwegs zu sein und an Felswänden hochzusehen, die bis in den Himmel reichten.

Nachdem wir losgefahren waren, dauerte es nur ein oder zwei Tage, bis wir in den Appalachen ankamen. Wir hielten an vielen Aussichtspunkten an, und ich freute mich riesig, dass ich all diese Abhänge hinaufklettern durfte. Alles sah so groß und weit aus – ich konnte mir nichts Schöneres vorstellen.

Fazit: Ich wollte gar nicht weiterfahren. Warum sollten wir auch? Ich wollte bleiben. Ich war einfach zu schnell zufrieden.

Wir reisten jedoch weiter, ließen die Appalachen hinter uns und erreichten die weite Ebene des Mittleren Westens. Ich war überzeugt, dass meine Eltern die falsche Abzweigung genommen hatten. *Lass uns zurück in die Appalachen fahren! Wer will schon die Rockys?* Alles, was ich meilenweit um mich herum sehen konnte, war flach wie eine Flunder.

Ah, aber ich kann mich bis heute erinnern, wie groß die Freude war, als ich diese prachtvollen Rockys irgendwo aus dem Nichts auftauchen sah. Berge, wie ich sie mir nie zuvor hätte vorstellen können. Und im gleichen Augenblick hatte ich die Appalachen auch schon vergessen.

Ja, wir Menschen – wir sind so begeistert von der Gegenwart, vom Hier und Jetzt, so eingenommen von den Dingen, die wir anfassen, fühlen und sehen können, viel zu schnell zufrieden.

Einige von uns müssen einfach aufhören, hier auf der Erde Schlammkuchen zu backen. Jemand hat uns eingeladen, Ferien an der See zu machen. Oder eine Reise zu höheren und majestätischeren Bergen, als wir sie uns je vorstellen können. Und wir sollten uns lieber darüber klarwerden – und entsprechend leben –, dass die guten Dinge hier auf der Erde nur flüchtige Eindrücke all des Wunderbaren sind, was noch vor uns liegt.

Betrachtung Nr. 2: Das Beste vom Besten

Wie würden Sie jemandem den Himmel beschreiben, der nie davon gehört oder in der Bibel darüber gelesen hat?

Wenn ich ein Bild davon malen möchte, wie der Himmel sein wird – besonders im Gespräch mit Menschen, die nicht an Gott glauben –, dann bediene ich mich manchmal im Buch des Propheten Jesaja und lasse ihn die Szene beschreiben:

> *Hier auf dem Berg Zion wird der Herr, der allmächtige Gott, alle Völker zu einem Festmahl mit köstlichen Speisen und herrlichem Wein einladen, einem Festmahl mit bestem Fleisch und gut gelagertem Wein* (Jesaja 25,6).

Wenn ich meinen Gesprächspartnern diesen Vers vorlese – besonders Nichtchristen –, dann schauen sie mich mit großen Augen an. So etwas haben sie noch nie in ihrem Leben gehört. In ihrer Vorstellung vom Himmel sitzen ein paar geisterhafte Heilige auf Wolken herum, umgeben von Harfen spielenden Engeln. Sie hätten nie gedacht, dass der Himmel so ... irdisch sein könnte.

Oder himmlisch?

Der Gedanke, den Jesaja hier zu vermitteln versucht, ist der, dass der Himmel wirklich *real* ist. Viel realer als irgendetwas, das wir auf dieser Erde sehen, anfassen oder schmecken können.

Es ist nicht nur Fleisch, es ist das *beste* Fleisch.

Es ist nicht nur Wein, es ist der *edelste* Wein.

Alles wird weitaus besser sein als irgendetwas, das wir je auf dieser Erde erlebt haben. Ich sage meinen Gesprächspartnern, die Jesus noch nicht kennen, gern: „Die schönsten, tollsten Dinge, die man hier auf diesem Planeten genießen könnte, sind nur ein Vorgeschmack – ein Flüstern, ein Vorzeichen, bloße Buntstift-Kritzeleien auf einer Papiertüte – auf viel größere, herrlichere Dinge.

Die Freuden auf der Erde sind nur Schatten ihrer *Wirklichkeit* im Himmel."

Und dann füge ich hinzu: „Ich werde mich beim Hochzeitsmahl Gottes mit Mose an den Tisch hinsetzen, Martin Luther und König David zuprosten und den Propheten Daniel umarmen. Und wenn ich aufschaue, werde ich meinen Vater und meine Mutter sehen, die auf mich zulaufen. Und ehe wir uns versehen, werden wir anfangen zu lachen, und wir werden uns die Tränen aus den Augen wischen und versuchen, uns wieder zu fangen, und dann wieder lachen und sagen: ‚Wir sind hier … wir sind hier … du bist hier!' Und Jesus Christus wird uns die Augen öffnen, damit wir sehen können, wie sehr er uns liebt – eine Liebe, die alles übertrifft, was wir je auf der Erde erfahren haben. Und wenn wir schließlich aufhören, zu lachen und zu weinen, wird Jesus selbst uns alle unsere Tränen abtrocknen. Das ist richtig: *alle*[105]."

Und schließlich spreche ich eine Einladung aus: „Seid ihr bereit für den Himmel? Seid ihr bereit, eurem Schöpfer entgegenzutreten? Es ist ein heiliger Ort für heilige Einwohner. Darf ich euch erklären, wie ihr euch dafür bereit machen könnt?"

Der Himmel kommt, und er ist real.

Und ich möchte wirklich, dass Sie und alle meine Freunde dort sind.

Betrachtung Nr. 3: Was in die Erde gelegt wird, ist vergänglich; aber was zum neuen Leben erweckt wird, ist unvergänglich

In meiner Familie wird ein wunderschöner antiker Diamantring mit Platinfassung von Generation zu Generation vererbt. Vor ein paar Jahren besaß ich ihn eine Weile lang, doch dann gab ich ihn an meine Nichte Jayme Kay weiter.

Der Ring ist atemberaubend. Ein hochkarätiger Diamant. Aber

wenn man genau hinsieht, dann bemerkt man ganz tief in dem durchsichtigen Stein einen kleinen schwarzen Fleck, einen Einschluss. Mir ist klar, das ist nur ein ganz kleiner Fehler, aber er erinnert mich an den Ursprung des Diamanten, daran, wo er herkommt.

Diamanten sind bekanntlich das härteste Material auf der Erde, das auf natürliche Weise entsteht. Sie sind ebenfalls bekannt für ihre Festigkeit, Haltbarkeit und überwältigende Schönheit. Der Name des kostbaren Steines leitet sich von dem Wort *adamas* ab – dem altgriechischen Wort für „unbezwingbar".

Ein Diamant beginnt sein Leben als Kohle tief im Inneren der Erde und wird durch unglaublichen Druck und extrem hohe Temperaturen im tiefen Erdmantel geformt. Nach der Förderung werden Rohdiamanten in Tausende Kategorien eingeteilt, je nach Form, Qualität und Farbe. Keine zwei Diamanten auf der Erde sind gleich.

Jeder einzelne Diamant beginnt jedoch als schwarze Kohle, die sich schließlich in einen kostbaren, atemberaubenden Stein verwandelt. Wenn er „in die Erde gelegt" wird, ist er vergänglich, ähnlich wie schwarze Kohle. Wenn er jedoch „erweckt" wird, ist er unvergänglich und kann ein höchst wertvoller Edelstein werden. Dieses Bild erinnert mich immer an den 1. Korintherbrief:

> *So könnt ihr euch auch ein Bild von der Auferstehung der Toten machen. Was in die Erde gelegt wird, ist vergänglich; aber was zum neuen Leben erweckt wird, ist unvergänglich. Was in die Erde gelegt wird, ist armselig; aber was zum neuen Leben erweckt wird, ist voll Herrlichkeit. Was in die Erde gelegt wird, ist hinfällig; aber was zum neuen Leben erweckt wird, ist voll Kraft. Was in die Erde gelegt wird, war von natürlichem Leben beseelt; aber was zu neuem Leben erwacht, wird ganz vom Geist Gottes beseelt sein. Wenn es einen natürlichen Körper gibt, muss es auch einen vom Geist beseelten Körper geben* (1. Korinther 15,42–44).

Was für eine tolle Lektion uns ein kleines Stück Kohle lehren kann! Es dient als Beispiel dafür, wie großartig, wunderbar und unvorstellbar anders unser verherrlichter Körper im Himmel sein wird, auch wenn er in vieler Hinsicht derselbe ist wie unser jetziger. Der Himmel wird so unaussprechlich herrlich sein, und wir werden so anders und weitaus besser sein als alles, was wir jetzt sind – so wie ein Diamant anders und viel, viel besser ist als ein Stück des ursprünglichen schwarzen Gesteins.

Ich denke gern darüber nach, während ich hier in meinem Rollstuhl sitze. Mein Körper war schon damals nicht so großartig, als ich vor vielen Jahren noch auf meinen Füßen stand, aber jetzt steht es viel schlimmer um ihn – meine Muskeln und Knochen verkümmern, die Hände und Finger sind etwas deformiert, und das alles wird von vielen Schmerzen begleitet.

Sie müssen verstehen, für mich wäre es schon fantastisch, wenn ich einen Körper wie Sie hätte, einen Körper, der *funktioniert.* Wenn ich nur gehen, laufen und etwas in meinen Händen halten könnte, würde es mir schon so vorkommen, als wäre ich im Himmel. Aber die wunderbare Wahrheit aus 1. Korinther 15 ist nicht, dass wir im Himmel nur unseren irdischen Körper zurückbekommen, der wieder so funktioniert, wie man es auf der Erde erwarten würde. Nein, es wird ein verherrlichter Körper sein, der wunderbar zu mir passen wird – sowohl im neuen Himmel als auch auf der neuen Erde.

Ich finde, es ist interessant, dass ein Diamant im Grunde nur ein Stück Kohle ist. Der einzige Unterschied liegt darin, dass Zeit, Temperatur und Druck ihn verwandelt haben – obwohl, wie ich schon sagte, es genau dasselbe ist wie der schwarze Klumpen, aus dem der Diamant entstand. Und so wird auch mein himmlischer Körper eine neue und verbesserte Version des alten sein, in dem ich jetzt lebe. Der einzige Unterschied ist der, dass Zeit, „Temperatur" und Druck (viel Druck) diese irdische Hülle in etwas so

Strahlendes, so Wertvolles, so Vollkommenes, so Facettenreiches verwandeln werden, dass sie leuchten wird wie ein Stern am Nachthimmel.

Betrachtung Nr. 4: Endgültige Erfüllung

Die vier Jahrzehnte im Rollstuhl haben mir eine Flut von Erinnerungen an die Zeit beschert, als ich noch auf beiden Füßen stand. Erinnerungen daran, wie es sich anfühlte, wenn meine Finger auf den kühlen Tasten des Klaviers lagen; wie es war, bei Flut durch die Brandung zu tauchen; Erinnerungen an das Schälen einer Orange oder wie es war, die Hand einer geliebten Person zu halten.

Diese Erinnerungen füllen jeden Nerv und jede Sehne meines Seins … und beflügeln meine Vorstellungskraft. Was auch immer ich auf dieser Erde verloren habe, ob es die Fähigkeit ist, Dinge zu halten, zu fühlen, zu gehen oder zu laufen – was auch immer ich verloren habe, ich werde es im Himmel wiedererlangen. Und ich werde diese Fähigkeiten nicht nur „wiedererlangen"! Die besten Erinnerungen ans Gehen, Laufen, Schwimmen und Reiten sind nur ein Flüstern und ein vergilbtes Zeitungsbild von so viel *mehr*, was ich im Himmel bekommen werde.

Und unsere Beziehung zu unserem Retter? Oh, da wird viel, viel mehr sein. Das sollte auch so sein! Denn der Vorgeschmack, den wir hier auf der Erde von jeder guten Sache erhalten, wird im Himmel seine Vollendung und Erfüllung finden. Ich werde so viel mehr machen, als eine Orange schälen oder eine Blume berühren oder über eine Wiese laufen. Das sind gute Dinge und Erinnerungen, die ich wie einen Schatz hüte. Aber sie sind nur Andeutungen und Versprechen von noch wundervolleren Dingen, die sich erfüllen werden. Ja, natürlich liebe ich Jesus, während ich hier auf der Erde lebe. Aber im Himmel? In seiner Gegenwart? Wow, da werde ich ihn so rein, vollkommen und umfassend lieben, wie er mich liebt. Ich kann mir noch nicht einmal ansatzweise vorstellen, wie toll das sein wird. Doch in der Bibel wird mir das Versprechen gemacht, dass die irdische Joni eines Tages im Himmel zu der herrlichen Joni werden wird, wie sie Gottes wundervollem Plan entspricht.

Das Beste im Himmel wird nicht das Laufen oder Gehen sein, das Berühren oder Umarmen. Das Beste wird ein reines Herz sein, das nicht länger mit Sünde und Selbstsucht befleckt ist. Deshalb sage ich, während ich bis heute im Rollstuhl sitze: „Verherrlichter Körper? Hey, her damit. Aber ein reines, verherrlichtes Herz? Das ist das Beste!"

Ein Traum vom Himmel

Neulich nachts habe ich vom Himmel geträumt.

In dem Traum stand ich auf meinen Beinen und saß nicht im Rollstuhl. Ich habe nicht oft solche Träume, aber wenn ich sie habe, dann sind sie ein echter Genuss.

Ich hatte zuvor im Buch der Offenbarung gelesen, den Abschnitt, der davon berichtet, wie Gott all unsere Tränen abwischt. Ich dachte über diesen fabelhaften Gedanken nach, dass es eines Tages Gottes Aufgabe sein wird – nicht die meiner Freundinnen, nicht die meines Mannes, nicht die der Engel und noch nicht einmal meine eigene –, meine Tränen abzuwischen, und dass ihm dies viel Freude bereiten wird.

Jedenfalls saß ich in diesem Traum an meinem Klavier – der gleiche alte schwarze Flügel, der im Wohnzimmer meiner Eltern stand. Vor meinem Unfall hatte ich an diesem alten Instrument zehn Jahre Klavierunterricht gehabt. Manche Kinder hassen Klavierstunden, aber ich liebte sie.

In meinem Traum konnte ich mich nicht auf dem Klavierhocker sitzen sehen. Alles, was ich sah, waren meine Hände. Ich beobachtete mich, wie ich eines meiner Lieblingsstücke von Schumann spielte, „Romanze". Es ist meines Erachtens das schönste Stück, das er für Klavier komponiert hat. Und das ist das Erstaunliche daran: Als ich spielte, wusste ich, dass seit meinem Unfall Jahre vergangen waren. Während ich also dasaß und mir beim Spielen zusah, überlegte ich: *Wieso schaffe ich es, mich daran zu erinnern? Es ist Ewigkeiten her, seit ich dieses Stück gespielt habe!*

Das Wunder in meinem Traum war, dass meine Finger sich an alle Bewegungen auf den Tasten erinnern konnten, an alle Akkorde und Läufe, die von einem Takt zum nächsten führten. Meine Finger hatten die Noten verinnerlicht, und ich saß nur da, spielte und lächelte. Ich kann Ihnen gar nicht beschreiben, wie herrlich das war.

Ich wachte erstaunt auf und überlegte sofort, ob ich im Traum tatsächlich die richtigen Noten und Akkorde für das Klavierstück gespielt hatte. Irgendwie traute ich es meinem Gedächtnis schon zu, sich daran zu erinnern. Bei Bibelversen oder einem alten Choral ist das doch ähnlich: Man prägt ihn sich ein, übt ihn immer wieder, versucht, ihn auswendig zu spielen, und wenn man denkt, man habe ihn vergessen, kommt er plötzlich wieder in einem hoch.

Der Himmel wird wunderbar sein! Die schönen Sehenswürdigkeiten, die Geräusche, die Menschen, die Dinge, die wir tun werden – die Orte, die wir erkunden, die Freundschaften, die wir schließen, das Königreich, über das wir herrschen, die lustigen Dinge, die wir lernen, die Freude, bei unserem Gott zu sein, den überglücklichen Lobpreis, den wir unserem Retter darbringen, die Engel und himmlischen Heerscharen. Und Musik? Stellen Sie sich vor, Sie folgen dem Fluss der Musik zu seinem Ursprung, zur Quelle selbst, wo er sich aus dem Grundgestein des Himmels plätschernd zu einem Brunnen formt.

Ja, ich hatte einen Traum. Und dann bin ich hier auf der Erde mit all den Schmerzen und den Belastungen eines neuen Tages aufgewacht.

Das erinnert mich an eine Geschichte, die mir jemand einmal erzählt hat. Es ging darin um einen Mann, der auf dem Sterbebett lag. Sein Pastor saß bei ihm, hielt seine Hand und leistete ihm Gesellschaft, und schließlich war der sterbende Mann für einen kurzen Moment eingeschlafen. Als er seine Augen wieder öffnete, sagte er: „Sind Sie es, Pastor?"

„Ja, ich bin es", antwortete der Pastor. „Ich bin immer noch bei Ihnen."

„Oh", jammerte der Mann, „das enttäuscht mich aber! Ich dachte, ich würde Jesus sehen, und nun sind es nur Sie!"

Bald jedoch entschlief der Mann wirklich und ließ dieses irdische Leben hinter sich. Und wir können ohne Zweifel annehmen, dass er das nächste Mal, als er seine Augen öffnete, alles andere als enttäuscht war.

NEUN

Die Frucht des Leidens

Wer die Saat mit Tränen aussät, wird voller Freude die Ernte einbringen. Weinend geht er hinaus und streut die Saat aufs Feld; doch wenn er zurückkommt, jubelt er über die reiche Ernte.

Psalm 126,5–6

Ich begann dieses Buch damit, dass ich diesen speziellen Abschnitt meines Lebens beschrieb, den kompromisslosen Kampf mit praktisch unaufhörlichen Schmerzen.

Ich habe sicherlich in all den Jahren an den verschiedensten Fronten Kämpfe ausgefochten. Aber Gott hat in seiner Weisheit und Souveränität entschieden, zuzulassen, dass das Ringen in diesem Abschnitt meines Lebens – ich bin jetzt fast 60 – ungewöhnlich intensiv ist.

Vielleicht befinden Sie sich in einer ähnlichen Lage. Ohne dass Sie es je wollten, mussten Sie zum Kämpfer werden. Es könnte ein Kampf um Ihre Ehe sein, ein Kampf um Ihre Arbeitsstelle oder Ihre Finanzen, ein langwieriger Sorgerechtsstreit oder ein Ringen mit den Behörden, um ein Kind zu adoptieren. Vielleicht haben Sie ein behindertes Kind und das bloße Überleben im Alltag ist schon kräftezehrend genug. Oder vielleicht mussten Sie wie ich in den Ring steigen und die tausendste Runde gegen die kraftraubenden

Schmerzen hinter sich bringen, durch die Sie schon nicht mehr klar denken können.

Keiner *möchte* einen privaten Kleinkrieg führen, und jeder, der einen führt, will, dass er endet. Doch wenn wir zu Jesus Christus gehören, ist die Mühsal nicht *umsonst.* Diese Kämpfe, die uns so viel Frustration, Traurigkeit, Angst und Tränen bescheren, werden uns als Werkzeug in der Hand eines liebenden, weisen, souveränen Gottes in unserem Leben tausendfachen Gewinn bringen.

Sagte ich „tausendfach"? Der Apostel Paulus würde bei so einer Zahl die Stirn runzeln und behaupten, dass es lächerlich sei, auch nur einen Vergleich zu versuchen. Er schrieb: „Ich bin ganz sicher, dass alles, was wir zurzeit erleiden, nichts ist, verglichen mit der Herrlichkeit, die Gott uns einmal schenken möchte."[106]

Der Verfasser des Hebräerbriefes erinnert uns: Wenn wir unsere lange Mühsal als liebevolle Zurechtweisung akzeptieren, „bringt sie Frucht denen, die dadurch geübt sind, Frieden und Gerechtigkeit"[107].

Meine Schmerzen sind sehr groß ... *aber die Ernte ebenfalls.*

Neben anderen Dingen hat mein persönlicher Konflikt einen unleugbaren Vorteil: Er erinnert mich lebhaft an den unaufhörlichen Krieg zwischen dem Reich der Finsternis und dem Reich des Lichts, der genau in diesem Moment auf der ganzen Welt stattfindet.

Wenn unser Leben angenehm und leicht ist, wenn wir uns in der Fürsorge von Familie und Freunden aufgehoben wissen, frei unseren Aktivitäten nachgehen und schlicht den Überfluss genießen, dann vergessen wir schnell die grundlegenden Wahrheiten des Lebens: dass wir Glieder eines großen weltweiten Körpers sind, in dem es viel Leid gibt.

Einige Menschen greifen auf elektronische Geräte zurück, um sich an Termine und Verabredungen zu erinnern – Handys, iPhones und PDAs, die piepsen, blöken, zwitschern oder alle Umstehenden mit einem lauten musikalischen Klingelton erschrecken.

Körperliche Schmerzen sind eine ebensolche Erinnerung. Sie ermahnen uns unablässig und unerbittlich, daran zu denken, dass viele Männer, Frauen und Kinder, die ebenfalls zu Jesus gehören, genau in diesem Moment auch mit Schmerzen konfrontiert sind oder gar um ihr Leben kämpfen.

Seit Jahren habe ich, man könnte sagen, „gezwungenermaßen" die Möglichkeit, für Menschen und Bedürfnisse und Missionswerke an allen Enden des Planeten zu beten. Aufgrund meines gesundheitlichen Zustands muss ich jeden Abend früh ins Bett gebracht werden, sodass ich noch viele Stunden habe, bis ich bereit zum Schlafen bin.

An vielen dieser Abende nutze ich die Stunden, um mich einem einzigartigen weltweiten Netzwerk anzuschließen – und damit meine ich nicht CNN, Fox News, die BBC oder den Heimwerker-Kanal. Ich bete einfach für Christen in verschiedenen Nationen, die ich kenne – teilweise persönlich – und die sich in den hässlichen Klauen von Armut, Schmerzen, Unterdrückung oder Bedürftigkeit befinden. Darüber hinaus bete ich aber auch für diejenigen, die sich mit Kraft und Energie um diese Menschen kümmern.

Wenn Sie sich die Nachrichten anschauen, dann hören und sehen Sie viele Geschichten – schlimme Geschichten von Menschen, die die unterschiedlichsten Qualen, Katastrophen und Tragödien erleben, teilweise aufgrund von Naturereignissen, teilweise durch die Schuld anderer. Wenn Sie jedoch den Fernseher ausschalten und sich vor dem Thron Gottes für die Gläubigen *einsetzen*, die wie Diamantenstaub über die Weltkarte verstreut sind, dann werden Sie ein Teil der Geschichte! Und Sie haben das Privileg zu sehen, dass diese traurigen Geschichten einen anderen Verlauf nehmen, wenn Gott Gnade, Fürsorge, Mut, Ausdauer, Hoffnung und, ja, manchmal auch Wunderheilung schenkt.

Für einige Menschen bete ich hin und wieder. Für andere, wie meine Leidensgenossen im Schmerz, bete ich jeden Tag.

Afrika: Mein Leidensgenosse

Sometimes I feel discouraged and think my work's in vain,
But then the Holy Spirit revives my soul again.
There is a balm in Gilead to make the wounded whole;
There is a balm in Gilead to heal the sin-sick soul.

Ich singe dieses alte Kirchenlied häufig, wenn ich entmutigt bin oder mich fürchte und Zweifel habe. Ich singe es, wenn ich gegen Angst und Sorgen ankämpfe und mich frage, ob meine Behinderung sich verschlimmert. Lieder wie diese sind eine Ermutigung für mich; und ich bin froh, dass Gott mir die Trost-Verse gegeben hat, die über die ganze Bibel verstreut sind.

Aber Gott hat mir noch etwas anderes gegeben, das mich ermutigt, wenn mein Leben im Rollstuhl mich runterzieht: eine Fotografie, die neben dem Schreibtisch hängt, an dem ich arbeite. Ich kenne den Namen des Mannes auf dem Foto nicht, und ich bin auch nicht sicher, in welcher Stadt er lebt. Aber er inspiriert mich.

Lassen Sie mich erzählen, warum: Unser *Wheels for the World*-Team traf diesen Mann in Afrika auf einem unserer Einsätze, auf denen wir Rollstühle verteilten. Er lag draußen vor seinem kleinen Haus. Sein „Haus" war aber nicht viel mehr als ein dachloser Anbau aus Betonsteinen und Bananenblättern. Als unsere Teammitglieder ihm begegneten, stützte er sich halb an einen Mülleimer und lehnte mit dem Rücken an der Wand – offensichtlich die einzige Position, die für ihn einigermaßen bequem war.

Die Dorfbewohner wussten, dass er ständig unter starken Schmerzen litt. Er war Christ, und seine Kirche half dabei, ihn zu versorgen; andere gaben ihm Alkohol, damit er die Schmerzen betäuben konnte. Tag für Tag lag er dort. Das war alles, was er tun *konnte*.

Als mein Freund vom Rollstuhl-Team ihn fragte, ob er ihn fotografieren dürfe, sagte der Mann: „Warten Sie einen Moment." Und dann zog er langsam sein Hemd zurecht. „Jetzt ist es in Ordnung", erklärte er. Dieser Mann, der so starke Schmerzen litt, hatte dennoch einen Sinn für menschliche Würde beibehalten. Nein, er wollte keinen Rollstuhl. Was würde der ihm auch nützen? Der Versuch, ihn zu benutzen, wäre mit zu vielen Schmerzen verbunden. Er wollte nur, dass wir für ihn beteten.

Und das tue ich. Jeden Tag.

Im Römerbrief, Kapitel 12, Vers 5 heißt es, dass wir alle gemeinsam den Leib Christi bilden und dass jeder Einzelne auf die anderen angewiesen ist. Das ist ein schlagkräftiges Argument ... und es wert, darüber einen Moment nachzudenken. Weil Gott mir in seinem Wort sagt, dass ich mit diesem Mann im Schmerz tief verbunden bin. Er ist auf mich angewiesen und ich auf ihn. Wenn ich einen Sieg über meine Schmerzen erringe, hilft ihm das irgendwie, auf irgendeine Art. Und das ist der Grund, warum sein Foto über meinem Schreibtisch hängt. Sein Kampf ist mein Kampf und mein Kampf ist auch seiner.

Wenn Personen in mein Büro kommen, fragen sie manchmal nach diesem afrikanischen Mann auf dem Foto. Nun, ich kenne seinen Namen nicht. Ich mag ihn diesseits des Himmels auch nie erfahren. Aber ich kann seine Geschichte erzählen. Und wann immer ich anfange, mir selbst leidzutun, blicke ich auf und erinnere mich daran, dass er Teil des Leibes Christi ist ... so wie ich. Und in diesem Leib ist ein Glied auf das andere angewiesen.

Vielleicht haben Sie noch nicht oft über diesen Vers im Römerbrief nachgedacht und darüber, dass Ihre „Familie" im Grunde über alle Länder dieser Erde verstreut ist. Vielleicht ist Ihnen auch noch nicht aufgegangen, dass Sie *echte* Brüder und Schwestern mit Bedürfnissen und Hoffnungen, mit Träumen und Sorgen haben, die mit dem gleichen Jesus unterwegs sind, mit dem Sie ebenfalls jeden Tag ein Stück des Weges gehen.

Wenn Sie harte Zeiten durchmachen, mit finanziellen Engpässen oder vielleicht schlimmen Schmerzen kämpfen, möchte ich, dass dieses kleine Kapitel Sie daran erinnert, dass Ihre Geschwister diese Dinge ebenfalls erleiden und Rückhalt bei Gott suchen.

Erinnern Sie sich noch an die Worte von Petrus?

Stark und fest im Glauben sollt ihr seine Angriffe abwehren. Und denkt daran, dass alle Christen in der Welt diese Leiden ertragen müssen (1. Petrus 5,9).

Auf den nächsten Seiten werden Sie einige besondere Mitglieder Ihre Familie kennenlernen, die an weit entfernten Orten leben. Und lassen Sie mich hinzufügen: Ich hätte diese Gläubigen nie getroffen oder die Gelegenheit gehabt, ihnen zu helfen, wenn ich nicht behindert wäre und im Rollstuhl säße.

Aus Kuba: Heilung nach 47 Jahren

Jesús ist ein 47 Jahre alter Kubaner, der nicht nur gelähmt ist, sondern auch noch eine geistige Behinderung hat. Sein Vater brachte ihn an diesem 22. Oktober zu unserer Rollstuhl-Verteilung, die ausgerechnet an Jesús' Geburtstag stattfand. Der neue Rollstuhl und die Bibel sind zwei Geburtstagsgeschenke, an die sich jeder in der Familie für immer erinnern wird. Während der Stuhl an Jesús angepasst wurde, erzählte uns sein Vater, was an dem Tag, an dem sein Sohn geboren wurde, passierte.

Es war im Jahr 1962, die Zeit, in der sich die Öffentlichkeit laut der Geschichtsbücher erstmals über die Kubakrise bewusst wurde. An diesem Oktobertag war die ganze amerikanische Nation in Alarmbereitschaft. Präsident Kennedy hielt eine Fernsehansprache, und die Amerikaner machten sich auf einen nuklearen Angriff gefasst, den die Sowjets von Kuba aus einleiten würden. Jahre später schrieb Anatoli Gribkow, sowjetischer General und der damalige Einsatzleiter: „Die nukleare Katastrophe hing am seidenen Faden … und wir zählten nicht Tage oder Stunden, sondern Minuten."

So erschreckend der 22. Oktober 1962 in den USA gewesen sein mag – die Einwohner von Kuba fürchteten sich ebenfalls sehr. Man hatte ihnen nämlich erzählt, dass die Amerikaner *sie* bombardieren würden. Die Castro-Regierung löste die höchste Alarmstufe aus, und in chaotischer Eile wurden viele Gebäude, darunter auch Krankenhäuser, evakuiert. In diesem unglücklichen Augenblick der Geschichte kam Jesús zur Welt. Alle Krankenschwestern hatten das Stockwerk verlassen müssen, aber die werdende Mutter konnte ja nicht einfach gehen. Sie musste ihr Baby zur Welt bringen, ohne dass ihr irgendjemand half. Bei der Geburt fiel ihr kleines Baby mit dem Kopf auf den Boden, was einen lebenslangen Hirnschaden zur Folge hatte. Sie können sich sicher den Schmerz und den Groll vorstellen, den Jesús' Eltern seit diesem Tag den USA gegenüber empfanden.

Aber nun kamen 46 Jahre später fünfzehn Amerikaner und überreichten Jesús, seiner Mutter und seinem Vater einen neuen Rollstuhl sowie die lebensverändernde Gute Nachricht von Jesus Christus. Und diese Gute Nachricht brachte der kleinen kubanischen Familie Heilung, Hilfe und Hoffnung. Jesús war ganz aufgeregt. Sein Vater sagte später unter Tränen zu uns: „Nun kann ich mit meinem Sohn in seinem Rollstuhl spazieren gehen."

Wissen Sie, es wurde in jenem Oktober nicht nur eine nukleare Katastrophe abgewendet. Jahre später wurde auch eine Katastrophe anderer Art abgewendet, indem diese Familie aus geistlicher Finsternis gerettet wurde. In Psalm 57, Vers 2 heißt es: „Erbarme dich über mich, o Gott, erbarme dich! Bei dir suche ich Zuflucht, bei dir bin ich geborgen wie ein Küken, das sich unter die Flügel seiner Mutter flüchtet, bis das Unwetter vorbeigezogen ist."

Sehen Sie, was ich meine? Das ist nur eine kleine Geschichte, die nie passiert wäre, hätte ich nicht meinen Badeunfall gehabt und hätte Gott nicht auf meine Bitten um Heilung wiederholt mit Nein geantwortet. Erst dadurch entstanden nämlich die Dienste, die unter den Namen *Joni and Friends* und *Wheels for the World* bekannt sind.

Diese Nöte, dieses Leiden brachte eine Ernte der Gerechtigkeit und des Friedens hervor sowie ewiges Leben für eine kubanische Familie, die so viel Bitterkeit und Kummer durchgemacht hatte.

Während Sie diesen Beitrag über unser Kuba-Team lesen, denken Sie vielleicht, dass Sie sich nicht sehr behaglich dabei fühlen würden, dasselbe zu tun: Ihre vertraute Sicherheit zu verlassen, um armen Menschen Hilfe zu bringen, die dort leben, wo es, geistlich gesehen, finster und auch manchmal gefährlich ist. Ja, die Einsätze können durchaus manchmal riskant sein. Falls Sie beschlossen haben, niemals bei so einem Missionseinsatz mitzumachen, können Sie solche Risiken vermeiden.

Aber es wird Ihnen auch etwas entgehen: auf einzigartige Weise beschenkt zu werden, wie wir es sonst im Leben nie erleben.

Aus Kamerun: Joycelines Lied

Ich habe eine Freundin – sie ist Krankengymnastin –, die kürzlich das wahrscheinlich kostbarste Geschenk erhielt, das Sie sich vorstellen können.

Es war kein gewöhnliches Geschenk. Nein, keineswegs.

Meine Freundin reiste mit unserem Team nach Kamerun, ein sehr armes Land an der Westküste Afrikas, um behinderten Kindern neue Rollstühle anzupassen.

Es stellte sich dann heraus, dass es gar nicht so einfach sein würde, den Ort zu erreichen, an dem sie die Rollstühle verteilen sollten. Auf den steilen, zerfurchten Straßen dauerte es sechs Stunden mit dem Jeep. Und der Lkw, der mit Hunderten von Rollstühlen beladen war, brauchte noch länger. Als sie Stunden später an dem kleinen Zentrum ankamen, an dem die Menschen mit den Behinderungen warteten, war es bereits stockdunkel. Die Leute waren den ganzen Tag über aus entfernten Dörfern dorthin gekommen und waren buchstäblich durch den Dreck gerutscht oder von ihren Verwandten getragen worden. Jetzt war dieses kleine Zentrum – obwohl es schon so spät in der Nacht war – vollgepackt mit behinderten Menschen, die auf dünnen Decken auf dem Boden lagen und sich ausruhten.

Dennoch waren sie wahnsinnig glücklich, als unsere Physiotherapeuten endlich vorfuhren. Unser Team ließ die Scheinwerfer an Jeep und Lkw an, während die behinderten Kinder, die Erwachsenen und die anderen Familienmitglieder das Haus verließen und auf den Parkplatz strömten, wo sie die Ankunft des Teams mit einem Willkommenslied feierten. Sie waren so aufgeregt, dass ihr Lied über eine Stunde dauerte!

Am nächsten Morgen begann unser Team damit, für jedes behinderte Kind und jeden behinderten Erwachsenen einen Rollstuhl anzupassen. Unter ihnen war ein kleines Mädchen namens Joyceline, das an einem Wasserkopf litt. Sie war nicht in der Lage zu laufen und hatte außerdem Malaria. Sie war die Ruhige, die alles beobachtete, was vor sich ging, während sie still mit einem schüchternen Lächeln und mit weit geöffneten Augen, denen nichts entging, auf dem Boden saß.

Joyceline wartete, ohne zu drängeln oder zu jammern, bis sie an der Reihe war. Schließlich, nach vielen Stunden, war sie dran.

Und an diesem Punkt kommt das ungewöhnliche Geschenk ins Spiel.

Während meine Freundin dieses afrikanische Mädchen abmaß, begann es, ein Lied über einen anderen Arzt zu singen (fast im Flüsterton). Sie legte ihre kleine Hand auf die Schulter meiner Freundin und komponierte ihr eigenes kleines Loblied:

Jesus liebt unsere Freunde und er kümmert sich so um uns.
Er liebt dich, weil du uns hilfst und uns zeigst, dass er für uns sorgt.
Jesus ist der Eine, den wir so sehr lieben; wir sind glücklich in seiner Liebe.
Wir wollen dir sagen, wir lieben dich auch.

Joyceline dachte sich dieses kleine Lied aus und brachte Gott auf diese Weise Lob und Anbetung dar, während ihre kleine Hand auf der Schulter der Krankengymnastin ruhte. Unsere charismatische Freundin würde vermutlich sagen, sie „sang im Geist".

An diesem Tag erfüllte der Geist Christi dieses kleine Dorf in Kamerun, und unsere Teammitglieder entdeckten, dass diejenigen, die in dieser Welt arm sind, häufig in Glaubensdingen am reichsten sind. Und darüber hinaus erhielt die Krankengymnastin das beste Geschenk, das sie je bekommen hatte: die Dankbarkeit dieser geliebten kleinen Tochter des lebendigen Gottes.

Oh ja, sie hat Joyceline einen Rollstuhl geschenkt. Aber was meine Freundin erhielt, war weitaus wertvoller. Wirklich unbezahlbar: die unermessliche Dankbarkeit von den Ärmsten der Armen.

Ich betrachte hin und wieder das Foto von Joyceline, die mich darauf mit ihrem strahlenden Lächeln und glänzenden Augen anblickt. Ein Bild der Freude Jesu … direkt aus dem Leid entsprungen.

Aus Uganda: Lazarus, komm heraus!

Der letzte Tag unserer Rollstuhl- und Bibelverteilaktion fand in einem Lehmhaus in einem kleinen Dorf namens Nyarushanje statt.

Mrs Dimbirwe brachte ihren Mann Semu, damit dieser einen Rollstuhl bekam. Er war einige Jahre zuvor von einem Baum gefallen und hatte sich sein rechtes Bein und seine Hüfte gebrochen und sich dazu eine schwere Hirnverletzung zugezogen. Sein Kinn lag auf seiner Brust, während er still auf dem Boden saß – fast regungslos. Es schien, als ob die Menschen um ihn herum nicht existierten. Er saß einfach nur da, eingesunken und erstarrt.

Niemand sprach mit ihm, noch nicht einmal seine Frau. Tatsächlich redete nie jemand mit ihm. Aber während sie auf seinen Rollstuhl warteten, erklärte eines unserer Teammitglieder – Dana Croxten – Mrs Dimbirwe, wie wichtig es ist, mit Menschen zu reden, die eine Hirnverletzung haben.

Dana hob Semus Kopf an und bat ihn, ein paar Aufgaben auszuführen, einfache Dinge, wie Danas Hand zu drücken oder einem leichten Drücken standzuhalten.

Auf einmal unterbrach der Heilige Geist diese bisher gewöhnliche Therapeuten-Patienten-Interaktion. Dana begann auf einmal, ganz persönlich zu Semu zu sprechen, erzählte ihm, dass er ein Mann wie alle anderen sei, ihnen gleich und ein Bruder, dass Gott ihn liebte, dass Jesus für ihn gestorben sei und dass Gott über diese Verletzung nicht böse wäre, sondern Semu tief wertschätzte.

Das Ganze dauerte etwa zwei Minuten. Diejenigen, die zuschauten, müssen gedacht haben, dass Dana nicht ganz bei Trost war, denn der behinderte Mann gab keinerlei sichtbare Reaktion von sich.

Doch dann, ganz plötzlich, kam Leben in Semu.

Auf einmal wurde der verletzte Mann sehr lebendig, lächelte, lachte und antwortete Dana mit fester Stimme. Bald weinten die beiden Männer und umarmten sich, während Semu fest die Hände von Dana drückte.

Kurz bevor Dana mit der Rollstuhlanpassung begann, zog Semu ihn zu einer Umarmung zu sich hinab. Ganz fest. Dann sagte er Dana in perfektem Englisch ins Ohr: „Du bist mein Bruder, mein Freund, und Gott liebt mich."

Jeder war erstaunt und verblüfft, aber niemand mehr als Semus Ehefrau. Kurz zuvor hatte er noch zusammengesunken und still dagesessen, ohne dass sich jemand um ihn gekümmert hatte. Dies war wahrscheinlich darauf zurückzuführen, dass niemand glaubte, dass in der Hülle dieses Mannes „irgendjemand zu Hause" war.

Im 11. Kapitel des Johannesevangeliums können wir die Geschichte von Jesus und Lazarus nachlesen. Es ist ein erhebender, bewegender Moment, als Jesus den toten Mann mit den Worten „Lazarus, komm heraus!" aus seinem Grab herausruft! Sie wissen sicher, was dann folgt: Lazarus verlässt zum äußersten Erstaunen der Anwesenden das Grab.

An jenem Tag kam in dem kleinen Dorf Nyarushanje in Uganda ein Mann namens Semu – der schwere Behinderungen hatte und wahrscheinlich große Schmerzen – ebenfalls aus einem Grab heraus. Es mag nicht der körperliche Tod gewesen sein, von dem er befreit wurde – wie Lazarus Jahrhunderte zuvor –, aber ganz gewiss wurde dieser Mann vom Sohn Gottes persönlich vom geistlichen Tod zum Leben gerufen.

Dieses Wunder war möglich, weil eines unserer Teammitglieder sich die Zeit genommen hatte, ihn nicht nur zu bemerken, sondern mit mitfühlender Berührung und gütigen Worten zu ihm zu sagen: „Komm heraus!"

Dana streckte seine Hand aus und behandelte ihn mit Respekt und Würde, weil er genau wusste, dass der Mensch vor ihm mehr war als eine körperliche Hülle. Es war ein Mensch, den Jesus sehr liebte.

Aus Peru: Der kleine rote Rollstuhl

Es ist für die Beteiligten immer sehr schwer loszulassen, wenn das eigene Kind stirbt. Schließlich ist es so nicht vorgesehen. Kinder sollen ihre Eltern beerdigen, nicht umgekehrt.

So ging es auch Kim und Jay, als ihre acht Jahre alte Tochter Lindy, die an Kinderlähmung litt, nach einem schweren Krampfanfall 1998 heimging.

Alles, was ihnen von ihrer Tochter noch blieb, war Lindys kleiner Rollstuhl. Er war rot und hatte einen Anschnallgurt sowie Schulter- und Fußriemen, damit ihr kleines Mädchen während der Schulbusfahrten auf den ausgefahrenen Schotterpisten Alaskas gut geschützt war. Auf den Straßen mit den vielen Schlaglöchern.

Jay und Kim blieb nach dem Weggang ihrer Tochter noch etwas: der Wunsch, Lindys kleinen Rollstuhl auf eine *Wheels for the World*-Reise mitzunehmen, um ihn einem anderen behinderten Kind zu geben.

So kam es, dass Jay und Kim sich ein paar Jahre nach Lindys Tod unserem Peru-Team anschlossen. Während sie nach Südamerika flogen und oft miteinander beteten, fragten sie sich, wer wohl Lindys kleinen roten Rollstuhl bekommen würde.

Zur gleichen Zeit fragten sich eine andere Mutter und ein anderer Vater, wie sie einen Rollstuhl bekommen könnten. Gladys und Ruben Suarez lebten mit ihren sechs Kindern in dem kleinen Dorf Pichus in den *Sierra Mountains*, etwa 130 Kilometer von Lima entfernt. Weil ihr elf Jahre alter Sohn Christian an Kinderlähmung litt und nicht laufen, noch nicht einmal krabbeln konnte, mussten ihn seine Eltern überall hintragen. Christian hatte ohne Rollstuhl nie die Möglichkeit gehabt, zur Schule zu gehen. Deshalb beteten Gladys und Ruben um einen Rollstuhl – etwas, das ihnen fast unerreichbar schien. Sie brauchten einen Kinderrollstuhl, einen mit seitlichen Stützen und Schulter- und Fußriemen, die Art Rollstuhl, die Christian auf den Schotterstraßen rund um ihr Dorf gebrauchen konnte. Auf den Straßen mit den vielen Schlaglöchern.

Kein Wunder, dass es für Gladys und Rubens keine Frage gewesen war, die vier Stunden Fahrt auf sich zu nehmen, um unser Team in Lima aufzusuchen, wo die Rollstühle verteilt wurden. Sie waren mit großen Hoffnungen angereist, ebenso wie Jay und Kim aus dem entfernten Alaska. Keiner von ihnen wusste zu dieser Zeit, dass ihre Hoffnungen sich Stunden später erfüllen würden. Ein kleiner roter Rollstuhl mit Schulter- und Fußriemen würde ein neues Zuhause finden. Inmitten all der lächelnden Gesichter und Lieder trafen sich diese Familien – ein Funke sprang über, und ungeachtet der Sprachbarrieren folgten Lachen und Weinen.

Man kann sich lebhaft vorstellen, wie Jesus dieser Begegnung zuschaute und dabei vielleicht den Arm um die kleine Lindy gelegt hatte.

Erinnern Sie sich noch an das „Netzwerk", das ich eingangs in diesem Kapitel erwähnte?

Erinnern Sie sich, wie ich sagte, dass Gott unseren Schmerz nicht umsonst sein lässt?

Mit Freude brachte er zwei Familien in seinem Namen zusammen, die eine halbe Welt voneinander entfernt lebten. Die sie trennenden, oberflächlichen Unterschiede in Sprache und Kultur waren nichts im Vergleich zu der lebendigen, ewigen Verbindung: die Liebe der Familie, die Liebe Jesu, Geduld im Leid und die Zugehörigkeit zu einer weltweiten Familie, die es ihnen ermöglichte, den Schmerz des anderen zu teilen und durch die Freude des anderen aufgebaut zu werden.

Aus Peru: Das Gebet einer Mutter

In der Stadt Arequipa in Peru waren am vorletzten Tag der Tour alle Kinderrollstühle verteilt worden. Alles, was das Team übrig hatte, war ein Kinderrollstuhl, der so breit war, dass man ihn praktisch nicht benutzen konnte. Das Team stellte ihn zur Seite, denn er war für kleine behinderte Jungen oder Mädchen ungeeignet.

Genau zu dieser Zeit kam eine Frau mit ihrer kleinen behinderten Tochter Claudia aus den Bergen, die sie eingehüllt in einer

Decke auf dem Rücken trug. Die Reise war lang und beschwerlich gewesen, und die Mutter hatte Angst – das konnte man ihrem Gesicht ansehen –, dass sie zu spät kam.

Und um ehrlich zu sein, kam sie auch zu spät.

Es gab keine Rollstühle für Kinder mehr.

Claudias Mutter jedoch war von zu weit und mit zu großen Hoffnungen angereist, um unverrichteter Dinge wieder umzukehren und mit leeren Händen nach Hause zu gehen. Stattdessen saß sie den ganzen Nachmittag vor dem Verteilungsgebäude und *betete*. Es brach uns das Herz, sie da draußen mit der kleinen Claudia im Schoß zu sehen, damit Gott ihr etwas gab, das sie (und auch wir) einfach nicht mehr in der Hand hatte. Es gab schlicht keine Rollstühle mehr! Was sollten unsere Mitarbeiter da noch für sie tun?

In dieser Nacht betete Samuel, eines unserer Teammitglieder, ebenfalls wegen dieses Dilemmas. Und er erhielt die Art von Antwort, die beispielsweise in Jesaja, Kapitel 30, Vers 21 beschrieben ist: „Ob dein Weg nach rechts oder links führt, wird eine Stimme hinter dir herrufen und dir ansagen: ‚Das ist der richtige Weg, den geh!'" [108]

Da Samuel aber handwerkliche Fähigkeiten besaß, klang die Antwort in etwa so: „Durchtrenne die Achse da ... Passe die Querstange folgendermaßen an ... Drehe den Schraubenschlüssel nach rechts und dann nach links ... und schon bist du fertig. So kannst du den Stuhl für Claudia bauen."

Am folgenden Morgen machte sich Samuel gleich an dem übrig gebliebenen Kinderrollstuhl zu schaffen, der unserem Team bislang ungeeignet und unbenutzbar erschienen war. Und er hatte ihn genau zum richtigen Zeitpunkt fertig – kurz bevor die entschlossene peruanische Mutter mit ihrer kleinen Tochter erneut ins Zentrum kam.

Sie hatte gebetet. Samuel hatte gebetet. Und Gott hatte auf wunderbare Weise geantwortet.

Mahesh war das Haupt seiner Familie gewesen, ein sehr gebildeter Mann mit einem makellosen britischen Akzent. Aber eines Abends war er von seinem Balkon gestürzt und hatte sich an beiden Beinen schlimme Brüche zugezogen. Obwohl er einen Gipsverband bekam, heilten seine Beine nicht mehr vollständig. Mahesh war querschnittsgelähmt.

Seine Familie empfand seine Behinderung als Schande, deshalb setzte sie ihn auf die Straße. Als wir Mahesh trafen und seine Geschichte hörten, waren wir tief getroffen. Konnte das wirklich wahr sein? Konnte die eigene Familie einen Mann so behandeln? Aber Mahesh zuckte nur mit den Schultern und erklärte uns, dass dies in Indien üblich sei. Er erinnerte uns, dass er schließlich seine Respektstellung verloren habe. Als wir ihn das erste Mal trafen, lebte er in einem Tunnel, der zwei Autobahnen miteinander verband. Sein Bett bestand aus dreckigen Lumpen und abgewetzten Handtüchern. Er hatte schon mehrere Jahre so gelebt. Glücklicherweise entdeckten ihn unsere Teammitglieder auf ihrer Fahrt durch die Stadt. Wir waren ganz erstaunt, dass dieser Mann, der wie ein Bettler aussah, so gebildet war und sich so gut artikulieren konnte. Und er war ebenso erstaunt, dass diese Ausländer anhielten und mit einem Ausgestoßenen wie ihm redeten.

Wir erzählten ihm die Gute Nachricht von Jesus Christus und am nächsten Tag fuhren wir mit einem Rollstuhl zum Tunnel zurück. Wir bemühten uns, während wir dort im Tunnel auf dem Gehsteig zwischen zwei Autobahnen standen, alles nach Maß anzupassen. Danach fuhren unsere Mitarbeiter ihn in eine Pflegeklinik und brachten ihn mit einer indischen Missionsgesellschaft in Verbindung, die sich um Behinderte kümmert.

Mahesh ist jetzt wieder in die Gesellschaft eingegliedert. Ja, aufgrund der Behandlung in der Klinik und der Arbeit von einigen örtlichen Gemeinden, aber besonders aufgrund von Jesus Christus. Ja, das ist richtig: Mahesh wurde Christ und genau das hat sein Leben so vollständig verändert. Gottes heilende Liebe wurde in diesem schmutzigen Tunnel realer als in jeder prachtvollen Kathedrale. Das geschieht, wenn man die Unberührbaren in Jesu Namen berührt.

Aus Kamerun: „Wo ist mein Essen?“

Amidou war Muslim und infolge eines Schlaganfalls seit mehreren Jahren gelähmt. Als unser Team ihm begegnete, brauchte er ganz dringend Hilfe.

Nachdem wir dem schon älteren Gentleman einen Rollstuhl angepasst hatten, hörte er ganz interessiert zu, als wir ihm von Jesus erzählten. Wir erklärten die Nachricht von der Erlösung mithilfe der verschiedenfarbigen Perlen eines Bibelarmbands. Wir erzählten ihm, dass die schwarze Perle für die Sünde steht, die rote für das Blut Christi; dass die weiße Perle die Vergebung symbolisiert, die grüne das geistliche Wachstum eines Menschen.

Während unser Mitarbeiter ihm die grüne Perle erklärte, sagte Amidou plötzlich: „Wo ist das Essen für mein Wachstum? Ich bin hungrig nach dieser Nahrung, die die anderen bekommen.“

Uns wurde klar, dass Amidou nicht vom gewöhnlichen Essen sprach, sondern von der Bibel. Er hatte gesehen, wie andere sie an diesem Morgen geschenkt bekamen. So verschwendeten wir keine Zeit und gaben Amidou und seiner Frau Adizai eine französische Ausgabe der Bibel. Sie waren völlig fasziniert, und Adizai erzählte uns, dass sie, obwohl sie den Namen Jesus schon gehört hatte, nichts Genaueres über ihn wusste. Sie war erstaunt zu hören, dass er tatsächlich von den Toten auferstanden war!

Es ist schwer, die Freude auf den Gesichtern dieser ehemaligen Muslime zu beschreiben, als sie an diesem Tag das Verteilungszentrum verließen. Während er zärtlich über den Einband der neuen Bibel strich, sagte Amidou: „Wir werden diese Nahrung auf jeden Fall zu uns nehmen. Wir haben noch nie so einen Gott kennengelernt."

Aus Thailand: Ein Rollstuhl für Linkshänder

Als wir vergangenes Jahr in Thailand waren und unsere Rollstühle in Bangkok ausluden, bemerkten wir, dass einer der Stühle für eine Person mit nur einem Arm konzipiert war – einem *linken* Arm.

Wenn man an einem normalen Rollstuhl nur ein Rad dreht, dann fährt man natürlich im Kreis. Aber dieser spezielle Rollstuhl hatte einen langen Hebelmechanismus, der mit dem linken Arm auf und ab bewegt werden konnte, um den Rollstuhl anzutreiben. Als wir diesen Rollstuhl sahen, waren wir erst einmal verwirrt. Das war wirklich merkwürdig. Wir verstanden nicht, wie er zu den anderen dazugekommen war. Es war schon eine sehr spezielle Anfertigung, und es gab auf unserer Thailand-Liste niemanden, der querschnittsgelähmt war und den rechten Arm nicht benutzen konnte.

Nach einer geschäftigen Woche, in der wir viele Rollstühle weitergaben, wollten wir gerade das Verteilungszentrum schließen, als ein Mann von der Straße hereinkroch. Er hieß Francis und hatte gerade erst gehört, dass wir in der Stadt waren. Deshalb war er in einen Bus gerobbt und von weither gekommen, um uns aufzusuchen. Als er uns schließlich erreicht hatte, robbte er ins Verteilungszentrum und zog seine Füße hinter sich her. Er benutzte dafür nur einen Arm.

Seinen linken Arm.

Auf wundersame Weise war Francis in der Lage, das Gewicht seines Körpers mithilfe seines linken Arms zu ziehen. Wir erfuhren, dass er einige Jahre zuvor bei einem Arbeitsunfall verletzt worden war und nie die nötige medizinische Versorgung erhalten hatte. An diesem Tag sorgten wir nicht nur gesundheitlich für ihn, sondern gaben ihm auch einen Rollstuhl, der perfekt zu ihm passte. Es war der verrückte, hochspezialisierte Rollstuhl mit dem Hebelmechanismus, der nur mit der linken Hand zu bedienen war.

Es war der perfekte Stuhl und die perfekte Passform für Francis.

Wer hätte das schon wissen können?

Gott.

Aus Westafrika: Mals Zeugnis

Der 75-jährige Mal, ein Werkstattmeister, der aus Minnesota zu uns hereingeschneit kam, war eines unserer ältesten Teammitglieder. Nur ein Jahr bevor er mit unserem *Wheels*-Team nach Westafrika reiste, hatte er im Koma gelegen und wäre fast gestorben. Aber die Medikamente der Ärzte retteten sein Leben. Als er jedoch aus dem Krankenhaus entlassen wurde, hatte er seine beiden Unterschenkel verloren.

Die meisten Menschen wären nach so einer Erfahrung am Boden zerstört und würden denken, sie hätten alles verloren. Aber Mal war dankbar dafür, dass er sein Leben zurückbekommen hatte. Und er hatte Gott versprochen, dass er zu jedem Missionseinsatz gehen würde, zu dem Gott ihm die Tür öffnete – mit oder ohne Beine.

Als sich sechs Monate später für ihn die Gelegenheit ergab, Mitglied eines unserer Teams zu werden, das Rollstühle und Bibeln nach Westafrika brachte, schnallte er seine Beinprothesen an und meldete sich als Rollstuhlmechaniker an. Mal leistete großartige Arbeit mit Schraubenzieher und Metallsäge, mit denen er die Rollstühle reparierte und sie perfekt an die Bedürfnisse der behinderten Menschen anpasste.

Aber hier ist der wahre Grund, weshalb Gott wollte, dass Mal bei dieser Reise dabei war:

Den Afrikanern, besonders den Alten, fiel vor Erstaunen über diesen älteren Mann schier die Kinnlade herunter, der so zuversichtlich umherging und anderen half, *während er selbst auf stählernen Beinen stand.* Mals Glaube an seinen mächtigen Gott war ein eindrucksvolles Zeugnis für die vielen Menschen, die zur Rollstuhlverteilung gekommen waren. Er war ein lebendiges Beispiel für die Wahrheit in Johannes, Kapitel 9, Vers 3: „Vielmehr soll an ihm die Macht Gottes sichtbar werden."

Viele Afrikaner, darunter eine große Anzahl älterer Männer und Frauen, kamen während dieser Rollstuhlverteilaktion zum Glauben an Christus. Die Rollstühle waren ein wahr gewordener Traum, und die Menschen nahmen gern das Evangelium von Jesus Christus an. Was jedoch ihre Herzen gewonnen hatte, war ein 75 Jahre alter Mann ohne Beine, der um die halbe Welt gereist war, um anderen Bedürftigen zu helfen.

Aus Ägypten: Yassers neue Freunde

Meine Freundin Rebecca Atallah leitet ein Zeltlager für behinderte Kinder, die auf den Müllhalden außerhalb von Kairo in Ägypten leben. Es heißt *Garbage Village Camp* und manchmal kommen auch viele Erwachsene vorbei.

Erwachsene wie Yasser.

Er ist ein 30 Jahre alter Ägypter, dessen Beine vor ein paar Jahren amputiert wurden. Obwohl er einen Rollstuhl hat, etwas, von dem viele behinderte Menschen auf dieser Welt nur träumen können, kämpfte Yasser wegen seines Verlusts mit Depressionen. Da sich Rebecca um ihn sorgte, erlaubte sie ihm, länger als eine Woche bei ihr zu bleiben.

Behutsam, aber hartnäckig trieb Rebecca Yasser an, wieder zu arbeiten und für sich selbst zu sorgen. Zunächst war er nicht sicher, was er tun könnte, aber nach einer Weile erklärte er Rebecca, dass er vielleicht beim Dosenrecycling helfen und in den großen Müllbergen nach Limonadendosen stöbern könnte. Die Deckel dieser Getränke sind aus Aluminium und fünfmal mehr wert als der Rest der Dose. Die Menschen, die davon leben, in den Müllhalden zu graben, haben jedoch gewöhnlich keinen Zugang zu den Spezialscheren, die man braucht, um die Deckel der Dosen herauszuschneiden. Sie müssen die ganzen Dosen abgeben und ihr an sich schon geringer Verdienst wird noch schlechter bezahlt. Viele Kinder, die am Rande diese Müllberge leben, unterstützen durch das Recycling ihre Familien.

Aber wie nur sollte Yasser, ein zweifach Amputierter, mit diesen Kindern mithalten, geschweige denn seinen Rollstuhl durch all diese großen Abfallberge lenken? Es überforderte ihn, darüber nachzudenken, und er stand schon kurz davor aufzugeben, bevor er sein Projekt überhaupt begonnen hatte. Da bot Rebecca ihm an, die Dosen für ihn zu sammeln, wenn er die Oberseite von den Dosen schneiden würde. Yasser war sehr dankbar und nahm das Angebot an. Das war etwas, das er mit seinen starken, geschickten Händen gut tun konnte.

Es dauerte nicht lange, bis sich die Nachricht von Rebeccas und Yassers Übereinkommen im Camp verbreitet hatte. Eine Gruppe von tauben Teenagern aus dem Lager machte einen Spaziergang und begann, sich zu unterhalten – beziehungsweise anhand von Zeichen über Yasser und seine Hoffnung, ein kleines Recyclinggeschäft ins Leben zu rufen, zu reden.

Während sie sich in Gebärdensprache unterhielten, bemerkten sie all die Limonadendosen, die am Straßenrand lagen. Das wiederum brachte sie auf eine Idee. Ein paar von ihnen rannten zurück und holten Plastiktüten. Darin sammelten sie die weggeworfenen Dosen und brachten drei sehr große Tüten voller Dosen zu Yasser, damit er sie bearbeiten konnte!

Als Rebecca das sah, war sie überwältigt. Mit Tränen in den Augen erzählte sie mir: „Joni, diese tauben jungen Menschen haben in ihrem Leben so viel Schmerzen erfahren … so viel Zurückweisung. Und hier stehen sie, leiden so viel und werden dann von Gott bewegt, etwas gegen Yassers missliche Lage zu tun – und auf so praktische Art!"

Für mich veranschaulicht dies den Vers aus dem Galaterbrief, wo uns gesagt wird, dass wir die Last des anderen tragen sollen. Ja, wir alle haben unsere Sorgen und Nöte. Ja, wir erleben Kummer und Enttäuschungen. Ich habe meine Querschnittslähmung und chronische Schmerzen, Sie haben Ihr eigenes Päckchen an Schwierigkeiten und Herausforderungen zu tragen. Aber immer wieder fordert die Bibel uns dazu auf, den Bedürfnissen der anderen Beachtung zu schenken, gleichgültig, wie wenig man selbst hat oder wie schlimm die eigenen Erfahrungen sind.

Und ich danke diesen jungen tauben ägyptischen Teenagern, dass sie sich nicht auf ihre eigene Not konzentrierten, sondern begeistert die Last von Yasser mittrugen – einem Mann ohne Beine, der gerade wieder begann, Hoffnung zu schöpfen.

ZEHN

Danke, Gott, für diesen Rollstuhl

Herr, du bist mein Gott! Ich lobe und preise dich, denn du vollbringst wunderbare Taten. Was du vor langer Zeit beschlossen hast, das hast du in großer Treue ausgeführt.

Jesaja 25,1

Ihr Name ist Shantamma.

Wir trafen diese 18-Jährige mit den strahlenden Augen, die aus einer Hindu-Familie in Ongole stammt, als unser *Wheels*-Team kürzlich in Indien war.

In dieser Stadt hat niemand, der in die Armut und das Elend der überfüllten Elendsviertel hineingeboren wird, ein einfaches Leben. Aber viele hatten es leichter als Shantamma. Da sie mit einer Behinderung zur Welt gekommen ist, hat sie ihr Leben damit zugebracht, auf dem Boden des kleinen Heims ihrer Familie umherzukriechen, wobei sie ihre Beine immer hinter sich herziehen muss. Vor die Tür wagte sie sich fast nie.

Dann breitete sich jedoch die Gute Nachricht von Jesus Christus in dieser Küstenstadt mit ihren 300.000 Einwohnern aus. Vier Jahre, bevor wir Shantamma trafen, hatte ein evangelikaler Pastor aus einer kleinen Kirche mit ihrer Familie Kontakt aufgenommen. Als er von Shantammas Lage erfuhr, ging er in sein Büro, nahm eine zerfledderte Ausgabe eines alten *Joni*-Buches aus seiner dürftigen Bibliothek und gab es der jungen Frau als Geschenk.

Obwohl sie ihr gesamtes Leben Hindu gewesen war, las Shantamma das Buch von der ersten bis zur letzten Seite. Während ihr die Tränen über die Wangen liefen, entschied sie sich, ihr Leben Jesus Christus anzuvertrauen ... *genau wie Joni*. Sie las das Buch sogar achtmal und studierte Satz für Satz ein, wie man durch Jesus gerettet werden kann. Und schließlich entschloss sie sich ebenfalls für Jesus. Es war eine große Entscheidung, die in ihrer Familie und Nachbarschaft zweifellos Konsequenzen nach sich zog. Doch Shantamma kehrte dem Hinduismus den Rücken und wurde Christin.

Dann kam unser Team und brachte Rollstühle und Bibeln für behinderte und bedürftige Menschen nach Ongole. Nachdem sie all die Jahre umhergekrochen und sich von Ort zu Ort geschleppt hatte, erfuhr Shantamma zu ihrer Verwunderung und Begeisterung, dass sie ihren eigenen Rollstuhl bekommen sollte. Es war jedoch nicht der Stuhl allein; das eigentliche Geschenk war sogar noch größer: Die Menschen, die diese Rollstühle verteilten, waren ebenfalls Jesus-Nachfolger! Shantamma war ganz stolz und freudig erregt, als sie darüber nachdachte, dass der Gott, dem zu vertrauen sie gelernt hatte, nachdem sie so viele Male das *Joni*-Buch gelesen hatte, dass *dieser* Gott – *ihr* Gott – ihr so freundlich begegnete und ihr die Möglichkeit gab, einen Rollstuhl zu bekommen, der an ihre Bedürfnisse angepasst wurde.

Nachdem der Stuhl schließlich passte, war sie erschüttert und fassungslos, als sie erfuhr, woher die Rollstühle kamen. Sie brach in Tränen aus, als ihr klar wurde, dass diese „genau von ihrer Joni, von ganz weither" geschickt worden waren.

Seit diesem Tag haben Freude und Zuversicht Einzug in Shantammas Leben gehalten, und sie teilt ihren Glauben an Christus mutiger mit Freunden und Nachbarn, die noch im Hinduismus verwurzelt sind. Sie sagte einem unserer Teammitglieder: „Ich bin bereit, überall dorthin zu gehen, wohin Gott mich in diesem Rollstuhl führt ... *genau wie Joni.*“

Das ist einer von Millionen Gründen, weshalb ich dankbar bin, dass Gott mich nicht von meiner Lähmung geheilt hat. Was wäre, wenn ich bei der Kathryn-Kuhlman-Kampagne in den frühen 1970ern geheilt worden wäre? Was wäre, wenn Gott meine Gebete als 17-Jährige erhört hätte, mich von meiner Lähmung befreit und mir das alltägliche Leben einer Frau geschenkt hätte, die gehen kann?

Es wäre für mich vielleicht schön gewesen, aber was ist mit Shantamma?

Es hätte kein *Joni*-Buch gegeben, das der Pastor dieser jungen Frau, die nur so wenig Hoffnung und so schlechte Zukunftsaussichten hatte, hätte geben können – und es hätte kein *Joni and Friends* oder *Wheels for the World* gegeben, um Rollstühle an arme Menschen in Ongole zu verteilen.

Wäre Shantamma dennoch zum Glauben an Jesus gekommen? Wäre Gott verherrlicht worden und wäre der Name von Jesus durch ihr leuchtendes, frohes Zeugnis in den Elendsvierteln verbreitet worden?

Das ist ein Geheimnis Gottes und, wie jemand einmal gesagt hat, „übersteigt meine Gehaltsklasse“. In dem Kinderbuchklassiker *Prinz Kaspian von Narnia* von C. S. Lewis fragt Lucy den großen Löwen Aslan, was passiert wäre, wenn sie während ihrer Reise durch Narnia an den entscheidenden Wegkreuzungen eine andere Entscheidung getroffen hätte. Aslan antwortete ihr: „Etwas erfahren, was sich ereignet hätte, Kind? Nein, das erfährt niemals jemand.“

Ich kann nicht wissen, was mit Shantamma passiert wäre, wenn es in den USA kein querschnittsgelähmtes Mädchen namens Joni gegeben hätte, das sie inspirierte und zum Glauben an den einen wahren Gott führte. Vielleicht hätte das Mädchen „Hilfe und

Errettung" von „einem anderen Ort" erfahren, wie Mordechai zu Esther sagte.

Nur weil ich nicht geheilt wurde und weil Gott Pläne für mein Leben hatte, die größer, höher, tiefer und fundierter waren, als ich es mir je hätte vorstellen können, weiß ich, dass ein Teenagermädchen namens Shantamma aus den indischen Elendsvierteln einmal mit mir im Himmel sein wird. In wunderbaren neuen Körpern, die niemals müde werden und niemals verfallen, werden wir die hohen Berge dieses Ortes und die weiten grünen Wiesen erkunden, und wir werden laut vor Freude lachen über die Güte und Gnade unseres himmlischen Vaters.

Was werden die Jahrzehnte der Behinderung *dann* schon für mich bedeuten? Auf was werden sich die Jahre von chronischen Schmerzen, Tränen und Frustration *dann* schon belaufen?

Allein die Geschichte von Shantamma ist Grund genug, um zu sagen: „Danke, Gott, für diesen Rollstuhl."

Und das war nur eine Geschichte. Lassen Sie mich eine weitere erzählen.

Jedes Mal, wenn wir auf die Reise gehen, bitte ich Gott, sich uns hier und dort und überall auf dem Weg zu offenbaren.

Vor nicht langer Zeit kamen meine Freunde Bev und Francie mit mir zurück zu unserem Hotel, nachdem ich an einer Schule für körperlich Behinderte einen Vortrag gehalten hatte. Das Reinigungspersonal brachte gerade mein Hotelzimmer in Ordnung, deshalb begab ich mich in Bevs und Francies Zimmer, das sich direkt nebenan befand (wir nehmen immer Zimmer nebeneinander, so können wir schnell hin- und hergehen). Während wir warteten, entdeckten wir zufällig einen kleinen handgeschriebenen Zettel auf Bevs Nachttisch. Er stammte vom Zimmermädchen. Sie hatte kurz vorher das Zimmer sauber gemacht und folgende Worte auf einen Hotel-Notizblock geschrieben.

Liebe Joni, ich habe 1980 dein Buch gelesen, als ich ganz frisch Christ geworden war. Der Herr hat dich gebraucht, um mich durch sehr harte Zeiten zu führen.

War es das gleiche Zimmermädchen, das jetzt mein Zimmer reinigte? Ich wollte es herausfinden, deshalb rollte ich in das benachbarte Zimmer und sagte zu der jungen Frau, die gerade die Ecken des Bettlakens zwischen die Matratze steckte: „Entschuldigung, haben Sie nebenan diese Nachricht für mich hinterlassen?"

Das kleine Zimmermädchen sah auf, die Augen weit geöffnet. Sie griff sich sofort ein Kissen vom Bett, vergrub ihr Gesicht darin und begann zu weinen. Zwischen ihren Schluchzern erfuhr ich, dass sie Rachel hieß und dass sie mein Buch gelesen und dann den *Joni*-Film im Fernsehen gesehen hatte. Sie erzählte mir, dass es für sie ein wunderbarer Segen gewesen sei.

„Nein, Rachel", antwortete ich, „*du* bist für uns heute ein Segen, denn du bist eine Antwort auf ein Gebet. Als wir vor ein paar Minuten diese Schule verließen, baten wir Jesus, uns zu helfen, sein Wohlwollen zu spüren. Und nun kommen wir hier zurück ins Hotel, und er hat dafür gesorgt, dass du uns warten ließest. Warten, um einen Segen zu verteilen!"

Ja, das ist nur ein weiteres kleines Ereignis aus meinem Leben – vermutlich nicht weiter dramatisch. Aber an Geschichten wie diesen hängt mein Leben. Aufgrund des *Joni*-Buches und des *Joni*-Films, der daraus entstand, fand eine junge Frau namens Rachel, die 1980 an einem Wendepunkt ihres Lebens stand, den Mut, sich für Christus zu entscheiden und mit seiner Kraft weiterzumachen. Was waren diese „harten Zeiten", die sie in dieser dunklen Phase ihrer Jugend durchmachte? Ich weiß es nicht und werde es vielleicht nie erfahren.

Aber eines weiß ich: Als Gott entschied, mich nicht zu heilen, sah er im Geiste schon die kleine Rachel, er liebte sie und wollte für sie vorsorgen und sie trösten. Und er sah schon Shantamma, die sich fragte, ob irgendjemand auf der Welt ihr je helfen oder sich um sie kümmern würde, während sie sich durch das kleine Haus in Ongole schleppte. Und er sah Tausende, vielleicht Millionen andere, die ich nie diesseits des Himmels treffen werde, deren Leben irgendwie durch die Geschichte eines gelähmten Mädchens in ihrem Rollstuhl berührt wurde.

Und wenn ich daran denke, dann werde ich mit Ehrfurcht erfüllt und sage wieder: „Danke, Gott, für diesen Rollstuhl."

„Wunderbare Taten … vor langer Zeit beschlossen"

Vor nicht langer Zeit stieß ich im Buch Jesaja auf diese erstaunlichen Worte:

> *Herr, du bist mein Gott! Ich lobe und preise dich, denn du vollbringst wunderbare Taten. Was du vor langer Zeit beschlossen hast, das hast du in großer Treue ausgeführt* (Jesaja 25,1).

In Zeiten, wo Menschen ihre geistliche Heimat überall und nirgendwo suchten, wo die Nation in der Krise steckte und überhaupt die ganze Welt in Aufruhr war, an einem Tag, an dem am Horizont schon die Stürme aufzogen und die Kriegsklänge in der Ferne ertönten, nahm sich der Prophet Jesaja Zeit, um über Gottes vollkommene Treue, seine wunderbaren Taten und unergründlichen Pläne nachzudenken.

„Herr", sagte er, „was auch immer passiert, ich werde dich als meinen einzigen Gott bekennen. Du bist mein Ein und Alles! Egal, was irgendjemand anders sagt oder um mich herum tut: Solange ich lebe, werde ich deinen Namen so hoch erheben, wie ich kann, und volle Zuversicht in deine Pläne haben. Herr, du bis die Treue in Person. Vor langer Zeit hast du dich schon auf diesen Tag gefreut und das alles geplant – wunderbare Dinge! Danke, Gott, danke für den Auftrag, den du mir gegeben hast."

Ein schwieriger Auftrag? Eine manchmal herzzerreißende Aufgabe?

Ohne Frage.

Von Anfang an war ihm gesagt worden, dass sein unmittelbares Publikum ihm nicht zuhören und seinen Worten keine Beachtung schenken würde. Ihre Herzen würden verhärtet sein, ihre Ohren verstopft, ihre Augen verklebt.[109] Er wurde darum gebeten, sehr schwierige Dinge zu tun, etwas, das demütigend und ein Angriff auf seine Würde als Mann (Gottes) war.[110]

Aber im tiefsten Inneren war Jesaja dankbar. Er hatte Gott gesagt: „Hier bin ich. Sende mich", und er sah nicht zurück. Gottes Plan war der beste von allen möglichen Plänen, und deshalb war das Leben, das ihm gegeben wurde – so schwierig es auch sein mochte –, das beste Leben, das man sich wünschen konnte.

Und er wusste immerhin auch, was vor ihm lag! Obwohl die Heiligen des Alten Testaments nicht die Offenbarung über den Himmel hatten, die wir haben, war Jesaja eine strahlende Vision gegeben worden, die in seinem Geist brannte, bewegt wurde und zur Entfaltung kam. Im selben Kapitel schrieb er einige Verse zuvor:

> *Hier auf dem Berg Zion wird der Herr, der allmächtige Gott, alle Völker zu einem Festmahl mit köstlichen Speisen und herrlichem Wein einladen, einem Festmahl mit bestem Fleisch und gut gelagertem Wein. Dann zerreißt er den Trauerschleier, der über allen Menschen liegt, und zieht das Leichentuch weg, das alle Völker bedeckt. Hier auf diesem Berg wird es geschehen! Er wird den Tod für immer und ewig vernichten. Der Herr, der allmächtige Gott, wird die Tränen von jedem Gesicht abwischen. Er befreit sein Volk von der Schande, die es auf der ganzen Erde erlitten hat. Das alles trifft ein, denn der Herr hat es vorausgesagt* (Jesaja 25,6–8).

Ich will mit meiner Stimme Lob hinzufügen:

Danke, Gott, für dieses Leben, das du mir gegeben hast. Danke für die vielen Gelegenheiten, dir zu dienen, selbst in meinen Schmerzen. *Danke, Gott, für diesen Rollstuhl. Denn er wurde mir zugeteilt, damit ich nicht nur an deinen Sohn glaube, sondern auch, damit ich um seinetwillen leide. Welch Freude!*

> *... denn du vollbringst wunderbare Taten. Was du vor langer Zeit beschlossen hast, das hast du in großer Treue ausgeführt.*

Wie ich schon an anderer Stelle in diesem Buch sagte: So viele wollten mich dazu bringen, einzugestehen, dass mein Unfall vor 43 Jahren niemals Teil von Gottes Plan war. Dass meine Lähmung nie seine Absicht war. Dass die Querschnittslähmung nie nötig gewesen wäre. Dass chronische Schmerzen nicht sein müssten. Dass Leid nie Teil seines Plans war. Dass die vielen Tränen, das Stöhnen und die Kämpfe und schlaflosen Nächte unnötig wären und nur meine Energie und mein Leben verschwendeten.

Ich weiß, dass es anders ist.

Es war alles vor langer Zeit geplant und Gott führte es in seiner vollkommenen Treue herbei. Und weil er es erlaubte und zuließ und weil er jeden Moment mit mir zusammen da hindurchging, war sein Plan für Joni Eareckson Tada wunderbar.

Und lassen Sie mich noch eines hinzufügen: Ich meine die folgenden Worte genau so, wie ich alle meine Worte je gemeint habe:

Ich bin zufrieden.

Das Geheimnis der Zufriedenheit

„Ich habe mich sehr gefreut und bin dem Herrn von Herzen dankbar." Paulus schrieb diese Worte aus einer einsamen Gefängniszelle, weit weg von zu Hause, fern von Freunden, Familie, frischer Luft und Tageslicht. Er war eingekerkert worden, weil er an Jesus Christus glaubte und den Mut hatte, anderen von ihm zu erzählen. Wenn seine Feinde jedoch glaubten, dass der Kerker ihn brechen könnte – nichts war weiter von der Wahrheit entfernt.

„Ich sage das nicht, um euch auf meine Not aufmerksam zu machen", fuhr er fort. „Schließlich habe ich gelernt, in jeder Lebenslage zurechtzukommen. Ob ich nun wenig oder viel habe, beides ist mir durchaus vertraut, und so kann ich mit beidem fertig werden: Ich kann satt sein und hungern; ich kann Mangel leiden und Überfluss haben. Alles kann ich durch Christus, der mir Kraft und Stärke gibt."[111]

„Sehr gefreut?"

„Von Herzen dankbar?"

„Das Rezept für Zufriedenheit gefunden?"

Das macht logisch gesehen nicht viel Sinn, nicht wahr? Wie konnte der Apostel Paulus zufrieden – sogar voller Freude – sein, obwohl er doch so wenig hatte?

Das erinnert mich daran, wie ich im vergangenen Jahr ein schönes, junges, sportliches Mädchen namens Summer traf, die eine Ausbildung als Rettungsschwimmerin gemacht hatte. Doch vor nicht langer Zeit hatte sie sich das Genick gebrochen und ist nun gelähmt und sitzt im Rollstuhl.

An dem Tag, an dem wir sie besuchten, hatte Summer mir jedoch etwas Aufregendes mitzuteilen. Sie wollte mir zeigen, dass sie ihre Handgelenke ein wenig bewegen und kleine Bewegungen mit ein oder zwei Fingern machen konnte.

„Wow!", rief ich. „Das ist *super!* Wunderbar! Du hast jeden Grund, dir große Hoffnungen zu machen, dass du mehr zurückbekommst. Menschen, deren Rückgrat verletzt ist, können innerhalb des ersten Jahres viel von ihrer Bewegungsfähigkeit zurückerlangen."

Die Umstehenden lächelten und sahen neugierig zu. Ich bin sicher, wir sahen etwas merkwürdig aus. Wir zwei, beide in Rollstühlen, beide schwerstgelähmt – ohne Beine oder Füße benutzen zu können, mit eingeschränkter Armbewegung, die Hände unbrauchbar –, in dem vollen Wissen, dass die Lähmung unser Leben lang anhalten würde.

Und dennoch ...

Wir waren fasziniert angesichts der Tatsache, dass die junge Summer ihr Handgelenk ein klitzekleines bisschen bewegen konnte. Wirklich, es war kaum sichtbar, aber wenn man ganz genau hinsah, konnte man sehen, dass das Gelenk sich leicht bewegte. Durch einen mysteriösen und unverständlichen Weg schlich sich ein Befehl von Summers Gehirn irgendwie um die massive nervliche Blockade herum, die durch ihre Verletzung verursacht worden war, und es gab eine Bewegung – welch Segen –, eine *Bewegung* in einem ihrer Glieder. Sie und ich waren verzückt. Wir lachten und redeten so aufgeregt, als hätte sie gerade ihren ersten Marathon hinter sich gebracht, ihren Collegeabschluss gemacht oder ihre Verlobung angekündigt.

„Aber das ist doch nichts Besonderes", mögen Sie einwenden. „Nur eine winzige Bewegung?"

Ja, aber wenn man gelähmt ist, dann wird Glück in halben Zentimetern gemessen. Ein halber Zentimeter guter Neuigkeiten können Menschen mit einer dankbaren Haltung Gott gegenüber so viel Freude bringen wie ein Kilometer guter Nachrichten einem gleichgültigen oder zynischen Menschen.

Während wir zusammen feierten, war es, als ob die schreckliche Realität, dass über 90 Prozent ihres Körpers gelähmt waren, in diesem Moment nicht so schlimm war ... und bei der Gleichung keine Rolle spielte.

Und wissen Sie was? Das tat es wirklich nicht.

Summer hatte ihre Gleichung für Zufriedenheit aufgestellt und ihre Lähmung wurde in ihrer Rechnung nicht berücksichtigt.

Manchmal muss man auf das halb volle Glas sehen statt auf das halb leere. Und noch mehr als das: Auch wenn nur noch ein paar Tropfen am Glasboden übrig sind, sollten Sie denken: *Es ist* etwas *drin. Ist das nicht wunderbar? Es könnte leer sein, aber nein, es gibt etwas, worüber wir uns freuen können!*

Und das tun Sie dann, so fröhlich und mit so vollem Herzen, wie es Ihnen Gott ermöglicht.

Summer hat jeden Grund zu hoffen, dass sie ihre Hände bald ein wenig mehr bewegen kann. Wenn das passiert, werden wir vor Freude an die Decke springen. Es wird eine Party geben. *Aber auch wenn es nicht geschieht*, glaube ich, dass diese junge Frau trotzdem zufrieden sein wird. Zufriedenheit heißt zu realisieren, dass Gott ihr schon alles gegeben hat, was sie braucht, um glücklich zu sein. Wer weise ist, jammert nicht über die Dinge, die er *nicht* hat, sondern erfreut sich an den Dingen, *die* er hat.

Haben Sie um Heilung gebetet und Gott hat gesagt: „Warte" oder: „Nein"? Werden Sie zufrieden sein, wenn Sie ihn haben, ihn allein, auch wenn Ihre dringlichsten Gebete in der Warteschleife gelandet sind?

Summer hat die Lektion von Fanny Crosby, einer blinden Verfasserin von Kirchenliedern, gelernt (und lernt sie noch). Diese sagte: „Oh, was für eine glückliche Person ich bin! Obwohl ich nicht sehen kann, bin ich entschlossen, dass ich in dieser Welt zufrieden sein werde; wie viele Segnungen darf ich genießen, die andere Menschen nicht erhalten! Weinen und seufzen, weil ich blind bin – das kann ich nicht und werde ich nicht!"

Menschen, für die das Glas halb voll ist, werden Optimisten genannt, und das ist wirklich die beste und glücklichste Art zu leben. Aber wir, die wir unseren Glauben auf Jesus Christus setzen, haben etwas jenseits von bloßem Optimismus, positivem Denken oder rosarot gefärbten Brillengläsern. Wir haben eine Hoffnung, die unser Glas nicht nur halb füllt, sondern es überfließen lässt. Im Brief an die

Römer, Kapitel 15, Vers 13 heißt es: „Deshalb wünsche ich für euch alle, dass Gott, der diese Hoffnung schenkt, euch in eurem Glauben mit großer Freude und vollkommenem Frieden erfüllt, damit eure Hoffnung durch die Kraft des Heiligen Geistes wachse." Wenn wir ihn haben, brauchen wir dann wirklich noch etwas anderes?

Eine kleine Bewegung von Summers Handgelenk erfüllte diese mit Freude. Merkwürdigerweise ist das oft der Fall, wenn wir wenig haben und das Leben zerbricht.

Ein Freund von mir, der sich heute einigen Luxus leisten kann, erzählte mir, dass er seinen glücklichsten Sommer als junger Single erlebt habe, als er gerade seine Bibelschule abgeschlossen hatte und für einen geringen Verdienst in einem Buchladen jobbte, während er in einem Zimmer im oberen Stock eines alten Studentenwohnheims lebte. Er sagte, dass in dieser Zeit seines Lebens alle seine materiellen Besitztümer (außer seinem Fahrrad) noch in seinen Volkswagen passten. Er wusste nicht, was vor ihm lag. Er hatte gerade genug Geld für ein Zimmer und Verpflegung (und wenig mehr). Er traf sich ein paarmal die Woche mit einigen Männern zu den aufregendsten Bibelstunden, die er je erlebt hatte. In seiner Freizeit erkundete er mit seinem Fahrrad die nahe gelegene sommerliche Landschaft.

Es war auf jeden Fall eine Zeit des Umbruchs in seinem Leben und er hätte nicht für immer an diesem Ort bleiben wollen. Aber wenn er jetzt zurückblickt, betrachtet er es als das, was es war: ein friedvoller, mit Freude erfüllter Lebensabschnitt, in dem er wenig Verantwortung, weniger Besitz und viel Zeit hatte, seine Beziehung zu Gott zu vertiefen.

„Ob ich nun wenig oder viel habe, beides ist mir durchaus vertraut, und so kann ich mit beidem fertig werden: Ich kann satt sein und hungern; ich kann Mangel leiden und Überfluss haben. Alles kann ich durch Christus, der mir Kraft und Stärke gibt", schreibt Paulus.[112]

Ich habe eine junge Freundin, deren Leben noch eingeschränkter ist als das von Summer. Noch ein wunderschönes, sportliches Mädchen – erst 13 Jahre alt – mit wundervoller Singstimme. Cathe rannte die Straße hinab, um pünktlich zur Schule zu kommen, bevor die letzte Schulglocke ertönte, als sie von einem Auto erfasst wurde. Sie war ebenfalls durch den Unfall vollständig gelähmt, aber schlimmer als Summer oder ich.

Summer kann einige Finger bewegen und ihr Handgelenk beugen und ich kann mithilfe meiner Schultergelenke meine Arme herumschleudern. Aber Cathe sitzt völlig starr und benötigt ein Beatmungsgerät. Sie manövriert ihren Rollstuhl, indem sie ihre Zunge gegen eine spezielle Halterung in ihrem Mund presst.

Das letzte Mal, als ich sie sah, waren zehn Jahre seit ihrem Unfall vergangen, und sie war eine junge Frau von 23 Jahren. Als ich sie traf, war sie selbstsicher, sympathisch, und obwohl sie nicht normal sprechen kann, *ist sie ein strahlendes Zeugnis für Christus und dafür, wie er jedes Bedürfnis in ihrem Leben stillt.*

Hören Sie sich doch einmal ein paar Zeilen eines längeren Gedichtes an, das sie vor Kurzem schrieb – der Rhythmus dieser Verse entspricht bei ihr den Abständen zwischen zwei Atemzügen.

Wenn Menschen mich sehen,
an meinen Rollstuhl gebunden,
kennt keiner (wenngleich ich reglos bin)
die Freude, die ich gefunden.

Meine Arme werden sich nicht mehr regen,
meine Beine können nicht laufen.
Ohne mein Spezial-Sprachventil
kann ich nicht einmal reden.

Doch das alles bedeutet nichts,
diese Dinge, die Sie sehen können.
Es sind die unsichtbaren Veränderungen,
bewirkt durch den, der in mir lebt.

Keiner kennt Zufriedenheit,
wie Er sie mir gegeben,
der Ihm sein Herz nicht gibt
und dann geduldig darauf wartet,
dass er darauf einwirkt,
so wie er es bei mir getan.

Ich habe bereits alles, was ich brauche

Können Sie diese Aussage unterschreiben?

Drücken diese Worte das aus, was Sie im Herzen fühlen?

Drücken diese Worte das aus, was ich in meinem Herzen fühle?

Ich musste mir diese Frage unzählige Male stellen – und seit die Schmerzen meine Freiheit und meine Fähigkeiten weiter eingeschränkt haben, tue ich es noch häufiger.

Was habe ich?

Anders als meine junge Freundin Cathe habe ich immer noch meine Stimme. Ich kann reden, ich kann Loblieder singen, und ich kann sogar im Radio zu einem landesweiten Publikum sprechen. Anders als viele behinderte Menschen, die ich überall auf der Welt getroffen habe, besitze ich einen Rollstuhl. Ich habe auch einen Ehemann, der mich liebt, Freunde, denen ich etwas bedeute, und Mitarbeiter, die an meiner Seite zusammen mit mir auf ein gemeinsames Ziel hinarbeiten. Nicht jeder wurde mit so wunderbaren Geschenken gesegnet.

Und nach Aussage der Bibel ist das alles, was ich brauchte. Denn falls es dennoch irgendetwas gibt, das ich bräuchte, hätte Gott es mir gegeben.

Nutze ich, was ich habe?

Nun, ich gebe zu, dass seit Kurzem alles etwas schwieriger geworden ist. Es fällt mir schwerer, zu reisen, zu schreiben, zu malen und die oben erwähnten Radiosendungen aufzunehmen. Ich kann weniger Aktivitäten nachgehen, aber ich *gehe* immer noch meinen Aufgaben nach und stelle Gott das, was ich noch habe, zur Verfügung, und bitte um seine Unterstützung. Und ich weiß, dass er mir helfen wird, denn er gibt einem Menschen nie eine Aufgabe, ohne ihm auch gleichzeitig das zur Verfügung zu stellen, was er braucht, um sie auszuführen. Er fordert uns nie zu etwas auf, ohne uns auch gleichzeitig dazu zu befähigen.

Bin ich bereit, das zu verlieren, was ich habe?

Ah, das ist die Gretchenfrage, wenn es um meine Zufriedenheit geht, eine Frage, die mir ein wenig Angst macht. Trotz seiner Qualen schrie Hiob: „Gewiss wird Gott mich töten, dennoch vertraue ich auf ihn.“[113] Er war bereit, an seinem Glauben festzuhalten, sogar bis in den Tod. Um ehrlich zu sein, erschreckt mich der Blick in die Zukunft manchmal. Was ist, wenn meine Schmerzen nie verschwinden oder sogar schlimmer werden? Was ist, wenn meine Lähmung noch intensiver wird und ich die wenigen Fähigkeiten verliere, die ich jetzt besitze? Nun, tief im Inneren kenne ich die Antwort: Gott ruft mich nicht nur dazu auf, meine Wünsche für die Zukunft zurückzustellen, sondern ihm zu vertrauen und das zu geben, was ich bereits besitze.

Bin ich bereit, das zu empfangen, was ich nicht habe?
Was könnte das sein? Wie könnte das aussehen? Ich habe keine Ahnung. Mehr Verantwortung? Mehr offene Türen? Mehr Leiden um seines Namens willen? Ich kann Ihnen versichern, dass ich nicht danach trachte, meine „Grenzen zu erweitern" wie Jabez oder mein geistliches Gebiet auszudehnen. Ich wäre schon glücklich, wenn Gott einfach mein Herz weiter öffnen würde, damit ich mehr von seinem Frieden und seiner Freude empfangen kann.

Wie lange ist es her, seit Sie eine gründliche Inventur gemacht und all das aufgelistet haben, was Sie besitzen? Das Geheimnis der Zufriedenheit liegt in der einfachen Dankbarkeit für das, was Gott Ihnen schon gegeben hat.[114]

Manchmal, wenn mir der Tag (oder die Nacht!) lang erscheint und das Leben im Rollstuhl schwer zu ertragen ist, erinnere ich mich daran, dass Jesus selbst auch mit gewissen körperlichen Beeinträchtigungen gelebt hat.

Jesus selbst beschloss,
sich gewissen Einschränkungen auszusetzen

Erschreckt Sie diese Vorstellung ein wenig?

Sie kennen mich doch: Ich durchforsche die Bibel immer daraufhin, was sie über körperliche Einschränkungen zu sagen hat. Und wenn Sie das Leben Jesu studieren, dann wird Ihnen irgendwann auffallen, dass Jesus, obwohl er keine körperliche Behinderung an sich hatte, dennoch ein Handicap hatte, als er auf diese Welt kam.

Und wie er das hatte!

Warum ich mir da so sicher bin? Nun, im Wörterbuch finden wir unter dem Begriff „Einschränkung" den Hinweis, dass die Rechte einer Person eingeschränkt werden oder dass jemand sich selbst Beschränkungen auferlegt.

Wenn wir nun diese Definition benutzen, dann war Jesus gewiss gehandicapt.

Denken Sie mal darüber nach!

Auf der einen Seite wohnt in Jesus Christus die ganze Fülle von Gottes Wesen in leiblicher Gestalt, doch auf der anderen Seite verzichtete Jesus auf alle seine Vorrechte.[115] Er erniedrigte sich und stellte sich auf dieselbe Stufe wie ein Diener. Wo wir gerade über Handicaps reden: Können Sie sich überhaupt ein größeres vorstellen? Auf der einen Seite *Gott* zu sein und dennoch auf dieses Vorrecht zu verzichten! Das ist eine enorme Einschränkung, die, wie man sich denken kann, Jesus so weit behinderte, dass es für ihn zum Nachteil war.

Jesus Christus, der Stararchitekt des gesamten Universums, kreierte Sonnen und Sterne, Galaxien und Planeten. Dann jedoch legte er sich selbst ein Handicap auf, wurde Zimmermann auf der Erde und beschränkte sich darauf, gewöhnliche Holzstühle, Hocker, Tische und Joche für Ochsenhälse zu bauen.

Jesus war auch „das Wort", durch das alles um uns herum ins Dasein gerufen wurde. Aber derselbe Jesus, der Zeit und Raum erschuf, hat sich selbst auf der Erde Einschränkungen unterworfen und zog es stattdessen vor, Kontakt mit Prostituierten, Aussätzigen und Sündern zu pflegen.

Durch den Sündenfall kamen Schmerz und Leid in diese Welt – und doch erlegte Jesus sich auch diese „Behinderung" auf, als er auf diese Erde kam, wo sein Rücken schmerzte, seine Muskeln sich verkrampften, er echten Schweiß schwitzte, echte Tränen weinte und echtes Blut blutete.

Wenn ich darüber nachdenke, fällt mir auf, dass Jesus diese Einschränkungen nicht auf die gleiche Weise „widerfuhren", wie das bei Ihnen und mir der Fall ist. Das Erstaunliche daran ist, dass Jesus sich *dafür entschied*, Schmerz und Leid zu ertragen und gewissen Beschränkungen unterworfen zu sein. Glauben Sie mir, ich weiß, dass *ich* das nicht tun würde! Es ist nicht leicht und macht auch keinen Spaß, tagtäglich behindert zu sein. Es ist von Anfang an ausgesprochen *hart*.

Aber Jesus entschied sich dafür, sich selbst ein Handicap aufzuerlegen, sodass Sie und ich mit ihm die Ewigkeit verbringen können; in Körpern, die nie gebückt gehen, erschlaffen, wanken oder versagen werden. Jesus beschloss, Schmerz und Leid in einem Maß zu erdulden, das jenseits unserer Vorstellungskraft liegt, damit Sie und ich eines Tages auf den Straßen des Himmels gehen können – vollständig wiederhergestellt, glücklich und frei von Schmerzen. Jesus zog es vor zu sterben – obwohl das eine beängstigende Aufgabe war. Wie C. S. Lewis schrieb: Jesus „war so voller Leben, dass er, als er sterben wollte, den Tod von anderen ‚ausleihen' musste".

Er lieh ihn sich nur aus, nahm ihn auf sich und gab sein Leben hin, sodass Sie und ich durch den Schatten des Todes hindurchschreiten und ewig leben können.

Ja, während ich auf dieser Erde lebe, bin ich berufen, ein Handicap zu haben. Doch wie könnte ich trotz allem nicht dankbar und zufrieden sein? Ich befinde mich da schließlich in bester Gesellschaft, die beste Gesellschaft, die es gibt.

Ein letzter Gedanke: Knien Sie nieder

Manchmal schlage ich das alte Gebetbuch der reformierten Episkopalkirche auf, in der ich aufgewachsen bin. Während ich an diesem Abschnitt schrieb, fiel mir ein, dass an diesem Wochenende der Sonntag Ephiphanias ist. Hier die Psalmlesung für diesen Tag:

> *Er soll regieren, solange die Erde besteht und solange es Menschen gibt.*

Seine Herrschaft sei wohltuend wie der Regen, der auf die Wiesen niedergeht, wie erfrischende Schauer, die trockene Felder bewässern.
Dann werden alle aufblühen, die Gott die Treue halten, Gerechtigkeit und Wohlstand werden herrschen bis ans Ende der Zeit.
Seine Macht reiche von einem Meer zum anderen, vom Euphrat bis zum Ende der Erde (Psalm 72,5–8).

Wenn ich diesen Psalm lese, möchte ich am liebsten *niederknien*.

In unserer kleinen Kirche in Maryland predigten die Menschen das Evangelium, lasen die Liturgie, sangen von Herzen Choräle und knieten während des Gebets vor Gott nieder. Anbetung war eine ernste Sache, und ich lernte als Kind, was es bedeutet, die Knie vor unserem Herrn zu beugen.

Es ist nicht so, dass ich um das Knien beim Beten an sich eine große Sache machen möchte. Es ist nur so: Ich wünschte, ich könnte es. Da ich gelähmt in einem Rollstuhl sitze, ist es mir unmöglich, im wortwörtlichen Sinne zu knien und mich im Gebet vor Gott zu beugen.

Vor nicht allzu langer Zeit nahm ich im Rahmen einer Konferenz an einem festlichen Abendessen teil. Ich saß mit allen anderen zusammen in einem *riesigen* Festsaal. Am Ende seiner Ansprache bat der Sprecher alle darum, etwas Ungewöhnliches zu tun: Er bat uns, unsere Stühle von den Tischen wegzurücken und, falls es uns möglich war, auf dem Teppichboden zusammen im Gebet zu knien.

Nun, ich saß da in meinem Rollstuhl und beobachtete, wie alle anderen im Raum – es waren zwischen 500 und 600 Personen – sich von ihren Stühlen erhoben und für eine kurze Zeit der Anbetung auf ihre Knie gingen. Da jeder in diesem großen Bankettsaal kniete, fürchtete ich, dass ich als die Einzige auffiel, weil ich sitzen blieb.

Während ich mich im Raum umsah, konnte ich meine Tränen nicht zurückhalten.

Oh, ich weinte nicht aus Selbstmitleid oder weil ich mir seltsam vorkam, da ich als Einzige saß. Meine Augen waren feucht, weil es so *wunderschön* war, jeden im Gebet knien zu sehen. (Vielleicht mache ich auch ein viel zu großes Aufheben um das Knien.) Es ließ mich an den Tag denken, an dem ich aus meinem Rollstuhl werde aufstehen können und auf ganz neuen Beinen stehe.

Ich kann es kaum erwarten! Wenn ich meinen verherrlichten Körper erhalte, werde ich als Erstes mit meinen neuen, für die Ewigkeit gemachten Beinen niederfallen und auf meine dankbaren, verherrlichten Knie gehen. Ich werde endlich wieder die Gelegenheit haben, in den 6. Vers des 95. Psalms einzustimmen: „Kommt, wir wollen ihn anbeten und uns vor ihm beugen; lasst uns niederknien vor dem Herrn, unserem Schöpfer!"

Falls Sie einige meiner bisherigen Bücher gelesen haben, wissen Sie, dass ich von dem Tag träume, an dem ich laufen, hüpfen, gehen, springen und tanzen kann. Es wird ein echtes Privileg sein: Ein neuer Körper, der sich ungehindert bewegen kann, wird die Belohnung sein, die mich für gute Arbeit auf der Erde erwartet. Aber ich denke, dass das stille Knien auf gebeugten Knien mein Dankopfer sein wird. Mich *nicht* zu bewegen, wenn ich endlich in der Lage bin, mich zu bewegen, wird eine letzte Möglichkeit sein, Gott zu zeigen, wie dankbar ich wirklich bin. Deshalb werde ich niederknien …

… auf dem hellgrünen Rasen der Wiesenlandschaft des Himmels.

… auf einer goldenen Allee, so durchsichtig wie Glas, klar wie eine sprudelnde Wasserquelle, kühl wie eine Frühlingsbrise und leuchtend wie Feuer.

… mit Heiligen aus allen Zeitaltern, ehemaligen Königen und Königinnen, Aposteln und Märtyrern, Bauersfrauen und Soldaten und wunderbaren Menschen, die Jesus mehr lieben als ihr Leben.

… mit mächtigen Engelswesen, die wussten, wie man kniet, bevor sie wussten, wie man läuft – oder fliegt.

Es ist schon lange her, dass ich wirklich im Gebet gekniet habe. Diese lange vergangenen Tage in der kleinen reformierten Episkopalkirche scheinen so weit entfernt und wirken im goldenen Dunstschleier meiner Erinnerung irgendwie weich gezeichnet und noch schöner.

Doch der Tag rückt näher, nicht wahr? Die Zeit ist so nah, wenn ich und so viele andere, die nicht laufen können, in der Lage sein werden zu knien. Ich weiß es. Ich kann es fühlen. Der Himmel erwartet mich hinter der nächsten Ecke.

Falls Sie das Gefühl haben, dass Er bald kommt, würden Sie mir einen Gefallen tun? Tun Sie, was so viele von uns, die gelähmt oder zu schwach oder zu alt oder behindert sind, nicht tun können: Würden Sie in Ihrer Bibel den 6. Vers von Psalm 95, aufschlagen, ihn laut lesen und dann tun, was da steht?

Ich kann nicht knien, aber wenn Sie es können, dann tun Sie es.

Knien Sie vor Ihrem Gott, Ihrem und meinem Schöpfer. Und danken Sie ihm, wenn Sie möchten, dafür, dass er zu einer gelähmten Frau namens Joni so gut ist.

Epilog

24. Juni 2010

Monate sind vergangen, seit ich meine letzten Worte auf die vorige Seite schrieb, und Sie sollen das Buch nicht zuschlagen, ohne dass ich Sie auf den neuesten Stand gebracht habe: Ich halte den Atem an und hoffe, dass ich nicht zu voreilig bin, wenn ich sage, dass ich jetzt viel mehr gute als schlechte Tage genieße.

Vielleicht liegt es daran, dass ich anders in meinem Rollstuhl sitze ... oder mein Korsett höher trage ... oder vielleicht lockerer. Könnte es an der Ernährungsumstellung liegen? Dass ich mehr Flüssigkeit zu mir nehme? Ich atme tiefer und strecke mich sicher häufiger. Oder vielleicht liegt es daran, dass ich nicht länger die starken Schmerzmedikamente nehme – Sie wissen schon, die Sorte, bei denen die Nebenwirkungen schlimmer sind als der eigentliche Nutzen. Was auch immer die Gründe sind, ich wache jeden Morgen mit *weit weniger* Schmerzen auf und danke Gott für den neuen Tag. Ich habe sogar Kraft genug, um den ganzen Tag aufrecht zu sitzen.

Und ich brauche jetzt auf jeden Fall Kraft. Mein Kampf mit den Schmerzen mag nachlassen, aber ein neuer und noch unheilvollerer Abgrund hat sich aufgetan.

Bei mir wurde vergangene Woche Brustkrebs diagnostiziert.

Mammografie und Biopsie liegen hinter mir. Die Testergebnisse liegen vor und die Operation soll am kommenden Montag stattfinden. Ken und ich wissen zu diesem Zeitpunkt nichts darüber, in welchem Stadium der Krebs ist. Hat er sich über die Brust hinaus ausgebreitet? Wird mein querschnittsgelähmter Körper in der Lage sein, einem weiteren Angriff standzuhalten? Ich habe so viele Fragen, aber eines weiß ich mit Gewissheit:

> *Nur bei Gott komme ich zur Ruhe; er allein gibt mir Hoffnung. Nur er ist ein schützender Fels und eine sichere Burg. Er steht mir bei, und niemand kann mir schaden* (Psalm 62,6–7).

Ich habe über diese neue Herausforderung echten Frieden. Meine Güte, ich habe mich nicht durch vier Jahrzehnte Querschnittslähmung und Jahre voller Schmerzen gekämpft, um jetzt das Handtuch zu werfen! Ich habe so viele beeindruckende Lektionen gelernt – viele davon habe ich in diesem Buch weitergegeben – und ich werde diesen Brustkrebs nicht „verschwenden" und umsonst sein lassen. Ich glaube, dass Gott auch diese Krankheit gebrauchen kann, um mich zu formen und seine neue Welt voranzubringen. Und wie es in dem Psalm so schön heißt: „… niemand kann mir schaden."

Und das liegt an all den Gebeten. Jeden Tag vibriert meine Seele quasi als Echo auf die Gebete von all den Gläubigen. Ich vertraue darauf, dass Gott es mir ermöglicht, in diesem Rollstuhl weiter vorwärtszugehen, und wenn Sie gern mit mir durch dieses neue „Tal der Todesschatten" gehen wollen, lade ich Sie ein, *Joni's Corner* auf der Internetseite *www.JoniandFriends.org* zu besuchen.

Dort werden Sie auf dem Laufenden gehalten und finden eine Fülle an Berichten über die segensreichen Erfahrungen mit unserem großen, wunderbaren Gott. Und was die Zukunft betrifft, nun, da halte ich mich für den restlichen Teil der Reise an einen ermutigenden Vers in der Apostelgeschichte und lade Sie dazu ein, dasselbe zu tun:

Aber mein Leben ist mir nicht wichtig. Vielmehr will ich den Auftrag ausführen, den mir Jesus Christus gegeben hat: die rettende Botschaft von Gottes Gnade und Liebe zu verkünden (Apostelgeschichte 20,24).

Weiterführendes Material

Eine komplette Liste weiterer Bücher von Joni Eareckson Tada oder mehr Informationen zu ihren Grußkarten, die sie mit dem Mund malt, finden Sie auf der Internetseite des *Joni and Friends International Disability Center* unter:

www.joniandfriends.org

Oder schreiben Sie Joni an folgende Adresse:

Joni and Friends International Disability Center
P.O. Box 3333
Agoura Hills, CA 91376 USA
Tel. +1-818-707-5664

Joni and Friends (JAF) verfolgt das Ziel, die Gute Nachricht zu verbreiten und Kirchen überall auf dieser Welt dabei zu unterstützen, Behinderte zu erreichen und ihnen zu helfen, geistlich zu wachsen. Wichtige Arbeitsbereiche sind die *Wheels for the World*-Aktivitäten, Freizeiten für Behinderte und ihre Familien, die *Joni and Friends*-TV-Serie sowie Radioübertragungen, die über eintausend Sender in Amerika erreichen. Das *Christian Institute on Disability* von JAF arbeitet mit christlichen Universitäten und Bildungsstätten auf der ganzen Welt zusammen, um Studienkurse für die Behindertenmission zu entwickeln. Durch ein Netzwerk von Freiwilligen und JAF-Fachteams setzt sich JAF dafür ein, die christliche Mission für Behinderte weltweit voranzutreiben. Wenn Sie wissen möchten, wie Sie dabei mithelfen können, schreiben Sie noch heute an *Joni and Friends*.

Anmerkungen

[1] Joni leitet ein christliches Hilfswerk, das sich *Joni and Friends International Disability Center* nennt. Mehr Informationen dazu im Abschnitt „Weiterführendes Material".

EINFÜHRUNG

[2] Lukas 5,18–19.

[3] Die Tetraplegie (von griechisch *tetra*, „vier", und *plege*, „Schlag") ist eine Form der Querschnittslähmung, bei der alle vier Gliedmaßen, also sowohl Beine als auch Arme betroffen sind.

[4] Jesaja 35.

EINS

[5] Ein Schmerzmittel in den USA, das Paracetamol und Hydrokodon (Analgetikum) enthält.

[6] Das 12. Kapitel des Hebräerbriefes fordert dazu auf, den eigenen Blick auf Jesus Christus zu richten. Es wird dazu ermuntert, die Zurechtweisung Gottes anzunehmen und mit Ausdauer und Hoffnung bis zum Ende am Glauben durchzuhalten, da die Menschen, die zu Jesus gehören, eine neue Welt erwartet.

[7] Jakobus 5,14.

[8] *He who began a good work in you*
He who began a good work in you
Will be faithful to complete it
He'll be faithful to complete it
He who started a work
Will be faithful to complete it in you.
„He Who Began a Good Work in You", Steve Green, *Find us Faithful*, 1988.

[9] 2. Korinther 5,1.

ZWEI

[10] 2. Korinther 12,12.

[11] *I am not skilled to understand*
What God has willed, what God has planned;
I only know at His right hand,
Stands One who is my Savior!
Dora Greenwell, „I Am Not Skilled to Understand", *Songs of Salvation*, 1973.

[12] 1. Petrus 2,21.

[13] Lukas 18,1.

[14] Henry Frost, *Miraculous Healing: Why does God heal some and not others?* (Grand Rapids, MI: Revell, 1939; Hagerstown, MD: Christian Heritage, 2000), S. 36. Zitate gehören zur *Christian Heritage*-Ausgabe. Dieses Zitat und alle nachfolgenden Abschnitte stammen aus *Miraculous Healing: Why does God heal some and not others?* von Henry Frost, herausgegeben von *Christian Focus Publications*, Fearn, Ross-shire, Scotland (www.ChristianFocus.com).

[15] 1. Timotheus 5,23.

[16] Apostelgeschichte 12,2.

[17] Offenbarung 1,9.

[18] Apostelgeschichte 7,59–60.

[19] 2. Timotheus 4,20.

[20] 2. Timotheus 4,18.

[21] Apostelgeschichte 23,11.

[22] Philipper 4,12.

[23] *Hail the heav'n-born Prince of Peace!*
hail the Son of Righteousness!
Light and life to all He brings,
risen with healing in His wings.

[24] Frost, S. 37.

[25] Ebd., S. 37–39.

DREI

[26] Aus dem Vorwort von *Miraculous Healing: Why does Got heal some and not others?* (Fearn, Ross-shire, Scotland: Christian Focus Publications, 2000).

[27] Johannes 6,68–69.

[28] Neues Leben.

[29] Frost, S. 11.

[30] Ebd., S. 12.

[31] Psalm 56,9; Neues Leben.

[32] Hiob 1,21.

[33] Hiob 27,2.

[34] Ebd., S. 108.

[35] Psalm 103,13–14.

[36] Jesaja 53,5.

[37] 1. Korinther 1,18.

[38] Matthäus 24,13.

[39] Offenbarung 22,3. Joni Eareckson Tada, *Pearls of Great Price* (Grand Rapids, MI: Zondervan, 2006), Tageslesung für den 28. August.

[40] Richard Mayhue, *Divine Healing Today* (Chicago: Moody Press, 1983), S. 52–53.

[41] Psalm 31,15–16

[42] Epheser 2,10.

[43] Andrew Wommack, „God Wants You Well“, www.awmi.net/extra/article/wants_well (zuletzt angesehen am 9. August 2011).

[44] Frost, S. 109–110.

[45] Ebd., S. 70.

[46] Johannes 21,22.

[47] 2. Korinther 4,6.

[48] Frost, S. 108–109.

[49] Ebd., S. 116.

[50] Ebd., S. 69.

[51] Ebd., S. 13.

[52] Jesaja 46,10.

[53] Hiob 23,13.

[54] Matthäus 8,2–3.

[55] Joni Eareckson Tada und Steve Estes, *A Step Further* (Grand Rapids: Zondervan, 1978), S. 16. Deutscher Titel: *Joni – der nächste Schritt* (Asslar: Schulte & Gerth, 1987).

[56] Nachzulesen beispielsweise in Matthäus 4,23.

[57] Frost, S. 106–107.

VIER

[58] 2. Korinther 12,9; Hervorhebung der Autorin.

[59] 2. Korinther 12,9–10.

[60] Sprüche 20,24.

[61] Jesaja 40,13.

[62] Kolosser 1,27.

[63] Nathaniel Hawthorne, *Der Marmorfaun*, aus dem Amerikanischen übersetzt von Emi Ehm (Frankfurt am Main und Hamburg: Fischer Verlag, 1964), S. 215.

[64] Jeremia 2,13.

[65] John Bunyan, *The Acceptable Sacrifice: The Excellency of the Broken Heart in The Works of John Bunyan,* Band 1 (Shippensburg, PA: Destiny Image Publishers, 2001), S. 720.

[66] Apostelgeschichte 14,22.

[67] Johannes 15,5.

FÜNF

[68] Psalm 13,3.

[69] 1. Petrus 5,10.

[70] Psalm 103,14.

[71] Psalm 90,4.

[72] Hebräer 4,15.

[73] Jeremia 37,16.

[74] Jeremia 37,20.

[75] Jesaja 43,18–19.

[76] 2. Korinther 12,9.

[77] Psalm 89,16–18.

[78] Nachzulesen hier: http://www.asamnet.de/~baumstef/Andachten/indexNT.htm

[79] Jesaja 61,2–3, frei von der Autorin zusammengefasst und dann ins Deutsche übersetzt.

[80] Offenbarung 2,10.

SECHS

81 *International Standard Bible Encyclopedia, Electronic Database* (Seattle: Biblesoft, Inc., 1996, 2003), siehe unter dem Stichwort „glory".

82 Johannes 15,5.

83 Maleachi 1,14.

84 Hebräer 12,5–6.

85 Römer 12,11.

86 Luther 1984.

87 5. Mose 8,16.

88 1. Petrus 5,6.

89 Römer 7,24–25; 8,1.

90 Römer 8,38–39.

SIEBEN

91 Jesaja 7,2.

92 Jesaja 7,4.7.

93 Jesaja 7,9.

94 Hosea 6,3; Gute Nachricht Bibel.

95 Daniel 11,32.

96 Johannes 4,35; Matthäus 9,38.

97 Gute Nachricht Bibel.

98 Kolosser 3,2; Luther.

99 Lukas 21,28; Gute Nachricht Bibel.

100 Matthäus 26,30.

101 „Oh Happy Day That Fixed My Choice", Philip Doddridge, 1755.

ACHT

102 Psalm 22,20; Psalm 31,2–3; Psalm 38,23; Psalm 40,14; Psalm 69,18–19; Psalm 70,2; Psalm 70,5; Psalm 71,12; Psalm 79,8; Psalm 102,3; Psalm 141,1; Psalm 143,7.

103 Alle gängigen deutschen Übersetzungen beinhalten kein „Dennoch". In der „King James"-Übersetzung heißt es: „Even so, come, Lord Jesus." Weil sonst

der ganze nachfolgende Absatz von Joni keinen Sinn machen würde, wurde das englische Zitat beibehalten. Im älteren englischen Sprachgebrauch heißt „even so" eher „Ja, so ist es". Jonis Verständnis von „even so" ist wohl eher modern; das griechische „Nai" steht jedoch mehr für „Ja", als „Dennoch". (Anmerk. d. Übers.)

[104] C. S. Lewis, *Der innere Ring und andere Essays* (Basel: Brunnen Verlag, 1982), S. 93–94.

[105] Offenbarung 21,4.

NEUN

[106] Römer 8,18.

[107] Hebräer 12,11 (Luther).

[108] „Neues Leben"-Übersetzung.

ZEHN

[109] Jesaja 6,9–10.

[110] Jesaja 20,1–4.

[111] Philipper 4,11–13.

[112] Philipper 4,12–13.

[113] Hiob 13,15.

[114] Joni Eareckson Tada, *Pearls of Great Price*, Tageslesung für den 16. Oktober.

[115] Kolosser 2,9; Philipper 2,7.